W0099838

Der Staat läßt morden

Aldo Moro

Klaus Kellmann

Der Staat läßt morden

Politik und Terrorismus –
heimliche Verbündete

Henschel Verlag Berlin

Fotonachweis:
Ullstein Bilderdienst, Berlin: S. 79, 89, 91, 97, 151, 159, 173.
dpa Deutsche Presse-Agentur GmbH, Frankfurt am Main:
S. 2, 14, 42, 121, 211, 215.

Die Deutsche Bibliothek – CIP-Einheitsaufnahme
Kellmann, Klaus :
Der Staat läßt morden : Politik und Terrorismus – heimliche Verbündete /
Klaus Kellmann. – Berlin : Henschel, 1999
ISBN 3-89487-324-8

ISBN 3-89487-324-8

© 1999 by Henschel Verlag in der Dornier Medienholding GmbH, Berlin
Die Verwertung der Texte und Bilder, auch auszugsweise, ist ohne Zustim-
mung des Verlags urheberrechtswidrig und strafbar. Dies gilt auch für Verviel-
fältigungen, Übersetzungen, Mikroverfilmungen und für die Verarbeitung
mit elektronischen Systemen.
Umschlaggestaltung: Morian & Bayer-Eynck, Coesfeld
Umschlagfoto: Aldo Moro in der Hand der Roten Brigaden
am 19.4. 1978 – dpa
Gestaltung und Satz: AS Satz & Grafik, Berlin
Druck und Binden: Wiener Verlag, Himberg
Printed in Austria
Gedruckt auf alterungsbeständigem Papier mit chlorfrei
gebleichtem Zellstoff

INHALT

»Mit dem Fall Moro nähern wir uns dem geheimsten
aller Geheimnisse im Nachkriegsitalien.
Niemand hat es bis heute wirklich ergründen können.«

Valeska von Roques in
»Die Stunde der Leoparden«

PROLOG

Nur ein Mord?

Einen unschuldigen Tod sterben Menschen jeden Tag. In den Elendsvierteln von Rio de Janeiro und São Paulo knallen uniformierte Todesschwadrone wahllos kleine Kinder nieder – in höherem Auftrag, um sich der Esser von morgen zu entledigen. Auch hier ist es der Staat, der morden läßt. Jedes dieser Schicksale verdient es, in umfassender Darstellung und Recherche festgehalten zu werden, als bleibendes Zeugnis und als Anklage für die Welt der Satten und Reichen. Aber die Vielzahl dieser Morde gibt dem Schicksal der Opfer etwas Namenloses, ja fast Alltägliches, dem sich die Feder des Chronisten versagt. Ihn hat es zu allen Zeiten gereizt, dem schuldigen und unschuldigen Ende der Großen und Mächtigen nachzuspüren, der Kaiser, Könige und politischen Führer, die mit Gewalt von dieser Welt in eine andere verwiesen wurden – von Julius Cäsar bis zu Jitzhak Rabin. Frappierend ist die geringe Zahl der Motive und ihre fast gesetzmäßige Wiederkehr, von denen sich Attentäter und Mörder zu allen Zeiten leiten ließen. Immer ging es um politische Herrschaft und Macht, um die Beseitigung von Nebenbuhlern und Rivalen, um nationale, ideologische und religiöse Feindschaft, um kalten und heißen Krieg, und immer glaubten die Täter, mit ihrer Tat einem anderen, besseren, höheren Recht zu seiner legitimen Durchsetzung zu verhelfen und dem Lauf der Geschichte mit einem Schuß oder Messerstich gerade noch rechtzeitig die entscheidende, die »richtige« Wendung zu geben. Es waren sicher Mörder mit gutem Gewissen, die Abraham Lincoln, Walther Rathenau, Mahatma und Indira Gandhi, Robert und John F. Kennedy, Martin Luther King, Anwar el-Sadat und Olof Palme niederstreckten.

Auch in den Köpfen der Menschen, die in den siebziger Jahren in Deutschland und Italien die politische Gewalt, den verhaßten »faschistischen« Staat, mit Waffengewalt beseitigen wollten, war kein Unrechtsbewußtsein. Die Rote Armee Fraktion und die Roten Brigaden bezeichneten ihre endlose Serie blutiger Anschläge als Volkskampf. Hanns Martin Schleyer und Aldo Moro waren ihre herausragenden Opfer. Beider grausiges Schicksal wurde derart parallelisiert, daß Moros tragischer Tod geradezu als der italienische Fall Schleyer galt, eine linksterroristische Tat die eine wie die andere, ohne jedes Wenn und Aber. Zweifler, die sich schon bald nach dem Auffinden der Leiche des langjährigen italienischen Ministerpräsidenten und Außenministers im Kofferraum eines roten Renault 4 am 9. Mai 1978 in der Via Caetani, mitten im Zentrum Roms, zu Wort meldeten, wurden beschwichtigt, ihren Argumenten kein Glauben geschenkt. Nicht selten wurden sie eingeschüchtert, mundtot gemacht und aus dem Wege geräumt. Es mußte etwas Rätselhaftes, ja Unheimliches auf sich haben mit diesem Mann, mit seinem Wesen, Wirken und Vermächtnis, das nicht ans Tageslicht gelangen sollte, weder in Italien noch sonstwo auf der Welt.

Aldo Moro, der charismatische Christdemokrat, hatte, um sein Land von der Mafia, der Korruption und dem Terrorismus zu befreien, mit den Kommunisten, mit deren nicht weniger charismatischem Vorsitzenden Enrico Berlinguer, angebändelt. Diese Liaison, der vielzitierte und vielgefürchtete Historische Kompromiß, sollte auch ein Stück nationaler Selbstbefreiung aus der außenpolitischen Bevormundung durch Bonn und Washington sein. Im Frühjahr 1978 stand Moro kurz vor der Einbindung der Kommunisten in die aktive Regierungsverantwortung. Im Weißen Haus schrillten die Alarmglocken. Es mußte etwas geschehen.

Die Alleintäterschaft der Roten Brigaden bei der Entführung und Ermordung Moros stand lange Zeit nicht in Frage – am wenigsten für sie selbst, die in ihrer ideologischen Besessenheit und Verblendung von den eigentlichen Regisseuren des Kapitalverbrechens in dem falschen Glauben belassen wurden, daß sie mit dem Anschlag ihrem übergreifenden Ziel, der Zertrümmerung des bürgerlichen Staates, mehr noch aber, vor der deutschen RAF die alleinige Führerschaft im europäischen Terrorismus zu übernehmen, den entscheidenden Schritt nähergekommen seien. In Wirklichkeit waren sie nur Werkzeuge in den Händen anderer, Instrumente und nützliche Idioten.

Eine Regierung des Historischen Kompromisses in Italien hätte jene Konvention von Jalta verletzt und zersetzt, nach der Stalin, Churchill und Roosevelt am Ende des Zweiten Weltkrieges Europa und die Welt in Machtblöcke und Interessensphären aufgeteilt hatten. Kommunisten auf der italienischen Regierungsbank wären der Anfang vom Ende dieser Ordnung gewesen, das Einfallstor des

9

Ostens in den Westen, die Infiltration des Marxismus-Leninismus in die freiheitlich verfaßte Gesellschaft. So jedenfalls sahen es Henry Kissinger, Giulio Andreotti, Helmut Schmidt, Franz Josef Strauß und andere.

Die Entfernung Aldo Moros aus dem politischen Leben und sein gewaltsamer Tod sind deshalb nicht nur ein »einfacher« Mord, nicht nur ein gewöhnliches Attentat. Sie sind bedeutsamer und weltpolitisch folgenreicher sogar als die Schüsse auf John F. Kennedy. Sie sind das negative politische Lehrstück und der Sündenfall des Westens im Kalten Krieg, im System jener Ordnung, die bis zum Fall der Berliner Mauer Gültigkeit und Bestand hatte. Der Mann wurde geopfert, weil nicht sein konnte, was nicht sein durfte.

Was sich in jenen ungeheuer dramatischen Tagen und Wochen 1978, den neuzeitlichen Iden des März, in Rom abspielte, war das Werk in- und ausländischer Geheimdienste, allen voran die amerikanische CIA, die links- und rechtsterroristische Seilschaften und Kolonnen, rechtsradikale Kreise, geheime, verbotene Freimaurerlogen, niedrigste kriminelle Banden und alle Arme der italienischen Mafia, sowohl die sizilianische Cosa Nostra als auch die neapolitanische Camorra und nicht zuletzt die kalabresische 'Ndrangheta, in das Verbrechen verwickelte, für ihre Zwecke nutzte und die Dreckarbeit machen ließ. Hohe und höchste Regierungsrepräsentanten, Moros eigene »Parteifreunde«, waren Mitwisser und Mittäter, wenn nicht Anstifter. Mit der Entführung Hanns Martin Schleyers, die einzig und allein der Freipressung Andreas Baaders und seiner Genossen dienen sollte, hatte das wenig zu tun. Es war vielmehr der Staat, der eigene Staat, der Moro ermorden ließ. Die tödliche Affäre um ihn war, ist und bleibt ein Skandal von europäischer und internationaler Größenordnung. Das, und nichts Geringeres, soll in diesem Buch dargestellt, belegt und nachgewiesen werden.

*»Die Zukunft Italiens liegt nicht
mehr ausschließlich in unseren Händen.«*

Aldo Moro, 1977

DIE DROHUNG

Kissinger tobte. Dieser Italiener war gekommen. Moro. Aldo Moro. Seines Zeichens Außenminister, obwohl er von Außenpolitik herzlich wenig Ahnung hatte. Die römischen Spatzen pfiffen es von den römischen Dächern, daß er mit den Kommunisten anbändelte. Mit deren Vorsitzendem Berlinguer, dem er politisch und menschlich näher stand als Andreotti, dem anderen starken Mann in der eigenen christdemokratischen Partei. Berlinguer hatte unter dem Schock des tödlichen Scheiterns von Salvador Allende im chilenischen Drama die Strategie des Historischen Kompromisses entworfen, eines Bündnisses aus Christdemokraten und Kommunisten zur durchgreifenden Gesundung Italiens von Terrorismus, Korruption und mafioser Macht. Moro drohte den Schalmeienklängen des sich scheindemokratisch Wandelnden immer mehr zu erliegen.

War diesem »Außenpolitiker« eigentlich klar, daß damit nichts Geringeres als das ganze in Jalta geschaffene System auf dem Spiel stand? Dieses hatte zwei Sollbruchstellen hinterlassen. Die des Ostens hieß Polen, mit seinen Arbeiteraufständen und seinen sich immer wieder regenden demokratischen und pluralistischen Neigungen. Aber Polen war stabil, seit Jahren, seit der letzte Aufstand auf der Danziger Leninwerft 1970 blutig niedergeschlagen worden war, ja, es boomte sogar, seit der Westen seinem Machthaber Gierek immer neue Kredite ins Land pumpte.

Die Sollbruchstelle des Westens hieß Italien, mit der stärksten kommunistischen Partei der freien Welt, seinen sich immer wieder regenden autoritären und faschistischen Neigungen und nicht zuletzt seinen kriminellen Netzwerken. Dort einen Fuß in der Tür, einen Kommunisten in der Regierung, und der ganze westlich-dekadente Kladderadatsch vom Mittelmeer bis zum Atlantik würde dem Weltkommunismus wie eine reife Frucht in den Schoß fallen. Führte sich dieser Provinzpolitiker, dessen Horizont offensichtlich nur von der Etsch bis zum Ätna reichte, eigentlich vor Augen, was sich im West-

12

europa der siebziger Jahre abspielte? Nicht nur in Italien griffen die Kommunisten nach der Macht. In Frankreich, wo der Liberale Valéry Giscard d'Estaing nach einem knappen Wahlsieg die Politik eines gemäßigten Gaullismus fortführte, präsentierten der Sozialist Mitterrand und der Kommunist Marchais, ein Stalinist reinsten Wassers, ein fix und fertig ausgearbeitetes gemeinsames Regierungsprogramm für die Stunde der Machtübernahme. In Spanien, wo sich der Gesundheitszustand des Generalissimus Franco, gewiß kein Demokrat, aber ein treuer Verbündeter, von Tag zu Tag verschlechterte, reiste Santiago Carrillo, der Vorsitzende der offiziell noch verbotenen kommunistischen Partei, wie ein Wanderprediger durchs Land, um seine Lippenbekenntnisse für die parlamentarische Demokratie und das spanische Königshaus unter das Volk zu streuen, und Portugal versank in den Wirren der Nelkenrevolution. Alvaro Cunhal, der dortige Kommunistenchef, war jetzt, im September des Jahres 1974, auf dem Höhepunkt seiner Macht, der eigentliche Drahtzieher in einem Land, dem eine Umwandlung nach dem Muster der bolschewistischen Oktoberrevolution drohte. Bei seiner Rückkehr aus dem Moskauer Exil hatte er in Ostberlin Station gemacht, um, demonstrativ von Fernsehkameras umsurrt, bei Erich Honecker brüderliche Hilfe einzufordern, und die ließ nicht lange auf sich warten: Die DDR überzog Portugal mit einem dichten Netz von Landwirtschaftskooperativen und »Freundschaftsgesellschaften«, sie baute die größte Druckerei mit eigenem Vertriebssystem.

War das dem Mann aus Italien alles entgangen? Die Kommunisten standen in Rom, Paris, Madrid und Lissabon ante portas, die ganze romanisch-mediterrane Welt drohte ihnen anheimzufallen, ihr alter, seit den Jahren, in denen Thorez und Togliatti mit hohen Ministerämtern in den Regierungen De Gaulle und De Gasperi saßen, gehegter Traum, den Vereinigten Staaten den europäischen Festlandsdegen aus der Hand zu reißen und die westliche Verteidigungsgemeinschaft und mit ihr die ganze in Jalta geschaffene Ordnung zu zerschlagen, dieser Traum wäre über kurz oder lang schaurige Wirklichkeit. Sicherlich, in der Bundesrepublik Deutschland war der kommunistenfreundliche Träumer Willy Brandt über einen ausgewachsenen Stasi-Mann in seinem Kanzleramt gestolpert und durch den verläßlichen Helmut Schmidt ersetzt worden. Wenigstens in seinem, Kissingers Heimatland war die Welt wieder in Ordnung. Aber was wäre eine Rumpf-Nato Bonn – Washington eigentlich noch wert? Ein amputiertes Gebilde, dessen Mitglieder in Athen und Istan-

Ministerpräsident Aldo Moro am 28. Januar 1975 in Rom

bul gerade einen erbitterten Krieg im östlichen Mittelmeer gegeneinander führten! Ein sich selbst lähmender Verein im Sog eines immer weiter nach Westen vordringenden Pakts. So weit durfte es nie kommen! Moro faselte, wo immer man ihm begegnete, etwas von der Wandelbarkeit und Wandlungsfähigkeit moderner Kommunisten. Ihm, Kissinger, der sich Wochen und Monate mit dem nordvietnamesischen Politbüromitglied Le Duc Tho hatte herumschlagen müssen, um Südvietnam wenigstens seine Eigenständigkeit und der Invincable Nation wenigstens einen ehrenvollen Abzug zu sichern, der sich mit diesem Ho Tschi Minh-Jünger, der das ausgehandelte Abkommen täglich und stündlich brach, den Vietcong aus den Mekong-Sümpfen zielsicher nach Saigon dirigierend, allen Ernstes in den Friedensnobelpreis hatte teilen müssen, ausgerechnet ihm wollte einer was über die Wandlungsfähigkeit von Kommunisten erzählen!

Ein italienischer Außenminister Enrico Berlinguer als Nummer zwei einer schwarz-roten Regierung des Historischen Kompromisses, der dann von der Nato-Ratstagung in Brüssel womöglich direkt zum KPdSU-Parteitag nach Moskau flog, um Leonid Breshnjew Rapport abzustatten? Das fehlte gerade noch! Er sah jetzt schon, wie die internationale Journaille ihre Häme kübelweise über der Impotenz und Ohnmacht des Westens ausschüttete! Nein, kein Zweifel, diesem »Konservativen« aus Rom, der da an der Spitze einer 199köpfigen Delegation vor ihm saß, gehörte der Kopf gewaschen, daß es ein für allemal sein Bewenden hatte. Dem gehörte die Pistole auf die Brust gesetzt.

»Ihr macht uns Vorwürfe wegen Chile! Was für Vorwürfe würdet Ihr uns erst machen, wenn wir nichts unternähmen, um die Machtübernahme der Kommunisten bei Euch zu verhindern?«[1]

Raffinierter hätte Moro kaum in die Enge getrieben werden können, und vor allem: Der Vorfall war erst der Auftakt zu einer Serie von Einschüchterungen und regelrechten Anpöbeleien, die der große dem kleinen Außenminister schließlich in aller Öffentlichkeit, zum Beispiel auf Empfängen der internationalen Hochdiplomatie, lieferte. Kissinger ließ auch andere wie aus seinem Munde mit Moro sprechen, der israelische Premierminister Rabin war nur einer von ihnen. Etwa ein halbes Jahr nach der demütigenden Szene im Washingtoner State Department steht ein ihm unbekannter US-Amerikaner in Moros Dienstzimmer. Der Mann schließt die Tür und macht nicht viel Federlesens:

»Verehrtester, (…) vergessen Sie Ihren Plan, eine direkte Zusammenarbeit zwischen allen politischen Kräften Ihres Landes zustande zu bringen. Entweder Sie lassen ihn fallen, oder Sie werden teuer dafür bezahlen. (…)«[2] Wer dieser Sendbote war, ist nie zweifelsfrei geklärt worden, wessen Botschaft er überbrachte, bedurfte indes keiner weiteren Erläuterung. Moro war verunsichert, verängstigt, verstört und erwog, sich zumindest eine Zeitlang ganz aus der Politik zurückzuziehen, aber das Schicksal seines Landes ließ ihn nicht los. Wieder begann er, sich mit Berlinguer zu treffen, abseits des politischen Getriebes im Regierungsviertel, geheim und mit dem Ziel, Gemeinsamkeiten auszuloten. Eine teilten sie über die ideologischen Gegensätze hinweg: Die Souveränität des eigenen Landes war ihnen wichtiger als alle internationalen Händel, Außenpolitik definierte sich für sie nach dem berühmten Wort Ekkehart Krippendorffs als »Innenpolitik der Außenpolitik der Innenpolitik«. Unvergessen blieb jenes »Dann eben nicht«, mit dem der Ministerpräsident Aldo Moro in den sechziger Jahren den westdeutschen Bundeskanzler Ludwig Erhard abgefertigt hatte, als dieser die Gewährung von Krediten mit Stabilitätsauflagen für die italienische Wirtschaft verbinden wollte. Und Kissinger lag so falsch nicht, wenn er in Moro einen ganz anderen Typ des Außenministers sah als den 1974 ins Amt gelangten Hans-Dietrich Genscher, der die globale und europäische Dimension den deutschen Belangen kategorisch vorordnete. Der Historische Kompromiß, der *Compromesso storico*, stellte für Moro schon allein deshalb eine große Versuchung dar, weil mit ihm die Chance der Rückgewinnung nationaler Souveränität gegeben schien, die die labilen Übergangsregierungen Stück für Stück abgegeben hatten, an ausländische Wirtschaftsmächte, aber auch an fremde Geheimdienste, die sich am Tiber wie Fische im Wasser fühlten.

»Mir geschieht das wie Berlinguer. Er findet kein Verständnis in der Sowjetunion, ich finde es nicht in den Vereinigten Staaten und in Teilen Deutschlands.«[3]

Mit dem letzten war sicherlich auch Helmut Schmidt gemeint, vor allem aber Franz Josef Strauß, der unter dem Eindruck der knappen Niederlage bei der Bundestagswahl 1976 und der Zerstrittenheit der Unionsparteien, die für ihn nur noch einen »Faschingszug« darstellten, geradezu panische Ängste entwickelte:

»Ja, wollen Sie denn mit diesem Faschingszug den Fortschritt des Sozialismus in Europa, den Einmarsch der Volksfront aus Italien und Frankreich angesichts unserer Verhältnisse, wie sie sich in der DDR entwickeln, aufhalten?«[4]

16

Ein Jahr zuvor war ein neues Wort geboren worden, sinnigerweise wieder auf westdeutschem Boden, in einem Leitartikel, den Theo Sommer für die Hamburger Wochenzeitung »Die Zeit« verfaßt und in dem er die Emanzipationsprozesse von kommunistischen Parteien in Westeuropa als einen neuen, »weißen«, westlichen, europäischen Kommunismus bezeichnet hatte, eben einen »Eurokommunismus«. Das Wort ging fortan wie ein Gespenst auf dem Alten Kontinent um, wie weiland Marxens Kommunistisches Manifest. Als die neue Washingtoner Administration Carter/Brzezinski dem Phänomen gegenüber Verständnis, gar Entgegenkommen zu demonstrieren begann, schaltete sich Kissinger sofort ein: Kommunistische Machtbeteiligungen in Westeuropa, in welcher Form auch immer, seien nicht tolerierbar. Das war, und amerikanische Zeitungen zögerten nicht einen Moment, das Kind beim Namen zu nennen, die »umgekehrte Breshnjew-Doktrin«[5], die Verlängerung des Systems von Jalta in eine unbegrenzte Zukunft. Kissinger war zu diesem Zeitpunkt nicht mehr Außenminister – und galt doch immer noch als der starke Mann jenseits des Großen Teichs. Seine Leute saßen nach wie vor in allen entscheidenden Einrichtungen der USA, vor allem in einer, der Central Intelligence Agency, besser bekannt unter dem Kürzel CIA. Man wird die Wahrheit kaum verfehlen, wenn man jenen späten, ungebetenen Gast, der Moro die eigentliche Drohung überbracht hatte, diesem Amt zuordnet.

Aber Kissingers Leute steckten noch ganz woanders. Merkwürdigerweise sagte die Dolmetscherin, die Moro bei allen Auslandsaufenthalten begleitete, später aus, nichts von all den Anrempeleien bemerkt zu haben – sie konnte es auch nicht, denn Kissinger selbst hatte dafür gesorgt, daß bei diesen Treffen jemand anders dolmetschte, ein Mann namens Licio Gelli.[6] Er sollte als Großmeister, als *Maestro Venerabile* der geheimen Freimaurerloge »Propaganda Due«, kurz P2, zum entscheidenden Drahtzieher der gesamten Affäre Moro werden.

Italien war, und dies war nicht nur Kissingers langer Arm, nach den Wahlen vom 20. Juni 1976, in denen die Kommunisten mit 34,4 Prozent nur noch ganze vier Prozentpunkte hinter den Christdemokraten zurückblieben, praktisch unter internationale Sonderaufsicht gestellt. Als sich kurz darauf die Regierungschefs, Außen- und Wirtschaftsminister der sieben wichtigsten Industriestaaten in Puerto Rico zur globalpolitischen Abstimmung trafen, kamen die Vertreter der Vereinigten Staaten, Großbritanniens, Frankreichs und der Bundesrepublik Deutschland hinter dem Rücken der gleichfalls anwesenden Italiener überein, dem Land im Falle einer kommunistischen Regierungsbeteiligung sämtliche Kredite zu sperren, was Helmut Schmidt im Juli ganz offen verkündete. Berlinguer reagierte sofort und forderte die Regierung scharf »zur Verteidigung der nationalen Ehre gegenüber Schmidts Erpressung«[7] auf. Die Folge war ein regelrechter US-amerikanischer Kreuzzug gegen die Kommunistische Partei Italiens (KPI), und im Januar 1978 erließ das Weiße Haus ein Kommuniqué, in dem jede kommunistische Regierungsbeteiligung in einem westeuropäischen Staat kategorisch abgelehnt wurde. Mithin: Die Drohung galt also nicht nur dem Mann, sie galt auch dem ganzen Land.

»Wir befinden uns im Krieg.«

Offizielle Lageeinschätzung der Roten Brigaden,
spätestens ab 1977

DIE TÄTER

Moretti tobte. Die Deutschen hatten Schleyer entführt. Das war doch nicht zu fassen: Da entführten die Schleyer, und er erfuhr es aus dem Fernsehen, aus den Abendnachrichten, wie Millionen anderer Italiener auch! Da plante man das ganz große Ding, bereitete es schon minutiös vor, und die RAF machte, was sie wollte. Da hatte man sich in dieses einsame Nest in den Albaner Bergen zurückgezogen, hatte hier die Schaltzentrale, das Gehirn der Roten Brigaden aufgebaut, hatte die Vernetzung mit der Roten Armee Fraktion und der französischen *Action Directe* in Angriff genommen, um den Angriff auf das Herz des Staates konzentriert und konzertiert durchzuführen und den gesamten westeuropäischen Imperialismus hinwegzufegen, und dann das! Moretti schrie und schlug um sich wie ein wildgewordenes Tier.[8] Die anderen Rotbrigadisten hatten alle Hände voll zu tun, ihn zu beruhigen, schließlich rüsteten sich die Bewohner von Velletri, der gottverlassenen Kleinstadt, für die Nachtruhe.

Aber Moretti war nicht zu beruhigen. Alle Planungen drohten hinfällig zu werden, alles stand auf der Kippe. Die Aktion Schleyer und die Freipressung von Baader, Raspe und Ensslin würden scheitern, daran bestand für ihn kein Zweifel. Ein Mann wie Schmidt ließ sich den Lauf der Geschichte nicht mit dem Lauf des Gewehrs aufzwingen. Und überhaupt, wo war eigentlich die Klassen- und Massenbasis der deutschen Genossen in diesem Volkskrieg? Nicht ein VW-Arbeiter ließ aus Solidarität mit ihnen auch nur einen Schraubenschlüssel fallen. Sicherlich, es gab die studentische Sympathisantenszene, schon bald (und nach Schleyers Tod verstärkt) würde es Berichte über klammheimliche und unverhohlene Freudenfeste in der Anarchoszene aus Göttinger Kellerkneipen bis hinunter nach Freiburg mit seiner linken Universität geben, nicht zu reden von den Überbleibseln der 68er-Kommunen der FU Berlin. Aber genügte das für den revolutionären Umsturz?

Mit Sicherheit nicht. Das Ganze war das denkbar Falscheste zum denkbar falschesten Zeitpunkt, ein typisch deutscher Alleingang in typisch deutscher Selbstherrlichkeit. Noch einmal regte sich Morettis tiefer Unmut über den Mann, der 1972 die logistische Verbindung zwischen den Roten Brigaden, den *Brigate Rosse*, und der RAF hergestellt und sie (wahrscheinlich) mit seinem Leben bezahlt hatte: den schwerreichen Mailänder Fabrikantensohn Giangiacomo Feltrinelli.

Er war in die *Resistenza* gegangen, nachdem Mussolini seinen Vater aller seiner Ämter enthoben und in den Selbstmord getrieben hatte, er gründete 1950 das »Institut der Geschichte der Arbeiterbewegung«, wurde Mitglied der KPI und baute seinen eigenen Verlag auf. 1957 gelang es ihm, eingenäht in das Futter seines Mantels, das Manuskript von Boris Pasternaks »Doktor Schiwago« aus der Sowjetunion herauszuschmuggeln und mit großem Erfolg zu verlegen. Er verkaufte die Filmrechte an Carlo Ponti und war ein gemachter Mann. Nach mehreren Treffen mit Fidel Castro gestaltete sich sein Revolutionsverständnis zusehends schwärmerischer. Er träumte von der Übertragbarkeit der südamerikanischen Guerilla-Strategie auf die westeuropäische Studentenbewegung, aus der sich die *Tupamaros* von Rom, Paris und Berlin rekrutieren sollten. In der Zusammenarbeit mit der RAF sah er auch ein Stück Wiedergutmachung historischen (und familiären) Unrechts. – Am 14. März 1972 fand man den zerfetzten Leichnam Feltrinellis, angekettet mit einer detonierten Sprengstoffladung an einen Hochspannungsmast bei Segrate vor den Toren Mailands. Sein Tod wurde nie aufgeklärt.

Die Geschichte des Linksterrorismus in Italien, dessen augenfälligstes Beispiel die Roten Brigaden darstellen, ist voll von gebrochenen Biographien, unausgelebten Träumen, diffusen Utopien und gewaltsam gekappten historischen Wurzeln. Und sie ist eine Geschichte der Abwendung und Abkehr von der kommunistischen Partei. Ihr klassischer Gegensatz zum Linksterrorismus in der Bundesrepublik Deutschland ist eine gewisse proletarische Verankerung in den Großbetrieben des Landes, vor allem bei Fiat, Pirelli und Siemens. Die meisten Führungsfiguren der Roten Brigaden kommen aus der KPI-Jugendorganisation der Emilia Romagna, die sich Ende der 60er Jahre zum *Collettivo Politico Metropolitano* zusammenschlossen. Die historischen *Brigate Rosse* sind ein Spaltungsprodukt dieser Gruppierung, der Name als solcher taucht erstmals auf Flugblättern im Jahre 1971 auf. Dreh- und Angelpunkt aller Auseinandersetzungen war die Frage nach der Notwendigkeit des bewaffneten Kampfes, der ab 1972, vor allem aber seit der Präsentation des Historischen Kompromisses durch Enrico Berlinguer, uneingeschränkt bejaht wurde. Dieser Verrat an der Arbeiterklasse schrie nach Rache. Als Gründungsgestalt der sogenannten ersten Generation der Brigaden gilt Renato Curcio. Er war, wie auch seine spätere Frau Margherita (»Mara«) Cagol, die ihn ganz in Weiß, mit Schleier und allem bürgerlichen Zierat heiratete, Kind wohlhabender Eltern und streng katholisch erzogen worden. 1968 traten sie einer Partei bei, die sich als Linksabspaltung von der KPI gebildet hatte. Als Curcio im Jahr darauf in elterlicher Tradition den Urlaub in einer Sommerfrische verbringt, wird er Zeuge, wie die Polizei bei einer Landarbeiterdemonstration zwei Menschen regelrecht niederknallt. Es ist das Schlüsselereignis in seinem Leben. Obwohl er alle Scheine fürs Examen zusammenhat, schmeißt er das Studium hin und geht in die Illegalität. Mit Gesinnungsgenossen wie Corrado Simioni, Alberto Franceschini und Prospero Gallinari werden erste Entführungen, in der Regel von Wirtschaftskapitänen, geplant und durchgeführt, einigen wird in »Volksgefängnissen« auch bereits der »Prozeß« gemacht. Außerdem entdecken die *Brigate*, welche ungeheure Aufmerksamkeit und Aufwertung sie in der Presse und der gesamten Öffentlichkeit durch die Herausgabe sogenannter Kommuniqués erfahren. Die ersten verraten noch ganz die Handschrift des ehemaligen Soziologiestudenten Renato Curcio. Sie sind ein zusammengestoppeltes Konglomerat aus Marx, Engels, Lenin, Mao, Gramsci, Fanon, Che Guevara, der Frankfurter Schule, Freud, Nietzsche, Hegel, Sartre, Bakunin und anderen Theoretikern der Anarchie. Die inhaftierten Opfer werden meist wieder freigelassen, ohne daß ihnen ein Haar gekrümmt wird, nicht selten mit Busfahrkarte, Telefon- oder Taxigeld ausgestattet. Als die Terroristen 1972 einen hohen Siemens-Boß wieder auf freien Fuß setzen und entdecken, daß sich seine goldene Armbanduhr noch bei ihnen befindet, schicken sie sie ihm auf dem Postwege hinterher.

1974 wird zum entscheidenden Umbruchjahr für die Brigaden. Sie begehen unmittelbar nach einem eindeutig rechtsextrem initiierten Bombenattentat in Brescia mit sieben Todesopfern den Mord an zwei jungen Neofaschisten in Padua. Auf den Plan tritt die zentrale Person des Antiterrorismus- und Antimafiakampfes in der italienischen Nachkriegsgeschichte: der Carabinieri-General Carlo Alberto Dalla Chiesa. Er war seit 1966 in Palermo gegen die Mafia auf Posten gewesen und erhielt jetzt die landesweite Fahndungsbefugnis gegenüber den Roten Brigaden. Seine Methode war einfach und klar: Der Gegner wurde mit Spitzeln, V-Leuten und *agents provocateurs* systematisch durchsetzt, und der Erfolg blieb nicht aus. Ende 1974 sitzt zusammen mit Curcio und Franceschini fast der gesamte historische Kern der Gründergeneration der *Brigate Rosse* hinter Gittern. Draußen befindet sich nur noch rund ein Dutzend Linksterroristen, Dalla Chiesa verkündet im Jahr darauf gar, daß es die Roten Brigaden nicht mehr gibt, und in der Tat scheint der Erfolg endgültig. Aber der Schein trügt. Schon die fast operettenhaften Umstände, unter denen Curcio zwischenzeitlich aus dem Gefängnis befreit wird, werfen ein zweifelhaftes Licht auf die Strafjustiz und die Abwehrkräfte des italienischen Staates insgesamt. Mara Cagol war wie eine Besucherin in die Anstalt hineinspaziert, hatte gerufen: »Renato, wo steckst du?«, woraufhin dieser antwortete: »Ich bin hier.« Mit diesen Worten trat er aus seiner unverriegelten Zelle und durchschritt Arm in Arm mit seiner Gattin das Gefängnistor. Diese hatte ihm tags zuvor ein von den Justizbeamten ausgehändigtes Telegramm übersandt, in dem es hieß: »Bacchus kommt morgen.«[9]

Mara Cagol kommt 1975 bei einem Schußwechsel mit der Polizei ums Leben. Zusammen mit Ulrike Meinhof, die sich am Muttertag des folgenden Jahres in der Gefängniszelle erhängt, wird sie zur beinahe mythisierten Symbolgestalt des europäischen Linksterrorismus, bis weit in die Sympathisantenszene hinein. Ulrike Meinhofs Kinder waren eine Zeitlang bei italienischen Genossinnen erzogen worden. Noch 1986, als der Siemens-Manager Karl Heinz Beckurts, der deutsche Kernenergiepapst, auf einer vielbefahrenen Straße vor den Toren Münchens, dort, wo die Menschen aus Moosach, der Gegend um die Manzostraße, am Wochenende hinausfahren, um ihre Freunde in Strasslach zu besuchen, von der RAF ums Leben gebracht wird, gibt sich das Mordkommando den Namen »Mara Cagol«, was auch auf Komplizenschaft mit versprengten Resten der *Brigate Rosse* schließen läßt.[10]

Curcio wird bald wieder inhaftiert, verliert aber trotzdem noch nicht seinen Einfluß. Ob er mit den Planungen zur Entführung des Fiat-Chefs Giovanni Agnelli etwas zu tun hat, die im November 1975 aufgedeckt werden, bleibt unsicher, ganz gewiß aber steckte er hinter dem größten Unternehmen, das die »erste Generation« in Angriff nahm: den Vorbereitungen zur Entführung von Giulio Andreotti. Der im Sommer 1974 mit den konkreten Vorarbeiten Beauftragte war Alberto Franceschini. Es ist nicht ohne Reiz, für einen Moment seinen Spuren zu folgen, so, wie er sie später in seinem Lebensbericht rekonstruiert:

»(In Rom) ging ich auch in die Via delle Botteghe Oscure, zur Parteizentrale, dem Hirn der Kommunistischen Partei. (…) von hier aus hatte man uns, die Kommunisten der Roten Brigaden, aufgefordert, uns zu ergeben. Hier hatten Togliatti und Longo gearbeitet, jetzt Berlinguer: ich stellte mir vor, wie er an seinem Schreibtisch mit der obersten Parteiführung über den ›Historischen Kompromiß‹ diskutierte. Im Grunde war er durch seine Politik der Verständigung mit den Christdemokraten unser politischer Pate. (…) wegen seiner Linie hatten sich viele Genossen von der KPI abgewandt, deren politisches Erbe wir antreten wollten. (…)

Das unmittelbare Gefühl, ein ausgestoßener Sohn zu sein, dem das Elternhaus versperrt ist, wurde sofort von einem heftigeren verdrängt: ich selbst hatte dieses Haus aus freier Entscheidung verlassen, hatte die Angebote, ›auf den rechten Weg zurückzukehren‹, ausgeschlagen, denn ich verfolgte die wahren Ziele, die die KPI unterwegs aus den Augen verloren hatte. Nichts wie weg von hier, von dieser Partei, von ihren falschen Mythen und ihrer Unbeweglichkeit. Ich drehte mich um und ging. (…)

Andreotti wohnte am Lungotevere. (…) als Katholik, dachte ich, wird er morgens meist zur Messe gehen. Um halb sieben trat er aus dem Haustor. (…) es überraschte mich, jemand wie ihn, den Verteidigungsminister, ohne Leibwächter zu sehen. (…) Ich dachte, das ist der Anfang der gefährlichsten und aufsehenerregendsten Aktion, die die Roten Brigaden je geplant haben; nach ihrem Abschluß – denn ich zweifelte nicht daran, daß wir sie zu Ende führen würden – werden wir im Zentrum des politischen Lebens dieses Landes stehen. (…)

Nach diesem Entschluß nahm ich die morgendlichen Treffen mit Andreotti wieder auf: ich wollte ihm bis zum Kirchentor folgen, in seine Nähe kommen, ihn berühren und beobachten, ob er Verdacht schöpfte oder ob jemand auftauchte, ihn zu schützen. Ja, ich sehnte mich danach, ihn zu berühren, diesen Mann, der für mich die Inkarnation der Macht war. Ich folgte ihm aus wenigen Metern Entfernung; (…) ich überholte ihn und streifte ihn mit dem Arm. Ich drehte mich um und entschuldigte mich; er sah mich mit einem unbeschreiblichen Blick an, der nur mir zu gelten schien, und setzte seinen Weg fort. Er hatte keinen Verdacht geschöpft, kein Leibwächter hatte mich aufgehalten, er war wirklich allein. Ich war begeistert: ihn zu entführen, würde ein Kinderspiel sein.«[11]

Am 8. September 1974, dem Tag ihrer Verhaftung, müssen Franceschini und Curcio die Erfahrung machen, daß Andreotti der wohl bestgesicherte Mann Italiens ist. Die spätere Umorientierung auf Moro hatte somit auch einen »praktischen« Aspekt: Er genoß merkwürdigerweise einen weit geringeren staatlichen Schutz.

Die Festnahme Franceschinis beinhaltet gleichzeitig das erste große Rätsel im Umgang der staatlichen Exekutive mit dem italienischen Linksterrorismus. Er selbst berichtet von drei konspirativen Treffen mit einer Person, die Mitglied der *Brigate Rosse* werden will. Beim ersten und zweiten Treffen geschieht nichts, beim dritten, dem einzigen, auf dem auch Franceschini anwesend ist, schnappt die Falle zu: Der Kandidat entpuppt sich als V-Mann, der von allen drei Begegnungen Fotos geschossen hat. Als Franceschini diese in der U-Haft gezeigt werden, stellt er fest, daß Moretti an einem der ersten beiden Treffen teilgenommen hatte. Da aber war nichts passiert. Der Verdacht, daß es jemanden gab, der, aus welchen Gründen auch immer, bestimmte *brigatisti* gezielt verschonte, stand erstmals im Raum. Später, als der Verdacht längst konkret-personale Gestalt angenommen hatte, bat der Häftling Franceschini zwei Journalisten, in den Gerichtsakten nach dem Foto mit Moretti zu suchen. Aber es war verschwunden.

Auf jeden Fall erschien der Linksterrorismus in Italien Mitte der siebziger Jahre führungslos und am Ende, was Dalla Chiesa zu seinem voreiligen Befund verleitete. In dieses Vakuum stieß der Mann, der zu den zwielichtigsten Gestalten in der Geschichte des europäischen Terrorismus gerechnet werden muß, eben jener Mario Moretti. Der Gegensatz zu den *capi storici*, den historischen Führern, konnte größer nicht sein. Er war so konträr, daß später gefragt worden ist, ob man es bei dieser zweiten Generation überhaupt noch mit klassischen Linksterroristen zu tun hatte oder nicht mit etwas ganz anderem. Spekulation, sicherlich. Jedenfalls bleiben seltsame Unterschiede zwischen den Roten Brigaden I und II.

Curcio hatte schon früh Auslandskontakte geknüpft, vor allem zur RAF und zur *Action Directe*. Seine mit Abstand häufigsten Auslandsreisen führten ihn in eine als Sprachinstitut getarnte und mit der Namensgebung »Hyperion« in die Sphären Hölderlins und der griechischen Klassik gehobene (und zugleich unverdächtig gemachte) Lokalität in Paris, Quai de la Tournelle 27, nur einen Steinwurf von Notre Dame entfernt. Vermutlich ist das Institut sogar von Corrado Simioni gegründet worden. Es galt lange als Zentrale des internationalen Terrorismus, bis in diesen Kreisen durchsickerte, daß es gleichzeitig das wichtigste Kontaktbüro der CIA in Europa war.[12] Curcio brach daraufhin jedwede Beziehung zum »Hyperion« ab, Moretti hingegen erneuerte und intensivierte sie in der zweiten Hälfte der siebziger Jahre beträchtlich. Es war der Zeitraum, in dem er mit generalstabsmäßiger Präzision die *colonna romana*, die römische Kolonne der Roten Brigaden, aufbaute, die bald die unumstrittene

Führungsfunktion im italienischen Linksterrorismus übernahm. Soziologische Schwafeleien scherten ihn wenig, quasi-militärischer Drill und schlafwandlerische Sicherheit im Umgang mit Handfeuerwaffen waren ihm allemal wichtiger. Eingeschleuste V-Leute berichteten später, daß sich der ideologische Teil des Aufnahmeverfahrens im litaneihaften Herunterbeten von proletarischen Standardvokabeln und Kapitalismushaß erschöpfte.[13]

Moretti konstruiert die römische Kolonne als hermetisch abgeschottete, streng hierarchisch gegliederte Gegengesellschaft analog zum kommunistischen Zellenprinzip bzw. zur Struktur von Geheimdiensten und Geheimbünden. Die Basis bilden die einfachen Brigadisten, die *regolari*, die dem Zellenchef untergeordnet sind. Dieser wiederum untersteht dem Brigadeführer, der für einen sensiblen Komplex verantwortlich ist: den Kontakt zu den *irregolari*, d. h. in die Sympathisantenszene hinein, ein gefährliches Einfallstor. Der Brigadeführer empfängt seine Befehle vom Kolonnenchef. Die Organisations-, Kommunikations- und Kommandowege verlaufen pyramidal von oben nach unten sowie zwischen den Kolonnenspitzen. Nur sie befinden in Form von Exekutivorganen und strategischen Kommandos über Aktionen, z. B. Anschläge und Entführungen, nur sie entscheiden über Leben und Tod von Gefangenen. Kommunikation und Kontakte zwischen Brigadeführern, Zellenchefs oder gar einzelnen Brigadisten sind strikt untersagt.

Schon 1977 ist die römische Kolonne, vor zwei Jahren noch fast ausgelöscht, zur bedeutendsten im ganzen Land geworden. Moretti hat die gesamte Logistik, die Drähte ins Ausland und den Waffennachschub monopolisiert. Es gelingt ihm, eher theoretisch denkende (und von daher überlegene) Köpfe wie Valerio Morucci und dessen Freundin Adriana Faranda zu integrieren. Noch weit schwieriger gestaltet sich die Zusammenarbeit mit einem Mann wie Giovanni Senzani, zwar nicht Mitglied der *colonna romana*, seines Zeichens aber Professor für Kriminologie, Berater des Justizministeriums – und gleichzeitig Rotbrigadist. Doch auch hier setzt sich Moretti durch. Er wird inoffizieller Anführer aller sieben italienischen Kolonnen und ist damit Befehlshaber über 300 *regolari* und etliche Tausend *irregolari*, eine Privatarmee, ein Staat im Staate. Die brisanteste Phase dieser Neustrukturierung entschärft Moretti im Januar 1977, als es Prospero Gallinari, einem Mitglied der Gründergeneration und Parteigänger Curcios, gelingt, aus dem Gefängnis auszubrechen. Für einen Moment steht sein ganzes »Werk«, vor allem sein unumschränkter

Führungsanspruch auf dem Spiel. Aber auch hier schafft er es, den der römischen Kolonne im Grunde völlig Fremden für sich zu gewinnen, wobei ihm Gallinaris grenzenlose Kaltblütigkeit von Anfang an als wesensgleich erschienen sein muß. Nur wenig später hat er den Plan zur Entführung eines hohen Politikers der regierenden Christdemokraten in allen Kolonnen durchgesetzt. Die Vorbereitungen beginnen. Moretti ist auf dem Höhepunkt seiner Macht, und er setzt alles daran, diese jetzt auch auf ganz Westeuropa auszudehnen. Was nunmehr anfängt, ist der grausamste Abschnitt in der Geschichte des europäischen Terrorismus, ist der Übergang vom »bewaffneten Frieden zum offenen Krieg«, der »Angriff auf das Herz des Staates«, die »bleierne Zeit«.

Angst und Schrecken sind die brutale Alltagsrealität dieser *anni del piombo*: Nach Schüssen in die Beine als »Warnungen oder Bestrafungen« folgen in aller Regel kaltblütige, als »Hinrichtungen« deklarierte Morde. Vorrangiges Ziel sind natürlich die Vertreter des feindlichen Staates, vor allem Richter und Staatsanwälte, Gefängniswärter, Carabinieri, Polizisten und immer wieder Politiker der verhaßten christdemokratischen Partei, der *Democrazia cristiana* (DC), die sogenannten Faschisten in weißen Hemden. Begleitpersonal, Wachmänner und Eskorten werden einfach über den Haufen geschossen. Das Ganze wird offiziell, in der Presse zugespielten Kommuniqués, als »Volkskrieg« tituliert und von den Terroristen wohl auch tatsächlich so verstanden. Allein für das Jahr 1978 werden 1 118 linksextremistische Anschläge gezählt, auch wenn sie nicht alle den *Brigate Rosse* zugerechnet werden können. Für das Volk, und gerade für die potentiell verbündeten sozial Schwachen, Armen und Benachteiligten, die der uniformierten Exekutive und »denen da oben«, die dem Staat überhaupt mit Abstand, Mißtrauen und Verachtung gegenüberstanden, hatte diese Spezies des Volkskämpfers von nun an jedes Robin-Hood-Image und jede Bonnie-and-Clyde-Romantik verloren.[14] Deshalb stellt sich um so mehr die Frage: »Waren die Militanten, die sich da jeweils im Namen der Roten Brigaden zu Anschlägen bekannten, noch in organisatorischer wie inhaltlicher Verbindung zu denen, die diesen Namen einst erfunden und für sich beansprucht hatten?«[15] Welches ideologische Selbstverständnis hatte die zweite Generation, und vor allem, welche Rolle spielte Mario Moretti?

Fakt ist, daß Curcio und die *capi storici*, denen im Frühjahr 1978 gerade in Turin der Prozeß gemacht wird, von der Moro-Entführung völlig überrascht werden. Fakt ist genauso, daß sich ihnen in der Anstalt ein CIA-Mann namens Ronald Stark andienen kann, um ein Kommunikationsnetz aufzubauen, mit dem Ergebnis, daß Curcios Einfluß aus dem Gefängnis heraus wie auch sein Informationsstand auf Null gebracht werden. Eine andere Merkwürdigkeit: Die Gründergeneration wie auch die späteren terroristischen Kolonnen hatten durchaus Verbindungen zur Arbeitswelt, zu Linksabspaltungen der KPI, kommunistischen Gewerkschaftsgruppen und revolutionsbereiten Fiat-Betriebsräten, sie verstanden die Arbeiterschaft als ihre eigentliche Massenbasis, in Morettis *colonna romana* hingegen galten andere Gesetze. Deshalb war es für ihn auch so schwer, einen Mann wie Valerio Morucci zu integrieren, der ursprünglich der *Autonomia Operaia* (Arbeiter-Autonomie) und ihrem Chefideologen Toni Negri nahegestanden hatte, der den Klassenverrat des Historischen Kompromisses mit flächendeckenden Sabotageaktionen bekämpfen wollte (was geschah), der aber nicht den politischen Mord predigte. Moretti bestand auf einer strikten Trennung von der *Autonomia Operaia*. Seine kategorische Abschließung gegenüber ideologisch ähnlichen oder benachbarten Phänomenen und Gruppierungen, seine konsequente Abstinenz gegenüber der Arbeiterschaft, der Gesellschaft überhaupt, seine klaustrophobische Sonderstellung in der römischen Kolonne und seine permanente Fühlungnahme zum Pariser Hyperion-Institut, das sich als amerikanisches Geheimdienstzentrum zur Steuerung des europäischen Linksterrorismus entpuppen und just in der entscheidenden Phase des März 1978 in Rom eine Nebenstelle errichten sollte, lassen nur den einen Schluß zu, daß Moretti die zentrale Figur für die Infiltration und Instrumentalisierung der Roten Brigaden durch ausländische Geheimdienste war.[16] War alles Ideologische also nur aufgesetzt, Mittel zum Zweck?

Morettis und Moruccis Gesellschaftsanalyse gipfelte in der Verabschiedung einer allumfassenden Formel, die als zentrale Kampfparole für den »Angriff auf das Herz des Staates« in allen Kolonnen ausgegeben wurde: Zu erobern und auszuschalten sei der *Stato imperialista delle multinazionali*, kurz SIM, eine Art Superregierung der kapitalistischen Welt. Wenn ihre führenden Repräsentanten zunächst in Italien und dann – selbstverständlich unter Führung der *Brigate Rosse* – im ganzen imperialistischen Westeuropa ausgeschaltet seien, würde es zu einem neuen, qualitativen Sprung in der revolutionären Entwicklung und schließlich zum »Volkskrieg« kommen, über dessen Ausgang es keinen Zweifel gäbe. Die Roten Brigaden waren, wie spätere Bekennerschriften belegen, von der »wahnsinnigen und arroganten Utopie einer ›geometrischen Militärmacht‹«[17] über Westeuropa besessen, die auf das soziale Einverständnis und die Interessenlage der Bevölkerung zu treffen glaubte. Wie sehr es in dieser neuen, staatlich übergreifenden Volksregierung nach wie vor um glasklare Hierarchien und nackte Macht gehen würde, bewies Morettis Tobsuchtsanfall, als er am 5. September 1977 in dem kleinen Nest am Rande der Albaner Berge von der Entführung des westdeutschen Arbeitgeberpräsidenten Hanns Martin Schleyer hörte, weil den *Brigate* hiermit eine Trumpfkarte aus dem Ärmel gezogen war: Sie selbst planten die Entführung des Reifenmilliardärs und Arbeitgeberpräsidenten Leopoldo Pirelli, des italienischen Pendants zu Schleyer, die nunmehr natürlich hinfällig war, auch wenn die deutschen Genossen scheiterten. Doch aus dem Mißerfolg der RAF erwuchs ihre neue, eigentliche Chance. Morucci urteilt: »Die Schleyer-Aktion war zur großen Zufriedenheit Morettis fehlgeschlagen.«[18]

Jetzt kam alles auf das zeitgleich zur Pirelli-Entführung angepeilte entscheidende politische Ziel an: den Zugriff auf den italienischen Repräsentanten des SIM. Wer das war? Moretti selbst gibt die Antwort: »Ich kann mich nicht erinnern, daß irgend jemand hinsichtlich des großen Dings vom Frühjahr 1978 jemals an einen anderen gedacht hätte als an Moro.«[19]

29

*»Der in die Machenschaften des Machtkartells
am wenigsten verwickelte Politiker Italiens«*

Pier Paolo Pasolini über Moro

DAS OPFER

Irgendwie umgab ihn immer etwas Schwermütiges, Melancholisches, fast Resigniertes. Selbst Kissinger beschwerte sich noch in seinen Memoiren, daß er ihm bei einigen Unterredungen regelrecht eingeschlafen war. Trotzdem hatte man im Umgang mit ihm stets das Gefühl, daß er auf der Lauer liegt und auf etwas wartet, ständig auf dem Sprung ist. Widersprüchlich, rätselhaft, ja geheimnisvoll, so wirkte er bis zum Schluß. »Jahrhunderte des Schirokko« lägen in seinem Gesichtsausdruck, er sei »die Inkarnation des süditalienischen Pessimismus«, so wurde von ihm gesagt.[20] Moro war kein vermarktungsfähiger Medienstar mit eingebauter Jubelpose. Auf dem Fernsehschirm erschien er meist gelangweilt, oft niedergeschlagen und vor allem immer wieder müde. Nur gelegentlich und fast verschämt huschte ein ironisches Lächeln über sein Gesicht. Er war nur scheinbar flexibel und geschmeidig, in Wirklichkeit aber geduldig, unnachgiebig und zäh, ein Phlegmatiker mit Methode. Seine Italienerinnen und Italiener kannte er wie kein zweiter Politiker, und sein Lebensgrundsatz »Ich habe mich immer bemüht, das Schlimmste zu verhindern«[21] nährte sich aus dieser Kenntnis. Sein Spitzname »Dr. Divago« rührte daher, daß man seinen Formulierungen in all ihrer Vagheit je nach Gusto alle nur möglichen Deutungen unterschieben konnte. Oft argumentierte er derart ambivalent, daß seine Verhandlungspartner beim besten Willen nicht mehr wußten, woran sie mit ihm waren. Berühmt und unvergessen ist eine Episode aus den frühen siebziger Jahren, als der damalige Nato-Generalsekretär Luns dem Außenminister Moro auf einer Brüsseler Ratstagung eine Antwort abverlangte. Der Angesprochene hielt eine zwanzigminütige Rede, die Luns zu der Frage »Haben Sie nun zugestimmt oder abgelehnt?« veranlaßte. Daraufhin schritt Moro erneut ans Pult und hielt wortwörtlich und ohne Manuskript die gleiche Rede. Nachdem sich dieses Spiel noch ein drittes Mal wiederholt hatte, seufzte Luns erschöpft: »Ich glaube, er hat ja gesagt.«[22] Erst die heutige Lektüre dieser Texte vermittelt, worum es Moro eigentlich ging: die Funktions- und Lebensbedingungen der italienischen Demokratie, die für ihn immer »anders und schwieriger« war, jenseits der eigenen Landesgrenzen als primäre Entscheidungsgrundlage auch für außenpolitisches Handeln verständlich zu machen; aber hierin hatte er ja nicht nur mit Luns seine liebe Mühe. Allerdings, auch seine Verhandlungspartner waren nicht zu beneiden. Der Mann erschien im selben Moment bedingungslos hart und wich trotzdem zurück, schien kompromißbereit und setzte in Wirklichkeit seine Position ohne jeden Abstrich durch. »Aldo Moro war unerreicht in der Kunst, die Klärung zum Zwecke der Stiftung neuer Verwirrung einzusetzen.«[23] Leonardo Sciascia, der große Sizilianer und Italienkenner, bezeichnet seine Sprache gar als ein neues Latein, »wobei es sich immer noch um eine Geheimsprache handelt«.[24]

Aldo Romeo Luigi Moro wird am 23. September 1916, mitten in den Hungerjahren des Ersten Weltkriegs, im südlichsten Apulien, in Maglie, im staubigen Absatz des italienischen Stiefels, geboren. Griechenland, Albanien, der Balkan liegen näher als Rom, die orientalische Welt und Afrika sind auf der anderen Seite des Meeres, Moro ist von Anfang an der Ferne, der Fremde, der andere. Der Großvater ist Schneider, der Vater Schulrat, und er wird Ministerpräsident, eine Geschichte wie aus dem Märchenbuch. Daß die Kinder sich dort und damals Schlangen auf den glühend heißen Steinen grillten und aßen, daß die Mütter Schwalbenherzen und junge Hunde in Kesseln kochten, als Geheimrezept gegen Rachitis, TB und um zu überleben, gehört nicht ins Reich der Fama, auch wenn der Tisch im siebenköpfigen Hause Moro sicherlich anders gedeckt war. Gleichwohl, von Reichtum konnte bei dem Schulaufsichtsbeamten Renato Moro keine Rede sein. Mit zwanzig lernt Aldo Eleonora Chiaverelli kennen, eine Grundschullehrerin wie seine Mutter, er heiratet sie 1945 und bleibt ihr ein Leben lang treu, nicht nur aufgrund tiefkatholischer Erziehung und Überzeugung. Er studiert Jura in Bari, der Stadt, die er von 1946 bis zu seinem Tode im römischen Parlament vertritt. Als 29jähriger gehört er zu dem 75-Männer-Gremium, das die *Costituzione* für die Verfassunggebende Versammlung ausarbeitet, in die er gleichfalls gewählt ist. Moro gehörte zu den Gründungsmitgliedern der Republik, sie war auch sein Werk. Er war bereit, sein Schicksal mit dem ihren zu verknüpfen, Herzblut für sie zu geben – aber auch das Leben?

In dem Ausschuß der *Costituente*, der mit der Ausarbeitung der bürgerlichen Rechte für die italienische Verfassung beauftragt ist, kommt es zu der Kooperation, die für sein programmatisches Denken, sein Werteverständnis und seine gesamte politische Laufbahn die Schlüsselfunktion einnimmt. Moro formuliert direkt aus den laufenden Verhandlungen heraus:

»Die Mitglieder des Ausschusses stehen sich nicht auf zwei Fronten gegenüber, weil es zwischen den christlichen solidaristischen Auffassungen und den sozialen Vorstellungen von Solidarität glücklicherweise eine Übereinstimmung gibt, die von den sozialistischen und kommunistischen Kräften getragen wird.«[25]

Das war kein Reflex auf die gegebene politische Situation – die KPI saß in der Verfassunggebenden Versammlung und mit ihrem mächtigen Vorsitzenden Palmiro Togliatti als Justizminister in den ersten Kabinetten De Gasperis –, das war ein Bekenntnis über den Tag hinaus, das Moro vor allem dann reaktivieren sollte, wenn der Fortbestand von Demokratie und Republik, die Regierungsfähigkeit des Landes, anders nicht mehr zu gewährleisten waren. Trotzdem, von nun an hatte der Mann seinen Ruf weg: als Philokommunist, als Herz-Jesu-Marxist, als Politiker, der in Wirklichkeit gar kein echter Christdemokrat oder Konservativer war. Dieser Klassifizierung allerdings stand eine andere Dominante in seinem Leben und Tun gegenüber, sein Verhältnis zum Katholizismus, der katholischen Kirche insbesondere und dem Vatikan, doch von kritikloser Identifikation konnte auch hier beileibe nicht die Rede sein.

Der junge Jurastudent engagiert sich mit enormem Einsatz im katholischen Studentenverband, dessen Präsident er 1939 wird. Hier begegnet er dem Mann, an dem er sich ein Leben lang reiben wird, dem zwei Jahre jüngeren Giulio Andreotti, der nach ihm die Leitung des Studentenverbandes übernimmt. Hier begegnet er aber auch dem Mann, der für ihn zur zentralen Person für seine Auseinandersetzung mit der katholischen Kirche als Institution wird: Monsignore Giovanni Montini, den das Konklave 1963 zu Papst Paul VI. bestimmt. Über das Verhältnis Pauls zu Moro ist viel geschrieben worden. Einige sehen in ihm den engsten Berater und Freund der Familie Moro, andere betonen die Reserviertheit und Sorge, mit der der stockkonservative Nachfolger Petri Moros Offenheit nach links beargwöhnte. Moros Verhalten und tatsächliche Einschätzung ist auch hier, wie in vielem oder eigentlich allem, sprachlich kaum auf den Begriff zu bringen. An Monsignore Montini hatte er von Anfang an geschätzt, daß dieser als einer der ganz wenigen vatikanischen Prälaten stets antifaschistisch geblieben war, anders als Papst Pius XII., in dessen Dienstzimmer Andreotti, der eigentliche Verbindungsmann der *Democrazia cristiana* zum Heiligen Stuhl, stets ohne Voranmeldung eintreten konnte. Paul hatte schon in seiner Zeit als Erzbischof und Kardinal von Mailand erkannt, daß Moros neue Koalitionsformeln, seine ganze politische Linie auch Ausdruck des Bestrebens waren, die DC vom Vatikan zu emanzipieren, und daß seine Suche nach italienischer Autonomie auch eine Herausforderung der hegemonialen Macht der katholischen Kirche überhaupt war.[26] So richtig verstanden hat Moro sich mit denen, die sich als Stellvertreter Gottes auf Erden apostrophieren, eigentlich nur während des kurzen Pontifikats des Reformpapstes Johannes XXIII. von 1958 bis 1963, aber das blieb eine Episode.

Am 19. August 1954 schließt Alcide De Gasperi, die alles beherrschende Figur der frühen Nachkriegszeit und der Christdemokraten, die Augen für immer. Mochten von jetzt an auch Leute wie Amintore Fanfani, Antonio Segni, Mariano Rumor, Emilio Colombo und andere in der DC eine Rolle spielen, die entscheidende Funktion in ihr hatten von diesem Zeitpunkt an zwei Politiker, die gegensätzlicher nicht gedacht werden konnten: Aldo Moro und Giulio Andreotti. Dieser Sachverhalt galt – expressis verbis – bis weit über Moros Tod hinaus durch das Fortwirken seiner Vertrauenspersonen praktisch bis zum Ende und der Selbstauflösung der *Democrazia cristiana* in der Folge der revolutionären Zeitenwende 1989/1990. Andreotti, der als der »junge Mann« De Gasperis galt, war diesem erstmals in der Vatikanischen Bibliothek begegnet, was über beider weltanschauliche Präferenz genug aussagt. Von 1948 bis 1992, fast ein halbes Jahrhundert, sitzt Andreotti in jedem Regierungskabinett. Er bekleidet Positionen vom Unterstaatssekretär bis zum Ministerpräsidenten und ist die Kontinuitätsfigur der italienischen Nachkriegsgeschichte. Anders als Moro kommt er nicht aus der Provinz, sondern aus dem Zentrum der Macht: Rom und das umgrenzende Latium sind sein *feudo*, seine Machtbasis. Dazu kommt jedoch eine weitere Region, die rein räumlich eher im Einflußbereich des Apuliers zu vermuten gewesen wäre: die Insel Sizilien, die auf den Parteikongressen der DC ein Viertel aller Delegiertenstimmen stellt.

Welches ist der grundlegende Unterschied zwischen beiden? Es macht relativ wenig Sinn, den einen als links und den anderen als rechts zu bezeichnen. Da ist es schon treffender, wenn man Andreotti als »Mann der Amerikaner« und »Italy first« als Moros Lebensmaxime deklariert. In der Tat resultiert das eigentlich Trennende aus dem gegensätzlichen Verständnis, in dem sie sich selbst zum eigenen Staat sehen und definieren. In Andreottis vielzitiertem Wahlspruch »Die Macht verschleißt nur den, der sie nicht hat« wird dies nur zu deutlich. Persönliche und politische Ziele standen für ihn stets im Einklang. Wenn Moro hingegen als Baumeister und Architekt wieder einmal eine Koalitionsformel, einen Kompromiß, eine Regierung gezimmert hatte, die die Überlebensfähigkeit des Landes sicherte, trat er sofort in den Hintergrund und überließ anderen die Ausführung. Dieser Mangel an politischem Ehrgeiz paarte sich mit einer »notorischen Bescheidenheit und dem Unwillen, reich zu werden«[27]. Als er starb, nannte die Familie drei kleine Appartements in Rom, die von den Eltern ererbten Grundstücke in Bari, ein dörfliches Anwesen im Norden der Hauptstadt und eine Ferienhaus-Etagenwohnung in Terracina ihr eigen, geradezu lachhaft in Anbetracht dessen, womit sich seinesgleichen so bereicherte. Moro hatte sich nie in irgendeinen Aufsichtsrat wählen lassen, er wollte durch Politik weder reich noch einflußreich werden. Daß derartige Saubermannallüren vielen, gerade in der eigenen Partei, nicht in den Kram paßten, lag auf der Hand, und Andreotti durfte zu ihnen gehören. Wie sollte man so einen Mann eigentlich bestechen, wie war der korrumpierbar und in Abhängigkeiten zu bringen?

Hier liegt die Wurzel für Moros tiefe Religiosität und die Prinzipien seiner Lebensführung. Das Persönliche, Private, aber auch der Beruf und das politische Amt hatten für ihn nichts miteinander zu tun. Deshalb war das Unglück, das dann über die Familie hereinbrach, doppelt schwer. Moro hatte die Professur für Strafrecht an der Universität Rom, die ihm 1963 verliehen worden war, stets wahrgenommen, Eleonora ging allmorgendlich zum Unterrichten in die Schule, gleich, in welchem Ministersessel ihr Mann gerade saß. Dabei legte er, jedenfalls für die Öffentlichkeit, auch zu Hause das Staatsmännische nie ab. Er haßte es geradezu, im kurzärmligen Hemd abgelichtet zu werden. Die wenigen bekannt gewordenen Fotos mit seinen Kindern am heißen Strand von Terracina zeigen einen bis oben hin zugeknöpften, Krawatte tragenden Menschen, der meinte, seinem Volk in keiner Situation eine Blöße bieten zu dürfen. Und sie zeigen ihn fast immer im Gespräch, redend, überredend, gestikulierend, vermittelnd, ausgleichend, sich mit orientalischer Geduld, ja mit Fatalismus, trotzdem aber zäh und in kleinen Schritten vorarbeitend. Er dachte nie von Wahl zu Wahl. »Man hatte bei Moro den Eindruck, als denke er in geschichtlichen Zusammenhängen und verfolge einen langfristigen Plan, ganz im Gegensatz zu fast allen anderen Politikern gleich welcher Partei, die entweder so wirkten wie Eierdiebe oder wie Flickschuster.«[28] Sciascia sagt, daß Moro bis zu jenem schicksalhaften 16. März 1978 eigentlich kein großer Staatsmann war, und niemand anders als er selbst dürfte sich so gesehen haben. Er verstand sich als Spielfigur, wie andere auch, die in und für bestimmte Situationen und Konstellationen zur Verfügung stand.[29] Von anderer Seite heißt es, daß seine politische Kunst kaum das Niveau der Mediation überstieg,[30] und auch dieses wird richtig sein, nur mit der Ergänzung: Mehr wollte er ja auch gar nicht. Karikaturisten und Kabarettisten spotteten immer wieder, daß das einzig Klare und Eindeutige an ihm jene schlohweiße Strähne sei, die durch das ansonsten pechschwarze, fast afrikanisch anmutende kurzgelockte Haar lief. Etwas Rätselhaftes umgab ihn, bis zum Schluß.

Mit dem Tode De Gasperis war endgültig eine Entwicklung sichtbar geworden, die in der *Democrazia cristiana* seit Jahren virulent war und die schließlich deren Führungsfähigkeit und Schlagkraft bis zur Selbstlähmung bedrohen sollte: der Zerfall in Flügel oder genauer Strömungen, in sogenannte *correnti*, die um die Macht in der Partei kämpften. Das Phänomen der *correntocrazia* war geboren. Unter dem Einfluß des Mailänder Kirchenrechtlers Giuseppe Dossetti hatte sich 1952 ein Kreis um den designierten Parteivorsitzenden Amintore Fanfani gebildet, der De Gasperis klassenübergreifendes Modell für die DC ablehnte, sie sozial und in christlichem Sinne erneuern und gleichzeitig nach links verlagern wollte. Emilio Taviani, Benigno Zaccagnini und Aldo Moro gehörten zu dieser ersten organisierten *corrente* in der Geschichte der DC. Dossetti war es auch gewesen, der den jungen Moro in den Ausschüssen der Verfassunggebenden Versammlung gegen De Gasperi zur Zusammenarbeit mit den Kommunisten inspiriert hatte. Im März 1959 versammelt sich dieser Kreis im Kloster Santa Dorotea auf dem Gianicolo über Rom und spaltet sich erneut. Die Mehrheit, die sich von da an »Doroter« nennt, erhebt Moro zum neuen Parteichef. Die *dorotei* bleiben lange die stärkste *corrente* innerhalb der DC, aber mit dem Aufstieg neuer Führungsfiguren kommt es zu immer neuen Abspaltungen. Bald gibt es in der Partei auch »Fanfaniani« und »Andreottiani«, und schließlich formieren die eigentlichen Anhänger Moros neben den »Dorotern« die »Moroteer« als vorläufigen Endpunkt einer immer weiter fortschreitenden Parzellierung.

Längst hat die Familie ihren Lebensmittelpunkt von Apulien nach

Rom verlegt, wo sie in der Via del Forte Trionfale ein schönes und anspruchsvolles, aber keineswegs mondänes Appartement bewohnt. Dem Paar werden drei Töchter und ein Sohn geboren, der engste Freundeskreis der Moros bleibt handverlesen und klein. Nicola Rana, sein Privatsekretär, und Sereno Freato, sein engster Vertrauter, gehören ebenso dazu wie sein Universitätsassistent Franco Tritto und Giancarlo Quaranta, ein junger Rechtsanwalt und Freund des Sohnes Giovanni. Parallel zum Aufstieg in der Partei vollzieht sich derjenige in den staatlichen Ämtern. 1955 bekleidet Moro im Justizressort sein erstes Ministeramt, von 1957 bis 1959 ist er Erziehungs- und von 1968 bis 1974 Außenminister. Unumstrittener Höhepunkt sind die fünf Kabinette Moro, denen er von 1963 bis 1968 und noch einmal von 1974 bis 1976 als Ministerpräsident vorsteht. Ein ewiges Stehaufmännchen, ein »Rassepferd« der italienischen Politik, das sich auch nach 1976 beileibe nicht zurückgezogen hatte, sondern das auf der Klaviatur der Macht tonangebend blieb und sich für hohe und höchste Staatsaufgaben bereithielt. Jedes Kind zwischen Salerno und Salurner Klause wußte das.

Aldo Moro war kein Engel. Im Gegenteil, daß Politik schmutzige Hände macht, war auch dem gläubigen Katholiken geläufig, und er handelte danach, insbesondere als es um die erste große Weichenstellung in seiner Laufbahn ging, die *apertura a sinistra*, die Öffnung nach links zur Zusammenarbeit und Koalition mit den Sozialisten, die durch die Einberufung des Zweiten Vatikanischen Konzils nicht nur klimatisch begünstigt wurde. Ein Aufschrei der Empörung ging durch die konservativen Parteien, nicht nur in Italien, wo Mario Scelba, mächtiger Exponent der DC-Rechten und 1954/55 selbst Chef einer Mitte-Rechts-Regierung, zum eigentlichen Gegner der politischen Neuorientierung heranwuchs. Moro griff, um ihn auszuschalten, unter die Gürtellinie und machte sich den ungeschriebenen italienischen Sittenkodex zunutze. In »teilweise hinterhältiger Intriganz«[31] ließ er 1959 Fotos über das sommerliche Rom an die Presse lancieren, die eine geradezu verlogen apolitische Bildüberschrift trugen: »Nur noch wenige Politiker halten sich in der Hauptstadt auf.« Sie zeigen Mario Scelba; an seiner Seite eine junge Schöne, die nur einen Nachteil hat: Sie ist nicht seine Frau. Der Sizilianer Scelba war von dem Moment an politisch erledigt, denn natürlich galt und gilt die Zweit- und Nebenfrau im Moralverständnis der Insel praktisch als Wertsteigerung des Mannes, allerdings mit einer Einschränkung: Die angetraute Ehefrau darf in ihrer Ehre öffentlich weder bloßgestellt noch erniedrigt werden. Moro hat davor und danach auch eindeutig illegale und gesetzwidrige Transaktionen bis hin zu Waffenschiebereien wenn nicht initiiert, so doch zumindest gedeckt. Auch dunkle Ölgeschäfte seines Sekretärs Freato zum finanziellen Vorteil seines Büros sind hier einzuordnen. »Wenn ein Vorfall, eine Affäre nicht in seine Taktik paßte, ja diese zu unterlaufen drohte, war Moro durchaus bereit, hier gegen sein katholisches Gewissen zu handeln, wegzusehen oder eine differenzierte Stellung einzunehmen, statt eine klare Entscheidung zu treffen.«[32]

Die Regierungs- und Überlebensfähigkeit des eigenen Landes waren allemal wichtiger als der Buchstabe des Gesetzes. Die Gemeinsamkeiten mit den Rechtsparteien verbrauchten sich und schienen es nur noch instabiler zu machen. Moro, mit seinen Erfahrungen aus der *Costituente*, war geradezu dafür prädestiniert, die Koalitionsformel zu finden, mit der das Land ein ganzes Jahrzehnt mehr recht als schlecht über Wasser gehalten werden sollte: das *Centro sinistra*, die Mitte-Links-Koalition unter Einschluß der Sozialisten. Um sie zu realisieren, führt er einen Kampf an drei Fronten: gegen die katholische Kirche, die Amerikaner und, wie erwähnt, die eigene Partei. Der entscheidende Durchbruch gelingt auf dem neapolitanischen »Öffnungskongreß« der DC im Januar 1962. Moro spricht sieben Stunden. Noch einmal hebt er die Begrenzung der Regierungsalternativen im Vergleich zu anderen europäischen Staaten hervor, noch einmal betont er, daß die DC in diesem System praktisch »die Alternative zu sich selbst« sein müsse, aber das allein trage jetzt nicht mehr, es müsse »eine Änderung in der Kontinuität« herbeigeführt werden. Moro sprach so lange, bis die Delegierten selbst nicht mehr wußten, ob sie nun einen Rechten oder einen Linken vor sich hatten, oder aber regelrecht eingeschlafen waren. In diesem Moment beantragt der Mann aus Apulien die Abstimmung und kommt durch. Italien auf neuen Wegen. Doch es soll noch einmal fast zwei Jahre, bis zum Dezember 1963, dauern, bis Moro die erste der von ihm so bezeichneten Regierungen der »parallel verlaufenden Konvergenzen« bilden kann. Hier war sie wieder, seine undefinierbare Kunst, die begriffliche Klärung zum Zweck der Stiftung neuer Verwirrungen einzusetzen, denn rein mathematisch schließen sich Parallelität und Konvergenz bekanntlich aus. Auf jeden Fall reichten derartige Wortnebel völlig, um die Alarmglocken schrillen zu lassen. Giovanni Montini, der Erzbischof von Mailand, schon auf dem Sprung zur Nachfolge des sterbenskranken Johannes XXIII., dessen Reformkonzil er dann ins Leere laufen

ließ, schrieb einen vertraulichen Brief an die ihm untergebene Geist-
lichkeit, daß »die sogenannte Öffnung nach links« nicht zu unterstüt-
zen sei. Für den scheidenden Bundeskanzler Adenauer jenseits der Alpen brach regelrecht eine Welt zusammen, und für das Washingtoner
State Department bedeuteten Sozialisten im römischen Kabinett eine
nicht hinnehmbare Gefährdung der Nato-Südflanke. Moro wählt
hier einen Schachzug, der sich fünfzehn Jahre später, bei der Kon-
struktion des Historischen Kompromisses, wiederholen soll; er bringt
Giulio Andreotti, den Mann der Amerikaner, in hohe und höchste
Regierungspositionen. Andreotti wird der erste Verteidigungsminister in der Ära des *Centro sinistra*, und die Wogen am Potomac beginnen sich zu glätten.

Aber es ging nicht nur um die Reaktion des Auslands. Der eigentliche Feind saß im Innern, praktisch vor der eigenen Haustür. Moro
machte sich nicht die geringste Illusion darüber, daß die Republik in
den Momenten, in denen er die entscheidenden Wegmarken nach
links passierte, der Gefahr eines Rechtsputsches am bedrohlichsten
ausgesetzt war. Der KPI-Vorsitzende Palmiro Togliatti heizte die in-
nenpolitisch aufgeladene Atmosphäre noch zusätzlich an, indem er in
einer seiner letzten Reden davon sprach, daß jetzt die Zeit »neuer
Mehrheiten« gekommen sei und die Kommunisten das Eintreten in
den »Bereich der Regierung«[33] beanspruchten. Das war ein Wetter-
leuchten des *Compromesso storico*, und die Rechte reagierte. Schon Anfang des Jahres 1964 hatte der Carabinieri-General und militärische
Geheimdienstchef Giovanni De Lorenzo einen Plan entwickelt, von
dem bis heute nicht geklärt ist, ob er nur der Einschüchterung Moros
dienen sollte oder den tatsächlichen Staatsstreich zum Ziel hatte. Das
erste mit Sozialisten gebildete Kabinett stürzte schon nach einem halben Jahr. Während der laufenden Neuverhandlungen wird De Lorenzo vom Staatspräsidenten im Quirinalspalast, aber auch von Moro
im Palazzo Chigi, dem Sitz des Ministerpräsidenten, vertraulich empfangen. Der Zweck ist klar. Der General nimmt in direkter, ja ultimativer Form Einfluß auf das Reformprogramm und die Ministerliste der zweiten Regierung des *Centro sinistra*, das Kabinett Moro II.
Erst als die Sozialisten »auf der ganzen Linie nachgeben«[34], verschwinden Pläne wieder in der Schublade, die auf eine militärische
Notstandsregierung und die staatsstreichartige Umwandlung in eine
Präsidialrepublik hinauslaufen. Was allerdings auch verborgen bleibt,
ist die Tatsache, daß der Geheimdienstchef nur ein Instrument in den
Händen anderer ist, und es überrascht kaum, wessen Name hier fällt:

Derjenige Giulio Andreottis, der »sich des Opportunismus von De Lorenzo bedient, um die Sozialisten und christdemokratische Linke mit der Drohung einer bewaffneten Intervention zu erpressen«.[35]

Moro weiß das alles, und er spielt das schmutzige Spiel mit – zu Nutz und Frommen der Republik. Er weist seinen Sekretär Rana an, in der Schweiz eine Notkasse für die *Democrazia cristiana* anzulegen, die dem italienischen Staat nicht deklariert ist und aus der sie sich bedienen kann, falls in Italien ein Regime die Macht übernimmt, das die Parteien verbietet. Ob auch Andreotti im Fall der Fälle Geld aus ihr bekommen hätte? Wenn auch nicht unbedingt *contra legem*, so war Moro gegebenenfalls sehr wohl bereit, *extra legem* zu handeln, und zwar nicht aus persönlichen Gründen. Als er Wind von den eigentlichen Dimensionen der Pläne De Lorenzos bekam, erklärte er sie sofort zum Staatsgeheimnis, ließ Akten verschwinden und bot dem General den Botschafterposten in Brasilien an. Warum diese Nachsicht gegenüber seinen eigentlichen Feinden innerhalb und außerhalb der Partei? In die Affäre waren so viele und so hohe Regierungsrepräsentanten bis hinauf zum amtierenden Staatspräsidenten Antonio Segni verwickelt, daß ihre Enthüllung »das ganze politische System hinfortgespült hätte«, so die Antwort Moros.[36]

Die zweite Mitte-Links-Regierung hielt bis Anfang 1966. Der Süditaliener bildete noch eine dritte, mit der er direkt in die Turbulenzen der 68er-Bewegung hineingeriet. Es gibt wohl kaum einen europäischen Christdemokraten, der so intensiv wie Moro begriff, daß hier eine die gesamte Gesellschaft in ihren Grundfesten erschütternde und in vielerlei Hinsicht nur zu berechtigte Herausforderung an die Politik herangetragen wurde, die neue Methoden, Konzepte und Regierungsmodelle erforderlich machte. Zudem hatte der Strafrechtsprofessor ja nie den Kontakt zur Basis verloren, sondern in direktem Dialog und Kontakt mit den Studenten auf dem Campus der Universität Rom einen ungefilterten Eindruck der revolutionäre Züge annehmenden Umbruchsituation erfahren. Seine Antwort waren nicht Wasserwerfer und Tränengas, sondern eine Änderung des eigenen Verhaltens. Seine Erkenntnis und sein Entschluß, daß jetzt die Stunde der zweiten großen »Öffnung nach links« gekommen sei, ist in den Tagen und Wochen gereift, in denen linke und kommunistische Studenten im Pariser Quartier Latin, an der Westberliner Freien Universität und in vielen anderen Städten Europas den Staat mit offener Gewalt herausforderten. Wieder einmal ging es um die Regierungsfähigkeit und um das Überleben der parlamentarischen

Demokratie schlechthin, das in Bonn, Paris und London anders gewährleistet sein mochte. Im eigenen Lande war der Weg, ein immer schmaler werdender Pfad, nur gangbar, wenn die Kommunisten auf hoher und höchster Ebene in die Verantwortung eingebunden wurden – auch auf die Gefahr einer weiteren Radikalisierung am extremistischen Rand hin. Dabei durfte sich dieser Prozeß nicht in einem einzigen großen Paukenschlag vollziehen, sondern in kleinsten Schritten, in den Konservativen zu verabreichenden verträglichen Dosierungen, als permanente Hoffähigmachung der KPI, die von immer neuen Gesprächen, Aufklärungsaktionen und vertrauensbildenden Maßnahmen begleitet sein mußte, ganz im Sinne von Moros gradualer, skeptischer und tiefpessimistischer Lebensphilosophie. 1968 war die entscheidende Zäsur für die Neuorientierung, aber wann die Kommunisten vielleicht auf den Regierungsbänken sitzen sollten, dafür gab es keinen minutiösen Fahrplan, das war eine beschwerliche und gefährliche Reise, die durchaus auch ein Jahrzehnt dauern konnte.

Aldo Moro dürfte eines der besten Beispiele dafür sein, wie weit die Wahrnehmung von einem Politiker und sein tatsächliches persönliches Profil, seine Sensibilität, Erkenntnisfähigkeit und Verantwortungsbereitschaft, im Bild der Öffentlichkeit auseinanderklaffen können. Ende der sechziger, Anfang der siebziger Jahre drehte sich das Karussell der Regierungsbildungen zusehends schneller. Ab 1968 kommt es zu immer saft- und kraftloseren Koalitionen unter Giovanni Leone, Mariano Rumor und Emilio Colombo, mal mit, mal ohne die Sozialisten. 1972 wird auch Andreotti erstmals Ministerpräsident, und von 1974 bis 1976 übernimmt Moro erneut die Verantwortung, zum Schluß in einem Monocolore-Kabinett der DC. Alle diese Verlegenheits- und Minderheitsregierungen können aber über einen Sachverhalt nicht mehr hinwegtäuschen: Das *Centro sinistra* hatte sein Innovationspotential verbraucht. Es mußte etwas Neues her. In eben jenem Jahr läuft ein vielgesehener Film in den Lichtspieltheatern, der auf einem Roman von Leonardo Sciascia beruht: »Todo modo oder Das Spiel mit der Macht«. Hauptperson in dem Film ist ein gewisser Herr »M« (!), der als Symbol für den Niedergang, die Korruptheit und Dekadenz der DC dasteht und am Ende durch die Ränke der CIA (!) vom Leben zum Tode befördert wird. Jedes Kind bis hinauf ins entlegenste Abruzzendorf wußte, wer mit dem Herrn »M« gemeint war. Die Hauptrolle spielt Gian Maria Volonté, ein gefeierter Medienstar, der zehn Jahre später wieder die gleiche

Regierungserklärung Moros am 6. Dezember 1974.
Rechts Giulio Andreotti, Ministerpräsident, Außen- und Verteidigungsminister
der Republik Italien. In der Mitte Emilio Colombo

Person auf der Leinwand verkörpern wird, nur können und müssen diesmal an das »M« auch die drei weiteren Buchstaben angehängt werden: »Die Affäre Aldo Moro« in der Regie von Giuseppe Ferrara wird zu einem auch auf der Berlinale preisgekrönten Streifen. Aus dem Film von 1976 war in der Zwischenzeit schaurige Wirklichkeit geworden, die Realität hatte die Fiktion eingeholt. Moros Politiker-schicksal ist eines der zynischsten und makabersten Beispiele für die mediale Vermischung von Dichtung und Wahrheit, bei der fast nicht mehr erkennbar ist, wem was als Vorlage gedient hat.

Ihm selbst bleiben nach der grausamen Prophezeiung auf der Lein-wand noch ganze zwei Jahre, um das falsche Bild zu widerlegen, das den Bürgerinnen und Bürgern aus der bunten Welt der *Cinecittà* her-aus präsentiert wird, und er nutzt sie in rastloser Suche nach Lösun-gen und Überlebensformeln. Der Kurs heißt jetzt eindeutig KPI. Den Auftakt bildet schon das gescheiterte Referendum gegen das Ehe-scheidungsgesetz im Jahre 1974, in dem DC und katholische Kirche eine empfindliche Niederlage einstecken müssen. Der überwältigende Wahlerfolg der Kommunisten 1976 tut ein übriges. Moro beginnt, sich mit Berlinguer zu treffen, streng geheim und abseits des parlamentarischen Getriebes. Er sieht die Republik in ihre »dritte schwierige Phase« eintreten. Die Rollen werden – von ihm – verteilt. Andreotti wird (aus den bekannten Gründen) erneut Ministerpräsident, sein Vertrauter Zaccagnini Generalsekretär und er selbst, sich scheinbar von der vordersten Front zurückziehend, Präsident des Nationalrats der DC. Andreotti findet keine Koalitionspartner und regiert ab 1976 faktisch von kommunistischen Gnaden. Die KPI stimmt erstmals seit 1947 nicht mehr gegen die Regierung, die ersten Stunden des Historischen Kompromisses haben begonnen, zunächst noch als ein eher unverbindliches Bündnis des »Nicht-Mißtrauens«. Aber die Konturen werden schärfer. In das programmatische Sechs-Parteien-Abkommen vom Sommer 1977, das einer »Politik der nationalen Einheit« den Weg bereiten soll, sind die Kommunisten ausdrücklich einbezogen. Expressis verbis wird auf den *arco costituzionale*, den Bogen jener Parteien verwiesen, die die Verfassung mit ausgearbeitet haben und zu denen, Moros Schlüsselerlebnis, die Kommunisten im Gegensatz zu den Neofaschisten gehört hatten. Faktisch regiert jetzt diese All-Parteien-Koalition, nur mit einer Einschränkung: Die DC stellt alle Minister. Ein explosiver Zustand, von dem jeder weiß, daß er nur von kürzester Dauer sein kann und darf. Trotzdem schleppt sich die Regierung bis zur Jahreswende hin. Die Unzufriedenheit in der Bevölkerung und der Extremismus von rechts und links, manifestiert durch eine nicht abreißende Kette von Demonstrationen, Streiks, Anschlägen und Attentaten, wachsen von Tag zu Tag. Atmosphäre, Stimmung und Klima kochen bis zum Siedepunkt. Am 16. Januar 1978 tritt Andreotti zurück. Das Land ist führungslos. Schlägt jetzt die Stunde der Kommunisten? In dieser Situation gibt Aldo Moro dem Chefredakteur der Tageszeitung *la Repubblica*, Eugenio Scalfari, ein geheimes, nicht zur Veröffentlichung bestimmtes Interview, das durch die nachfolgenden Ereignisse zu seinem Vermächtnis und politischen Testament wird:

> »Ich glaube, daß es dann, nicht zu fern, eine zweite Phase mit dem Eintritt der KPI in die Regierung geben muß (...) Nur wenn wir zusammen regiert haben werden und jeder dem Land den Beweis seiner eigenen Verantwortung und Fähigkeit gegeben hat, kann man die dritte Phase, die des sich Abwechselns an der Regierung, eröffnen (...) Es ist nicht die Schuld der (italienischen) Kommunisten, daß Europa seit Jalta in zwei klar entgegengesetzte Bereiche aufgeteilt ist. (...) Einer Sache können wir gewiß sein: Es gibt keinen sichereren Verbündeten

für eine Politik der internationalen Entspannung als die KPI (…) Ich bin absolut gegen das Projekt des ›Historischen Kompromisses‹, wie ihn die KPI versteht; für ein Land wie das unsere ist die Einheitsgesellschaft (*società consociativa*) kein Modell (…) Ich glaube nicht, daß die KPI schon so ganz in Ordnung ist (*con tutte le carte in regola*), um allein zu regieren (…) Aber nehmen wir einmal an, daß sie ihre ideologische Herkunft verleugnete, dann könnten zwei Dinge geschehen: Ein beträchtlicher Teil ihrer Anhänger würde sie verlassen, oder sie würde – mehr oder weniger – ihre jetzige Stärke behalten; im ersten Fall wäre sie nicht eine wirkliche Alternative zur DC, im zweiten Fall würde sie auch weiterhin, trotz aller ideologischen Revisionen, nicht allein ein westeuropäisches Nato-Land regieren können (…) Aber mit uns und anderen (…) an der Regierung – das ist möglich, sogar notwendig. Allein können wir das Land unter diesen Umständen nicht mehr ›halten‹ (…) Es gibt viele Hindernisse, auch in meiner Partei. Wir müssen dafür sorgen, daß sich die KPI während dieses langsamen Annäherungsmarsches nicht zu sehr schwächt, aber vor allem müssen wir uns darum kümmern, daß die DC nicht zu schwach wird (…)«[37]

Das war der ganze Moro, verantwortungsbewußter Staatsmann, Genie der Kompromisse und doch immer zugleich auch Meister der Taktik. Der *Compromesso storico* bedeutete das *doppelte* Spaltungsrisiko, sowohl für die Kommunisten wie auch für die Christdemokraten, und Moro nahm – zum Wohle des Landes – beides in Kauf. Natürlich hoffte er, daß dieses Schicksal die anderen und nicht die Seinen treffen würde, aber Garantiescheine stellt die Geschichte bekanntlich nicht aus. Schon als die Regierung des Nicht-Mißtrauens gebildet wird, sorgt Moro dafür, daß alle außenpolitischen Fragen rigoros ausgeklammert werden, natürlich um Kissinger und dessen Nachfolger nicht zu beunruhigen, aber auch um die Regierungsbildung programmatisch nicht vollständig zum Abschluß zu bringen, sondern die KPI möglichst lange an der Schwelle der Macht zu halten und einem innerparteilichen Zerreißprozeß auszusetzen. Die Kommunisten sollten so zum demokratischen Wandel regelrecht gezwungen werden und sich dabei in ihrer Schlagkraft abnutzen – *Trasformismo all'-italiano*. Leonardo Sciascia urteilt später, Moro habe die KPI »gebraucht« im Sinne von »mißbraucht«, und fährt fort: »Ich glaube, nie sind Kommunisten so gründlich hereingelegt worden wie Italiens Kommunisten von den Christdemokraten, und der Mann, der dies bewerkstelligt hat, scheint Aldo Moro gewesen zu sein.«[38] Aber es gibt in der Tat auch ganz andere Stimmen, und zwar aus den eigenen Reihen. Da erscheint am 5. März 1978 im KPI-Organ *l'Unità* ein Artikel mit der dicken Headline »Nun macht euch doch endlich frei von dem

Marxisten Moro«, in dem von einer Versammlung der DC-Rechten in Genua und dort artikulierten Forderungen berichtet wird. Dazu paßte so richtig ein zynischer Slogan, der bei den letzten Wahlen durch die Reihen der Christdemokraten gegangen war: »Unser Programm für das Frühjahr: Linke an die Regierung, Moro in den Mülleimer«[39].

Tatsächlich war seit dem Januar bereits eine Aktion angelaufen, die Journalisten später die »Operation Allende II«[40] nennen werden. Am 12. Januar veröffentlichte das Washingtoner State Department ein offizielles Kommuniqué, in dem in scharfem Ton nicht mehr, sondern weniger Einfluß für »Kommunisten« gefordert wird, und der befehlshabende Nato-General Alexander Haig schloß sich am 6. Februar mit einer in unverhohlener Direktheit gehaltenen Erklärung an, daß eine kommunistische Machtbeteiligung die »hochsensible militärische Information im Gesamtrahmen der Allianz« gefährde. Moro setzt sich hin und schreibt einen nicht weniger scharfen Artikel für die Zeitung *il Giorno*, in dem er sich jedes amerikanische Veto in inneritalienischen Angelegenheiten kategorisch verbittet. Der Artikel erscheint nicht. Warum, auf wessen Druck hin wird er zurückgezogen? Statt dessen »darf« anderes erscheinen. Noch die letzte in Freiheit gelesene Zeitung, schon im Auto und auf dem Weg zu seinen Entführern und Mördern, die morgens gedruckte Mittagsausgabe von *la Repubblica*, entbietet Moro die vierspaltige Schlagzeile: »Antelope Cobbler? Ganz einfach: Aldo Moro, Präsident der DC«. Antelope Cobbler war der Deckname für den bislang nicht identifizierten Schmiergeldempfänger in der Lockheed-Affäre, in der es um den illegalen Ankauf von Rüstungsgütern ging. Daß es sich dabei nicht um Moro handelte, war längst und zuletzt sogar definitiv vom Verfassungsgerichtshof festgestellt worden. Das Gerücht ist auch nie wieder aufgetaucht, zumal von da an ja sowieso nur noch vom großen Staatsmann und Visionär Moro die Rede war. Trotzdem: Was sollte die Invektive in dem Moment, wer hatte sie eingefädelt, und wem nützte sie? Um die Verwirrung komplett zu machen: Die Nachricht, als deren Informant später ein kleiner Ex-Angestellter der amerikanischen Botschaft enttarnt wird, erscheint vorwiegend in Zeitungen, die dem Historischen Kompromiß aufgeschlossen und positiv gegenüberstehen.

In Wirklichkeit geht es darum, daß die seit zwei Monaten schwelende Regierungskrise unmittelbar vor ihrer Auflösung steht. Moro bastelt an der Ministerliste, und erstmals sickern Nachrichten durch, in denen von mit Kommunisten besetzten Portefeuilles gesprochen wird, ob als regelrechte Minister oder auf Staatssekretärsebene mit der KPI genehmen parteilosen »Technikern« und Experten als politischen Vorgesetzten, bleibt offen. Es ist fünf vor zwölf, für beide Seiten. Um so größer ist die Überraschung, als die Kabinettsliste am 11. März präsentiert wird. Sie ist »der Inbegriff der DC-Correntocrazia«[41]. Nicht nur, daß sie erneut von Andreotti angeführt wird, auch alles, was die Christdemokraten an Hardlinern aufzubieten haben, ist wieder an vorderster Front zu finden. Und um die Verblüffung perfekt zu machen: Die KPI gibt nach eher hinhaltendem Vorgeplänkel zu verstehen, daß sie am 16. März sowohl der »neuen« Regierung das Vertrauen aussprechen als auch das ihr zugrunde liegende Programm mittragen wird, das in seinem Kurs der *austerità* empfindliche Einschnitte bei den Staatsausgaben und sozialen Leistungen beinhaltet. Aus dem schleichenden ist praktisch der offene Historische Kompromiß geworden.

Dieses zustande gebracht zu haben, ist die letzte große Leistung in Moros Leben, sein Meisterstück. Jeder wußte, was der 16. März 1978 für die italienische Nachkriegsgeschichte bedeutet: die Beendigung des dreißigjährigen *Ostrakismos* der KPI, das Aufheben der *conventio ad excludendum*, jener am Beginn des Kalten Krieges getroffenen stillschweigenden Vereinbarung, mit der die Kommunisten von jedweder Regierungsbildung ausgeschlossen waren. Der *point of no return*, der sie über kurz oder lang wieder in die politische Verantwortung führen würde, war mit diesem Tag unweigerlich erreicht. Moros Regie erschien nahezu perfekt. Das neue, ausschließlich aus Christdemokraten bestehende und von Berlinguers Gnaden amtierende Kabinett war mit Vertrauensmännern der Vereinigten Staaten nur so gespickt, eine gewollte Schizophrenie. Es mochte scheitern, aber bei der nächsten oder übernächsten Koalitionsbildung würde um die Kommunisten kein Weg mehr herumführen. Für wen arbeitete die Zeit eigentlich? Moro jedenfalls hielt sich nach außen hin vornehm zurück und zog die Fäden hinter den Kulissen. Nicht umsonst hatte er seit 1976 keinen Ministersessel mehr eingenommen. Für den Herbst 1978 stand die Nachfolge des vom Lockheed-Skandal schon schwer angeschlagenen Staatspräsidenten Leone an. Wen die *Democrazia cristiana* ins Rennen schicken würde, war ein offenes Geheimnis. Jeder rechnete damit, daß Moro gleich im ersten Wahlgang, sozusagen *per acclamationem*, vom Präsidenten der DC zum Präsidenten der Italienischen Republik befördert werden würde, als Höhepunkt, Krönung und Abschluß seines Lebenswerkes. Warum nicht als Präsident einer Regierung des *storico Compromesso*, und warum nicht mit Andreotti als Ministerpräsident? Der Bruderkampf im Hause der Christdemokraten, er wäre dann zu Moros Gunsten entschieden, er hätte den Intimfeind für sein Lebensziel, Italiens Gesundung von wirtschaftlichem Niedergang, Terrorismus, Korruption und nationaler Entmündigung, instrumentalisiert und eingebunden.

Das Drehbuch stand, aber es war nicht das einzige.

»Ich will nicht, daß Italien aus dem Atlantikpakt austritt (…) Auf dieser Seite fühle ich mich sicherer (…)«

Enrico Berlinguer

DIE KOMMUNISTEN

So richtig auf Moskaukurs waren sie eigentlich nie. Auch in ihren Parteibüros, von Sizilien bis hinauf ins entlegenste Dolomitental, hing nie das obligate Marxengelsleninstalinporträt, sondern das Bild ihres Gründers Antonio Gramsci, eines unkonventionellen, eigenwilligen und in der Sowjetunion nie sonderlich gelittenen Mannes. Durch sein Denken und Wirken prägte eine auf die Einheit von Theorie und Praxis nationalmarxistisch ausgerichtete Auslegung der Lehre von Beginn an das Selbstverständnis der KPI.[42] Schon der, bedingt durch das faschistische Regime Mussolinis, im Lyoner Exil 1926 abgehaltene Parteitag beschließt, daß zur Abwehr konkreter Gefahren die »partielle Zusammenarbeit« auch mit nichtkommunistischen Parteien erforderlich sei. Daraufhin bildet sich allerdings ein prosowjetischer Flügel, der sich erst 1991 zur eigenen Partei verselbständigen sollte. Ende 1926 wird Gramsci von den Häschern Mussolinis verhaftet und in den Kerker geworfen. Palmiro Togliatti übernimmt die Leitung der Partei. Gramsci bleibt bis wenige Tage vor seinem Tod im April 1937 in Haft und entwickelt hier, in seinen berühmten »Heften aus dem Kerker«, jene »Philosophie der Praxis« – der Begriff »Marxismus« wird von Gramsci durchweg vermieden –, nach der eine permanente gesellschaftliche Transformation (nicht Revolution) nur durch einen »historischen Block« vollzogen werden kann, der die Zusammenarbeit mit praktisch allen reformorientierten Kräften des Landes erforderlich macht. Ob dieser *blocco storico* als Vorform oder gar Vorstufe des *Compromesso storico* aufgefaßt werden kann, ist seither umstritten. Auf jeden Fall setzt die Entfremdung zwischen Togliatti und Gramsci schon bald nach dessen Verhaftung ein. Sie führte so weit, daß der faschistische Untersuchungsrichter aufgrund von belastenden Briefen, die Gramsci im Gefängnis erhielt, diesem ins Gesicht sagen konnte: »Sie haben Freunde, die wünschen, daß Sie für eine Weile im Gefängnis bleiben.«[43] Gramscis und Moros Schicksal waren so unähnlich nicht. Der Kommunist erlitt durch seine Genossen, was der Christdemokrat ein halbes Jahrhundert später mit seinen »Parteifreunden« erfahren sollte.

Im Frühjahr 1944 kehrt Togliatti aus dem Moskauer Exil nach Italien zurück. Zur allgemeinen Überraschung erklärt er, daß die KPI bereit sei, in jedwede neugebildete Regierung einzutreten, auch wenn sie unter dem König stehe. Wiederum ist es fraglich, ob dieses als »Wende von Salerno«, als *svolta di Salerno*, in die Geschichte eingegangene Koalitionsangebot eine Vorläuferfunktion auf dem langen Weg zum Historischen Kompromiß beanspruchen kann, denn die italienische *svolta* reihte sich direkt in die Volksfrontstrategie ein, die Stalin auch allen anderen kommunistischen Parteien in Westeuropa auferlegt hatte. Togliatti wird 26 Tage nach seiner Ankunft aus Moskau Minister im zweiten Kabinett Badoglio. 1947, unmittelbar nachdem De Gasperi mit der Zusicherung der Marshallplanhilfe aus Washington zurückkehrt, verliert die KPI alle Regierungsämter. Es beginnt eine dreißigjährige Oppositionszeit, die gleichbedeutend ist mit einer ideologischen Reform der Partei an Haupt und Gliedern wie auch hinsichtlich ihrer Stellung im internationalen System, es beginnt der lange Marsch von Moskau bis vor die Tore von Bad Godesberg. 1956, in der Folge des Entstalinisierungsparteitages der KPdSU, spricht Togliatti erstmals nicht mehr von einer einheitlichen Führung, sondern von mehreren Zentren in der weltkommunistischen Bewegung; am 19. August 1964, einen Tag vor seinem Tod, als er zum obligaten Sowjetunion-Urlaub auf der Krim weilt, faßt er diese Erkenntnis in einer Schrift zusammen, die eigentlich nur für den internen Gebrauch der Sowjetführung bestimmt ist. In diesem sogenannten Memorandum von Jalta fordert er, »weg vom leninistisch interpretierten Anspruch auf ›Diktatur des Proletariats‹ in Form der Einparteiherrschaft, weg auch vom ›Atheismus von Staats wegen‹, ja von der Theorie des ›ideologischen Staats‹« zu kommen. Es sind die Entwicklungslinien, die der 1972 zum Generalsekretär gewählte Enrico Berlinguer aufgreift.

Berlinguer wurde wie seine Vorgänger Gramsci und Togliatti auf Sardinien geboren. Er stammte aus einer Familie, in der Intellektuelle und Rechtsanwälte eine große Rolle spielten, Angehörige der Arbeiterschicht bzw. Mitglieder der kommunistischen Partei, der der 1922 Geborene kurz nach dem Abitur beitrat, findet man unter seinen Vorfahren nicht. 1773 wurde der Familie der Adelsbrief verliehen, im offiziellen italienischen Adelsbuch ist Berlinguer bis heute als »Don Enrico« eingetragen. Sein Großvater war ein Freund Garibaldis, sein

Vater, ein progressiver Rechtsanwalt, sozialistischer Abgeordneter der *Costituente*. Berlinguer schließt sein Jurastudium nicht ab und wird früh Berufspolitiker. Die Familie ist mit bekannten christdemokratischen Familien Sardiniens eng verwandt. Francesco Cossiga, eine Schlüsselfigur der Affäre Moro, zu dem Zeitpunkt Innenminister und später Staatspräsident, war Berlinguers Cousin zweiten Grades. Enrico heiratet Letizia, eine praktizierende Katholikin, alle vier Kinder sind getauft, der Vater begleitet die Familie sonntags bis vor das Kirchentor. Die beiden Welten des *Compromesso storico*, sie wurden in der Familie gelebt, lange bevor es den Begriff gab. Irgendwelche über ein parteioffiziell notwendiges Ausmaß hinausgehende Beziehungen zum kommunistisch beherrschten Sprach- und Kulturraum Osteuropas sucht man in Berlinguers Biographie vergebens. Der russischen Sprache war er nicht mächtig. Auch seinen Sommerurlaub verbrachte er entgegen alten Parteitraditionen nicht auf der Krim, zumal er mit ideologisch verknöcherten Gestalten wie Breshnjew, Ulbricht, Honecker oder Marchais wenig anzufangen wußte. Im Grunde genommen war er in Moskau spätestens seit Mitte der siebziger Jahre eine Unperson. 1980 trifft er sich mit Willy Brandt und François Mitterrand, um die Gemeinsamkeiten für einen westeuropäischen Sozialismus auszuloten. Berlinguers traumatisches Erlebnis schlechthin war das Scheitern der Volksfrontregierung Salvador Allendes 1973 in Chile. Nach eingehender Analyse der sozialen Verhältnisse im eigenen Lande kommt er zu dem Ergebnis, daß weite Teile, insbesondere in Süditalien, Sizilien und dem Mezzogiorno, die auch nach geltenden EG-Kriterien den Status eines Entwicklungsgebietes besitzen, den Gegebenheiten im südamerikanischen Chile nicht unähnlich sind. Das Scheitern einer auf wackligen Beinen stehenden sozialistisch-kommunistischen Regierung würde auch hier nur die konservative Gegenreaktion oder gar die Putschbereitschaft der Armee heraufbeschwören. Die italienischen Probleme verlangten deshalb eine stabile Regierung, die Idee des Historischen Kompromisses war geboren. Was fehlte, war nur noch der Partner auf der anderen Seite.

Wann und wo Berlinguer und Moro in dieser konkreten Absicht und Zielsetzung erstmals aufeinandergestoßen sind, ist unbekannt. Giuseppe Fiori geht in seiner Berlinguer-Biographie lediglich auf die hochbrisanten Geheimgespräche zwischen beiden ein, in denen es bereits um die konkrete Regierungsbildung ging.[44] Sie mochten Bürger zweier Welten, zweier »Kirchen« und Hegemonialkulturen der Apeninhalbinsel sein, die einander antagonistisch oder, auf gut deutsch, spinnefeind gegenüberstanden, eines aber einte sie über alle Trennlinien hinweg: das Ziel, den Zustand der nationalen Entmündigung Italiens ein für allemal zu beenden. So wie in der Antike Karthager und Langobarden in das Land eingefallen waren, wie es in Mittelalter und Neuzeit Projektionsfläche deutscher Sehnsüchte von den Staufern bis zu den Hohenzollern gewesen war, wie es von den spanischen Habsburgern im Süden und von Napoléon Bonaparte im Norden annektiert worden war, so tummelten sich heute ausländische Geheimdienste von CIA über KGB, Mossad und Bundesnachrichtendienst am Tiber, so betrachtete das amerikanische Pentagon den italienischen Stiefel als einen riesigen, ins Mittelmeer hineinragenden natürlichen Flugzeugträger, von dem aus alle Einsätze vom Nahen Osten bis nach Nordafrika logistisch optimal geflogen werden konnten. Kommunisten an der Macht störten da nur. In dieser historischen Perspektive verstanden Moro und Berlinguer ihre »Regierung der nationalen Einheit« als notwendigen Abschluß und Endpunkt jener Entwicklung, die im 19. Jahrhundert mit Garibaldis Einigungsprozeß begonnen hatte, *una questione d'onore nazionale*.

Natürlich waren sie sich der Gefahren bewußt, die dieses Bündnis heraufbeschwor: Nie würden die Vereinigten Staaten ihre Kontrolle der Nato-Südflanke preisgeben, rechts- und linksterroristische Gewaltbereitschaft würde durch den historischen Schulterschluß anschwellen, zu dessen Zielen doch nicht zuletzt eben die Sanierung der Gesellschaft von Terrorismus, Klientelismus und mafioser Kultur gehörte, und der Zusammenhalt, praktisch auch der Fortbestand der beiden großen Volksparteien wäre einer äußersten Zerreißprobe ausgesetzt. Das galt für die in ihre feindlichen *correnti* aufgespaltene DC gleichermaßen wie für die KPI mit ihrer sozialdemokratischen und kommunistischen Seele. Trotzdem ließen sich beide nicht beirren. Berlinguer setzte den eurokommunistischen Kurs fort, und in den Reden Moros tauchte wieder, wie schon beim Anbahnen der großen Neuorientierung am Beginn der sechziger Jahre, die rhetorische Standardfigur von den »konvergierenden Parallelen« auf, nur waren diesmal nicht die Sozialisten damit angesprochen, die auch nach dem Wahlschock vom Sommer 1976 weiter bei kläglichen zehn Prozent stagnierten. Spätestens von diesem Zeitpunkt an eroberte die KPI auf kommunaler, provinzieller und regionaler Ebene eine Machtbastion nach der anderen. Ende 1977 stellte sie zehn der zwanzig Regionalpräsidenten, zwanzig der 94 Provinzpräsidenten und 519 Bürgermeister in Orten über 5 000 Einwohner sowie in den meisten Großstädten. Sie war Teil des Systems, und das galt nicht nur für die Administrative, sondern auch und vor allem für die Arbeitswelt. Diese dominierte sie mit ihrer mächtigen Gewerkschaft *Confederazione Generale Italiana Lavoratori* (CGIL) derart, daß die führende Unternehmerfamilie Agnelli längst zu den stillen Befürwortern des Historischen Kompromisses gehörte – durchaus eigennützig, denn von einer Einbindung des CGIL auf Regierungsebene versprach sie sich endlich eine Beruhigung an der Streikfront und »Produktionssicherheit«. Denn nicht nur die politische, auch die wirtschaftliche Lage hatte sich gleichzeitig kalamitär zugespitzt. Die Inflation galoppierte, die Industrieunternehmen schrieben tiefrote Zahlen, und die Wettbewerbsfähigkeit des Landes verschlechterte sich von Tag zu Tag. »Mit deutschen und europäischen Anleihen wurde die römische Politik unter eine Art Kuratel gestellt. Die Experten des Internationalen Währungsfonds erschienen alle halbe Jahre am Tiber, um die Fieberkurve des Patienten zu messen und um neue Kuren und Medizinen zu verschreiben. In Italien selbst, wie im Ausland, verbreitete sich der Eindruck, so wie es bislang gelaufen war, konnte es nicht weitergehen. Aber wie es weitergehen sollte, wußte niemand zu sagen. (…) Die Zukunft schien unter vielen Gesichtspunkten offen und – je nach Standort – gefährdet oder verheißungsvoll.«[45]

Die Zeit drängte. Moro und Berlinguer intensivierten ihre geheimen Treffen und Absprachen. Morgen könnte es zu spät sein. Wer hätte eigentlich den größeren Schaden, wenn das Ganze doch noch platzte? Ohne die Kommunisten ging es nicht mehr, diese Einsicht verbreitete sich täglich und stündlich. Das machte sie mächtig. Andererseits waren sie dadurch, daß sie den Schalthebeln der Macht noch nie so nahe waren, auch »erpreßbar«, und Moro war der letzte, der dies nicht genutzt hätte. Vom Klassenkampf sprach Berlinguer kaum noch, von Moskau noch weniger. Die Forderung nach Aufheben des Privateigentums war längst aus den Programmen verschwunden, die Verstaatlichungspläne waren auf ein Minimum reduziert, die Schulreform wurde nicht weiterverfolgt. Ein ums andere Mal war der Sarde vor dem Apulier eingeknickt, der Christdemokrat sozialdemokratisierte den Kommunisten unter dem Gebot der Stunde gnadenlos. Am 1. Dezember 1977 unterzeichnet Berlinguer mit den anderen Parteien des »Verfassungsbogens« eine Erklärung, nach der Nato und EG stets »tragende Pfeiler« der italienischen Politik bleiben sollen. Es ist seine Reifeprüfung für den Weg auf die Regierungsbank. Zweifel, Mißtrauen und Verdächtigungen begleiteten den Annäherungsprozeß bis zuletzt. Daß es nicht um eine Liebesheirat ging, sondern um wechselseitige Instrumentalisierung, war beiden von Anfang an klar. Das lag und liegt im Wesen moderner Parteipolitik. Und doch ging es um mehr, um die bange Frage, wie glaubwürdig beide Seiten hinter dem *Compromesso storico* standen. Moro wollte die Kommunisten in drei Phasen in die Regierung führen. Wollte er es wirklich? Die erste – Stimmenthaltung im Parlament – wurde längst praktiziert; die zweite – formeller Eintritt ins Regierungsbündnis – stand unmittelbar bevor; die dritte – Übernahme von Ministerämtern – sollte der krönende Abschluß sein und zugleich die Einlösung von Moros Ernsthaftigkeit und Glaubwürdigkeit. Wann würde dieser Moment kommen? Daß der linke Christdemokrat ihn, auch aus innerparteilichen Zwängen, hinauszögern würde, war zu erwarten. Nur, war er deshalb schon als Mann der Lippenbekenntnisse, der Lüge, überführt? Es gibt eine kleine, kaum beachtete, ja verloren wirkende Quelle, nicht aus den offiziösen Akten und Schriftsätzen des Regierungsgeschäfts, sondern aus dem vorpolitischen, fast familiären Raum, die belegt, wie ernst es Moro mit der praktizierten Kooperation von Christdemokraten und Kommunisten war, und zwar von der Basis, der Parteijugend her, so wie er es als Nachwuchspolitiker einst vorgelebt hatte. Der Moro-Filius Giovanni, jüngstes von vier Kindern und der Mutter wie aus dem Gesicht geschnitten, war begeisterter Pfadfinder. Sein Scoutmaster im katholischen Pfadfinderverband Italiens war ein vierzigjähriger Rechtsanwalt namens Giancarlo Quaranta, ein Mann mit Power, Pfiff und Charisma, der die »Bewegung vom Februar 1974« gegründet hatte. Giovanni gehörte ihr an. Das erklärte Ziel der Bewegung war es, eine landesweite Aufbruchstimmung und vor allem ein völlig neues Verhältnis zur Politik, zu »denen da oben«, zu vermitteln. Quaranta veröffentlicht 1978 ein kleines grünes Taschenbuch unter dem Titel *La Politica della Cultura*, zu dem Giovanni die Einleitung beigesteuert hatte. Der junge Moro bezeichnet sich hier als »enttäuschten und ernüchterten Katholiken«, der mit der Bewegung das Verschmelzen beider Welten im Zuge einer »kulturellen Revolution« und eines »neuen Humanismus« erreichen wolle. In der dem Werk vorangestellten Widmung wird es als Leitfaden, als das ideologische Handbuch für »demokratische Katholiken und Kommunisten« bezeichnet.[46] Es erscheint fünf Tage vor Moros Entführung.

Am 28. Februar hält Aldo Moro vor seiner Fraktion eine Grundsatzrede, nach der die KPI in eine »Regierung der nationalen Solidarität« einbezogen werden soll. Er erhält grünes Licht. Aber gleichzeitig setzt sich auch Andreotti durch. Am 15. März 1978 treffen sich Moro und Berlinguer zum letzten Mal. Der eine teilt dem anderen kurz und abrupt mit, daß die neue Regierung nur zustande kommt, wenn »bekannte Männer« in ihr sitzen. Berlinguer weiß schon, wer damit gemeint ist. Er schluckt auch diese letzte Kröte. An ihm soll jetzt nichts mehr scheitern. Seine Fraktion wird dem Ein-Parteien-Kabinett Andreotti das Vertrauen aussprechen. Der Preis ist hoch, trotzdem: Nur noch eine Nacht, und der Kommunismus in Italien ist der Macht wieder einen, nein, den entscheidenden Schritt näher.

»Niemand soll und wird es schauen, was einander wir vertrauen, denn auf Schweigen und Vertrauen ist der Tempel aufgebaut.«

Johann Wolfgang von Goethe in seinem Gedicht
»Verschwiegenheit« über die Freimaurerei

DIE LOGE

Matratzen sind elastisch, weich und flexibel. Sonst wären es ja keine Matratzen. Ihr entscheidendes Qualitätsmerkmal besteht darin, daß sie sich selbst schwersten Belastungen anpassen und ihnen scheinbar nachgeben. Wenn sie sie aber abgeschüttelt haben, kehren sie sofort wieder in die Ausgangsstellung zurück. So, als wäre nichts gewesen.

Licio Gelli produzierte im mittelitalienischen Arezzo Matratzen, die diese Eigenschaft sogar im Namen führten (»Permaflex«), ein Millionenvermögen gemacht, das zunächst nach Lire, bald aber auch nach DM und Dollar zählte. Irgendwann muß ihm klargeworden sein, daß mit anderen Produkten größere Profite zu erzielen waren, und so handelte er bald mit allem möglichen, vor allem aber mit einem: mit Waffen. Es muß dies die Zeit gewesen sein, in der aus seinem Millionen- ein Milliardenvermögen wurde. Aber Geld allein macht bekanntlich nicht glücklich. Deshalb strebte Gelli nach anderen Zielen und Werten, und da lag es nur zu nahe, daß die Politik sein eigentlicher Tätigkeitsbereich wurde. Nicht die kommunale und provinzielle im Umfeld des toskanischen Arezzo, ja nicht einmal die nationale mit den Großen und Größen am Tiber reichte ihm aus, nein, er suchte und fand Kontakt, Freundschaft und Einfluß bei den eigentlichen Staatenlenkern und Entscheidungsträgern im weltpolitischen Maßstab. Das mit den Matratzen war zu dem Zeitpunkt schon längst nichts anderes als die willkommene Abstützung und Tarnung als gutbürgerliche Existenz nach außen.

Licio Gelli, 1919 in der Nähe des toskanischen Pistoia geboren, ist durch und durch Kind des Mussolini-Italiens. Er wird Spanienkämpfer, faschistischer Verbindungsoffizier bei der SS, Partisanenjäger und wechselt im richtigen Moment in die Reihen der *Resistenza*. Wer ist schon gern auf der Seite der Verlierer. Überall findet man ihn, überall macht er sich nützlich, überall hat er seine Finger drin. Einmal kommt er mit 5 000 Paar Schuhen nach Pistoia zurück, die er unter der Bevölkerung verteilt. Nach dem Krieg arbeitet er als Doppelagent und verschwindet 1948 kurzzeitig in das Land, das zu seinem eigentlichen *feudo* werden sollte: Argentinien. Dort macht er sein erstes Geld, indem er den geflüchteten faschistischen Größen beim Anlegen ihrer nicht unerheblichen Finanzmittel behilflich ist. Nach Italien zurückgekehrt, wird er Geschäftsmann, allerdings nie ohne politische Ambitionen. Schon der Grundsteinlegung für seine neue Matratzenfabrik 1960 wohnen Kardinal Ottaviani und Verteidigungsminister Andreotti bei – durchaus unüblich, auch in der italienischen Geschäftswelt. Ein paar Jahre später wird er zusammen mit 150 Permaflex-Beschäftigten in einer Privataudienz von Papst Paul VI. empfangen. 1963 schreibt er sich als Freimaurer ein. Schon zwei Jahre später kommt es zur eigentlichen Wende seines Lebens. Dank einflußreicher Freunde in Rom gewinnt er Zugang zur Loge *Propaganda Due*, kurz P2, deren Mitglied er 1966 wird. Endlich hat der wendige Tausendsassa sein zentrales Betätigungsfeld gefunden. Im wesentlichen seiner Umtriebigkeit ist es zuzuschreiben, daß immer mehr Führungsgestalten aus Politik, Wirtschaft und Militär den Weg in die P2 finden, als deren beherrschende Figur Gelli spätestens ab 1970 angesehen werden muß.

Was ist die Loge *Propaganda Due*? Um diese Frage ranken sich schier endlose, bis zur Legenden- und Mythenbildung reichende Spekulationen, aber auch seriöse Erklärungsversuche und bis ins letzte Detail belegte wissenschaftliche Traktate. Wahrscheinlich wird die Frage nie endgültig und erschöpfend beantwortet werden können. Auch den später eingesetzten parlamentarischen Untersuchungskommissionen sollte es nicht gelingen, das dunkle Geheimnis um die P2 vollständig auszuleuchten. Die Spannweite der Antworten reicht immerhin von der horrenden Feststellung, daß wir es hier nicht mit einer Neben-, Schatten- oder Parallelregierung zu tun haben, sondern mit der eigentlichen politischen Leitung Italiens, die alle entscheidenden Vorgänge in Wirtschaft, Staat und Gesellschaft einfädelte und lenkte (Gellis Spitzname »der Puppenspieler« rührt hierher), bis hin zu dem relativierenden Befund, daß das Ganze eine Art quasilegaler Rotarierclub war, den nur eine einzige große Klammer, nämlich eine geradezu manisch-obsessive Kommunismusangst, einte, der in Wirklichkeit aber nicht viel zu melden hatte.

Fest steht: Mit der P2 treten wir über die Schwelle, die uns in das andere Italien führt, die die *res pubblica* von der *res oscura* trennt, die die Tür zu den *poteri occulti*, zu den verborgenen, geheimen Mächten öffnet und von der es nur noch ein Katzensprung ist zu Rechtsterrorismus, Klientelismus und mafioser Kultur. Eine »bedeckte«, also geheime Loge unter der Bezeichnung *Propaganda* läßt sich im Rahmen des – legalen – italienischen Freimaurer-Dachverbandes *Grande Oriente d'Italia* bereits seit 1877 feststellen. Mehrfach war sie, vor allem von den Maurern selbst, wieder aufgelöst worden, weil sie immer wieder gegen die entscheidende Auflage für eine »bedeckte« Loge verstoßen hatte, keinerlei politische Ziele zu verfolgen. Der in den sechziger Jahren dieses Jahrhunderts wiedergegründete Propaganda-Geheimbund verriet seinen Mitgliedern durch die nachgestellte Zwei deshalb rundheraus, worum er sich kümmern wollte: Um Politik. »Er war insofern von Anfang an kriminell.«[47] Die Weltfreimaurerei hat nach dem Bekanntwerden des Skandals 1981 daher auch alles daran gesetzt, sich von der P2 abzugrenzen, aber so einfach war das nicht. Aufnahme- und Einführungsriten, Schwurformeln, Satzungen und die Forderung nach unbedingtem Beistand für die Logenbrüder, nach Verschwiegenheit und jederzeitigem Eintreten für die deklarierten Ziele unterschieden die P2 kaum von anderen, legalen Bünden. Auch die Tatsache, daß Gellis Geheimbund noch 1982 im offiziösen Londoner Logenverzeichnis auftaucht, hat der internationalen Freimaurerei – nach eigenem Eingeständnis – schweren Schaden zugefügt.

Gelli selbst scherte sich um all dies herzlich wenig. Er hatte beizeiten sein eigenes weltumspannendes Netz von Gesinnungsgleichen aufgebaut, in das sich die P2 nahtlos einfügte. Das zentrale Ergebnis der ersten Untersuchungskommission gipfelte in der fundierten These, daß es hinter der P2 noch ein weiteres, eigentlich entscheidendes Machtzentrum, eine Art »Superloge« geben müsse, selbstverständlich mit übernationalem Organisationsrahmen. Als Oberhaupt dieser sogenannten zweiten Pyramide wurde – kaum noch überraschend – immer wieder der Name Andreotti genannt. Es kann jedenfalls als gesichert gelten, daß Führungspersonen der P2 gleichzeitig Mitglied in einer Reihe rechts- und ultrakonservativer Einrichtungen waren, von denen hier nur der *Cercle Violet* des Pariser Rechtsanwalts und Franz Josef Strauß-Freundes Jean Violet, der katholische Orden *Opus Dei*, die amerikanische *Heritage Foundation* und das *Comité Monte Carlo*, das Henry Kissinger zu seinen Mitgliedern zählte, genannt sein sollen. Diese wiederum pflegten intensive Beziehungen zu den Geheimdiensten der westlichen Länder, möglicherweise aber auch zu bewaffneten Gruppierungen, und für das gesamte aus diesen internationalen Kontakten gewobene Netz wird, auch in der seriösen Literatur, durchaus der Terminus »schwarze Internationale« verwendet.[48]

Protokollarisch belegt ist beispielsweise ein Washingtoner Treffen vom 1. Dezember 1979, an dem Vertreter von fast allen genannten konservativen Geheimzirkeln teilnahmen, auch aus der Bundesrepublik Deutschland, aus der der CSU-Bundestagsabgeordnete Hans Graf Huyn und der Kieler Landespolitiker Karl-Heinz Narjes einflogen.[49]

Angesichts dergestalt globaler Einordnungen und Einbettungen stellt sich noch einmal und noch zwingender die Frage: Was war die P2? Welches waren ihre Intentionen, Ziele und Pläne? Und vor allem und kaum weniger zwingend: Wer war die P2? Um mit dem letzteren zu beginnen: Die turnusmäßigen Treffen in Gellis luxuriöser »Villa Wanda« in der Nähe von Arezzo müssen ein Stelldichein von italienischer Hochfinanz, Generalität, ehemaligen und aktiven Ministern, Parteivorsitzenden, Wirtschaftsbossen, Geheimdienst- und Polizeipräsidenten, Jurisprudenz, Verwaltungschefs und Medienzaren gewesen sein. Die 1981 in der Villa aufgefundene, 962 Logenbrüder verzeichnende Mitgliederliste (in Wirklichkeit waren es, wie sich später herausstellen sollte, über 2 300) liest sich wie ein *Who is who* der *upper class* Italiens. Zu ihr gehörten neben einem runden Dutzend aktiver Parlamentsabgeordneter der sozialdemokratische Haushaltsminister Pietro Longo, der Vizepräsident der staatlichen Fernsehgesellschaft RAI, nicht weniger als 152 Mitarbeiter des Verteidigungsministeriums, der Großverleger Angelo Rizzoli, ein gewisser, aber keineswegs unwichtiger Polizeikommissar Esposito aus Rom, der Generalstaatsanwalt Carmelo Spagnuolo, der Chef der Finanzpolizei General Raffaele Giudice und fast alle Botschafter der Vereinigten Staaten in Italien; außerdem zu Dutzenden hohe Offiziere der Carabinieri und der Streitkräfte, elf Polizeipräsidenten, fünf Präfekten, zehn Bankpräsidenten, sieben Chefredakteure und sechzehn Richter. Ihnen allen war eines gemeinsam: Sie nannten sich *piduisti*, Mitglieder der Geheimloge P2. Ein weiteres: Der milliardenschwere Medienunternehmer, spätere Parteineugründer und kurzzeitige Ministerpräsident Silvio Berlusconi dürfte der Loge sogar einen Gutteil seines Aufstiegs verdanken. Bei einem anderen indes fällt die Zuordnung nicht so leicht: 1976 stellte der oberste Terroristenfahnder der Republik, der Carabinieri-General Carlo Alberto Dalla Chiesa, einen Aufnahmeantrag, wurde von Gelli aber auf eine Warteliste gesetzt. Zu seinem Ansinnen befragt, erklärte Chiesa, er habe lediglich eine Scheinmitgliedschaft angestrebt, um bessere Ermittlungsarbeit leisten zu können – was immer davon zu halten ist.

Was die P2 darstellte, läßt sich sicherlich nicht erschöpfend mit einem Satz sagen. Ihr »Endziel war die politische Konditionierung des Systems«[50], so das durchaus zutreffende, aber wenig konkrete Ergebnis, zu dem die zuständige parlamentarische Untersuchungskommission 1984 nach fast dreijähriger mühsamer Arbeit fand. Die Loge selbst hatte 1975 einen *Piano di rinascità democratica*, einen »Plan der demokratischen Erneuerung« entwickelt, der sich streckenweise so liest, »als hätten Machiavelli und Al Capone Republikgründung gespielt«[51]. In ihm war das Ziel klar definiert, alle Bereiche in Wirtschaft, Staat, Medien und Gesellschaft mit eigenen Leuten zu infiltrieren und zu kontrollieren, und zwar im wesentlichen mit einem Ziel, das das zentrale Trauma der gesamten Freimaurer-Bruderschaft beinhaltete: um in dem Moment an allen Schalthebeln präsent zu sein, »wenn wir eines Morgens mit den Kleriko-Kommunisten an der Macht aufwachen«[52], wie es in einem Sitzungsprotokoll hieß. Damit war natürlich die sich – auch kirchenfreundlich – reformierende KPI, vor allem aber ihr Kern, die sich der katholischen Kirche öffnenden *berlingueriani*, gemeint. Deshalb erwirbt Gelli Mitte der siebziger Jahre auch den *Corriere della Sera*, eine der meistgelesenen Zeitungen Italiens, weil diese sich den »pseudoliberalen« Reformen der KPI gegenüber erstaunlich offen zeigt und ihr den Weg zu den Mittelschichten der Gesellschaft öffnet. Diesem Erosionsprozeß gehörte rechtzeitig Einhalt geboten, ohne daß es an die große Glocke gehängt wurde. Und aus diesem Grunde arbeiteten die Dunkelmänner der P2 auch gar nicht auf einen offenen, spektakulären *coup d'état*, gar im Stile eines Marschs auf Rom, hin, sondern sie betrieben eine beharrliche, schrittweise und schleichende Verlagerung von institutionell-demokratischen Kompetenzen in klandestine, der öffentlichen Kontrolle entzogene Schattenreiche hinein, ein Fall von *Sottogoverno*, von »Regierung unterhalb der Regierung«, um nur das wenigste zu sagen, besser: ein Procedere nach Art eines »Weißen Staatsstreichs«, an dessen Endpunkt mindestens eine Präsidialrepublik nach dem Muster De Gaulles stehen sollte, je nach Ausmaß der kommunistischen Bedrohung aber auch ein autoritär-technokratisches Obristenregime wie in Griechenland (und Argentinien) grundsätzlich nicht ausgeschlossen wurde. Während dieses Prozesses der Staatseroberung von innen sollten die Demarkationslinien zwischen legitimierten und nicht legitimierten Instanzen bewußt fließend und nach außen nicht unterscheidbar gehalten, in Wirklichkeit aber das eigene Terrain mit allen, notfalls auch mafiosen Methoden, Mitteln und Kanälen erweitert werden. So urteilt Pino Arlacchi, einer der angesehensten Mafia-Experten, daß mit der P2 die »Möglichkeit einer permanenten und formal gleichberechtigten Verknüpfung zwischen der Welt der politischen Subversion und jener der Wirtschaftskriminalität der Mafia und der politisch-administrativen Korruption im großen Stil entstanden ist«.[53] Und von vornherein war es die erklärte Absicht, daß sich die so gewonnene Machtsphäre nicht auf die eigenen Grenzen beschränken, sondern international vernetzen sollte, wie die Vorsitzende des Untersuchungsausschusses, die Christdemokratin Tina Anselmi, feststellt:

> »Vermittels der P2 wurden Beziehungen zu auswärtigen Mächten aufrechterhalten. Das wußten die Geheimdienste; ihre Leiter haben dies aber niemals an die zuständigen Stellen weitergegeben – sondern nur an die Leute der P2.«[54]

Ein Staat im Staate, mit eigenem Außenministerium und einem *burattinaio*, einem Marionettenspieler, der alle Fäden in der Hand hielt.

Aber Gelli hielt noch etwas ganz anderes in der Hand: die sogenannten Sifar-Papiere, benannt nach dem ehemaligen, unter den ersten *Centro sinistra*-Regierungen aufgelösten bzw. in neuen Abteilungen aufgegangenen Geheimdienst. Giovanni De Lorenzo, dessen langjähriger Chef, gab 1971 vor einer eigens eingerichteten parlamentarischen Untersuchungskommission in aller Offenheit zu, daß diese Papiere aufgrund der direkten Anordnung des Sicherheitsbüros der Nato in Italien erstellt worden seien.[55] Dabei handelte es sich um ein gigantisches, in jahrelanger Spitzelarbeit zusammengetragenes Sündenregister praktisch der gesamten italienischen Nachkriegspolitik, das 1974 nach offiziell-staatlicher Weisung zur Vernichtung freigegeben wurde. Ein Großteil der immerhin 157 000 Dokumente, Akten, Faszikel, Dossiers, Fotokopien, Vermerke und Abschriften landete vorher merkwürdigerweise aber in Gellis toskanischer »Villa Wanda«, Herrschaftswissen und Erpressergut, das er wie seinen Augapfel hütete und Besuchern, liebsamen wie unliebsamen, immer einmal auszugsweise vorführte. Hier konnten sie Einblick nehmen in die Arbeits-, Essens- und Freizeitgewohnheiten, die Besitz- und Liebesverhältnisse und die nur zu oft dunkle Vergangenheit der italienischen *upper class* – Orwell in der Toskana. Auch in den Kreisen der Freimaurerei muß Gelli dieses explosive Archiv genutzt haben, denn tatsächlich waren die Beziehungen zwischen der P2 und dem Dachverband *Grande Oriente d'Italia* nie spannungsfrei, sondern immer von »gegenseitiger Abhängigkeit und Erpressung« gekennzeichnet, wie es im Abschlußbericht des ersten Untersuchungsausschusses heißt. Noch 1971 war Gelli auf einer Exekutivsitzung des *Grande Oriente* von dessen Großmeister Lino Salvini wegen seiner Umtriebe offen gerügt worden. Hintergrund war die in der P2 spätestens seit 1968 verfolgte Strategie, mit der mehr oder weniger direkt auf einen rechtsautoritären Umsturz nach südamerikanischem Vorbild hingearbeitet wurde. Mit Putschplänen wollte die legale Freimaurerei nichts zu tun haben. Aber auch Gelli veränderte unter dem Eindruck des sich vor seinen Augen vollziehenden politischen Umbruchs die Marschordnung. Da war zunächst Berlinguers nach dem Scheitern der chilenischen Volksfrontregierung angekündigtes Projekt des Historischen Kompromisses mit der DC, in dessen Zeichen die Kommunisten zu ihrem grandiosen Wahlsieg von 1976 eilten. Jetzt war schnelles Umdenken geboten, geschmeidig-flexibles Anpassen an die neuen Kräfteverhältnisse. Gelli setzte von nun an auf die sukzessive Penetration der Machtapparate mit seinen Leuten, um im entscheidenden Moment präsent zu sein und gegebenenfalls einen Systemwechsel von innen heraus steuern zu können. Diese Umorientierung hatte schon im kurz zuvor verabschiedeten »Plan der demokratischen Erneuerung« ihren Niederschlag gefunden, in dem Strategien zur Spaltung der Gewerkschaften, der eigentlichen kommunistischen Domäne, aber auch konkrete Überlegungen zu einem regelrechten Aufkauf der sich gefährlich nach links öffnenden DC erörtert werden, die langfristig einer völlig neuen Katholischen Volkspartei weichen soll (und die anderthalb Jahrzehnte später, unter völlig veränderten weltpolitischen Konstellationen, auch tatsächlich gegründet wird). Sogar der Kaufpreis, umgerechnet 16 Millionen DM, wird genannt.

Mitte der siebziger Jahre befindet sich der Besitzer der »Sifar-Papiere« unter allen seinen Mit-Maurern auf dem Höhepunkt seiner Macht, der eigentlich nur noch die politische folgen muß. Lino Salvini ernennt ihn 1975 zum *Maestro Venerabile*, zum »Ehrwürdigen Meister« der P2. Hatte er vor zwei Jahren noch alle hohen Carabinieri-Offiziere des Landes in der »Villa Wanda« zusammengerufen, um sie für die Tolerierung einer Rechts- oder Linksdiktatur (!) zu präparieren, so war er es jetzt, der die Akzente, ja die Zukunft Italiens bestimmte. So wie der KPI die arbeitenden Massen zuströmten, so rannten ihm die tatsächlichen oder Möchtegern-Vips der Republik die Bude ein, um Mitglied in seiner Loge zu werden. »Wenn man es in den siebziger Jahren in Italien zu etwas bringen wollte, dann ging das am besten über Gelli«, diese Worte gebrauchte der einzige geständige P2-Mann vor dem Ausschuß[56], einer unter 2 300. Silvio Berlusconi, von dem immerhin Mitgliedskarte und -nummer vorliegen, behauptet schlichtweg, davon nichts zu wissen. Von einem anderen liegen weder Mitgliedskarte noch -nummer vor, und doch wurde und wird er in unzähligen Presseartikeln, seriösen wissenschaftlichen Untersuchungen, privaten und öffentlichen Diskussionen wieder und wieder als das geheime Oberhaupt, als der eigentliche Chef der »bedeckten« Loge *Propaganda Due* bezeichnet: Giulio Andreotti. Immerhin wird von ihm eine Nummer, nämlich die seines strenggehüteten Telefonanschlusses, bei der späteren Durchsuchung des Gelli-Domizils gefunden. Seine Parteifreundin Tina Anselmi – wenn sie es denn jemals wirklich war – stellt ihm bei seiner Vernehmung vor dem zur Aufklärung über die P2 gebildeten Ausschuß am 11. November 1982 dann auch in unverhohlener Offenheit die Frage:

> »Einige Personen, die wir verhört haben, sprechen von Ihnen als jemandem, der nicht nur über die Existenz der P2 informiert war, sondern der, in gewisser Weise, als ›großer Vater‹ der P2 definiert werden könnte?«[57]

Andreotti weicht aus, wie immer, wie vor …zig anderen Untersuchungsausschüssen. Gelli will er nur flüchtig gekannt haben. Bei dieser Aussage bleibt er, auch als man ihm ein Bild aus dem Jahre 1973 präsentiert, das ihn im vertrauten tête-à-tête mit dem Logenmeister im Hause des Generals Juan Perón zeigt, und zwar just an dem Tage, an dem dieser wieder argentinischer Staatspräsident geworden war. (Gelli hatte dessen Rückkehr aus dem spanischen Exil an die Macht finanziert.) »Was ein Matratzenfabrikant aus der italienischen Provinz an diesem schicksalshaften Tag im privaten Umkreis des künftig mächtigsten Diktators Südamerikas zu suchen haben könnte, hat sich Andreotti nicht gefragt.«[58]

Die zentrale Frage, die in diesem Zusammenhang zu stellen ist, muß so lauten: Bildeten Gelli und Andreotti die eigentliche Gegenachse zu dem Gespann Moro/Berlinguer? Beide einte ihr Lebensziel, nämlich die westliche Welt vor dem Kommunismus zu retten. Deshalb fanden sie dort auch geradezu nach Belieben Hilfstruppen und Ansprechpartner, während sich für die beiden anderen im Ausland keine müde Hand rührte, keine sozialdemokratische in Bonn, keine demokratische in Washington und keine kommunistische in Moskau. Gelli indes hielt genau in diesem Zeitraum in seiner pompösen Suite im Hotel Excelsior in der römischen Via Veneto – der Zufall fügte es, daß diese seine Hauptstadtresidenz direkt neben der amerikanischen Botschaft lag – hof wie ein König, empfing Generäle und Minister, besprach sich mit Chefredakteuren und Wirtschaftsbossen. Bald wurde ihm die Drei-Zimmer-Flucht im Hotel im wahrsten Sinne des Wortes zu eng, und er plante den ganz großen Wurf: eine »Internationale der Logen«, eine Art geheime Weltregierung – mit Sitz in Rom. Das hierfür erforderliche Anwesen, eine 17-Zimmer-Villa in der Nähe der Via Veneto, hatte er bereits angemietet, und auch die Fühlungnahme mit den Bruderlogen im Ausland ließ sich gut an, mit einer Ausnahme: Die Deutschen sperrten sich, auch wegen des Hautgouts, der die illegale P2 umgab. Um sich die Deutschen gewogen zu machen, inszenierte der Mann mit dem untrüglichen Instinkt diesen im Sommer 1977 eine Gefälligkeit, die genau das Gegenteil von dem bewirkte, was sie eigentlich bewirken sollte. Er verhalf dem NS-Kriegsverbrecher Herbert Kappler, Hitlers Polizeichef in Rom, zur Flucht aus einem römischen Militärkrankenhaus und zur Rückkehr nach Deutschland[59], mit dem Ergebnis, daß sich die Brüder jenseits der Alpen jetzt erst recht taub stellten. Die grausame Verfolgung der Freimaurer im Dritten Reich hatte keiner von ihnen vergessen. Aber das blieb nur eine vorübergehende Episode im schier unaufhaltsamen Aufstieg Gellis zu nationalen und internationalen Höhen. Hatte das Jahr 1975 mit der Ernennung zum *Maestro Venerabile* ihn den Gipfel der Logenmacht erklimmen lassen, so sollte dem fünf Jahre später tatsächlich die politische Weihe folgen. Am 5. Oktober 1980 gibt er dem *Corriere della Sera*, »seiner« Zeitung, ein Interview, in dem er sich mehr oder weniger direkt als Staatspräsident einer nach dem Modell der französischen Verfassung gewandelten italienischen Republik ins Gespräch bringt. Es soll, was ihm selbst freilich noch am wenigsten bewußt war, zum Wendepunkt seiner Karriere werden. Der Puppenspieler hatte das Spiel überreizt. Doch einstweilen darf er sich noch als unumschränkter Imperator eines Staates im Staate fühlen, und wie es sich für einen solchen gehört, gebietet er über eine eigene Armee, eine eigene Presse und eine eigene Bank. Diese sollen nunmehr nacheinander unter die Lupe genommen werden.

1946 kommt ein 26 Jahre junger Rechtsanwalt in die lombardische Finanzmetropole Mailand. Sein einziges Kapital sind weniger die 3 000 Lire, die er in der Tasche trägt, sondern vielmehr seine Beziehungen zu dem, wofür seine sizilianische Heimat weltweit bekannt ist: zur »ehrenwerten Gesellschaft«. Michele Sindona, so der Name des Anwalts, nimmt einen rasanten Aufstieg, vor allem durch einen Geschäftspartner, den der tiefgläubige Katholik schnell für sich gewinnt: den Vatikan. Papst Pius XII. hatte 1942 zur Finanzierung der vielfältigen Tätigkeiten des Heiligen Stuhls, insbesondere aber zur Abwicklung der geheimen Bankgeschäfte und zur Erwirtschaftung von Gewinnen für den Klerus, dem aufgrund der Lateranverträge von 1929 die Steuerfreiheit gesichert war, den *Istituto per le Opere Religiose* (IOR), das »Institut für die religiösen Werke«, gegründet. Über diese Einrichtung war der Vatikan an der größten italienischen Privatbank, dem Mailänder *Banco Ambrosiano*, beteiligt. Macher des *Banco Ambrosiano* war Roberto Calvi, gleichaltrig mit Sindona und 1947 in die Dienste der »Bank der Priester«, wie das katholisch dominierte Institut im Volksmund genannt wird, eingetreten. Beider Wege müssen sich früh gekreuzt haben. Im Dezember 1969 kommt es zu einem entscheidenden Treffen zwischen Calvi, Sindona, Gelli und dessen »Finanzminister« Umberto Ortolani, das mit dem Abschluß eines regelrechten Geheimpakts endet. Alle größeren Transaktionen und Spekulationen sollen von nun an nur noch im engsten Benehmen miteinander getätigt werden. Ideologisch gesehen, bedeutet dieser Pakt im Leben Gellis, der ja bekanntlich allmorgendlich mit der Angst vor einem »kleriko-kommunistischen Putsch« aufwachte, den eigentlichen Bruch, denn besonders Sindona verhehlte zu keinem Zeitpunkt seinen Glauben und seine Religiosität. Aber wenn es um das große Geld ging, dann mußte für den machtgierigen Freimaurer aus Arezzo die eigene konfessionsferne Weltanschauung schon mal zurücktreten.

Das 69er Treffen markiert das Startsignal zur Errichtung eines Finanzimperiums von geradezu märchenhaften Dimensionen. Calvi, der 1971 zum Generaldirektor des *Banco Ambrosiano* aufsteigt, und Sindona, der in den höheren Kreisen bald als der »Bankier Gottes« bezeichnet wird, öffnen sich alle Türen, in Frankfurt, London, an der Wall Street. Bei Papst Paul VI. avanciert Sindona zum Berater in Geldangelegenheiten. Der Heilige Vater vertraut ihm die Liquidation der Industriebeteiligungen des Vatikans in Italien und deren Umwandlung in internationalen, vor allem amerikanischen Aktienbesitz an. Sindona kauft sich sein eigenes Institut, die *Banca Privata Italiana*, die durch ständig neue, meist nicht kontrollierbare Schachtelbeteiligungen auf dem Euromarkt ständig expandiert. In den Vereinigten Staaten besitzt er die *Franklin National Bank*, an bedeutenden Universitäten des Landes hält er wirtschaftswissenschaftliche Vorlesungen. Er ist nicht nur der »Bankier Gottes«, er ist auch der Bankier Gellis, er ist der eigentliche Verbindungsmann zwischen Vatikan, Mafia, Freimaurerei und großer Politik, er ist die Spinne im Netz der dunklen Mächte Italiens. 1973 nennt ihn die New Yorker *Time* den »erfolgreichsten Italiener seit Mussolini«, und kurz darauf feiert Andreotti ihn auf einem in derselben Stadt veranstalteten Bankett, wohl weil er es tatsächlich noch nicht besser weiß, als den »Retter der Lira«. Aus dem kleinen sizilianischen Rechtsanwalt war der Chefvolkswirt einer ganzen Nation geworden. Doch von nun an ging's bergab.

Als der große Gönner der Christdemokraten sich zu verspekulieren beginnt, wird deutlich, wie wenig Rücklagen und Substanz seine *Banca Privata* hat. 1974 bricht sie binnen weniger Wochen zusammen. Im Strudel dieses Ereignisses gehen die *Franklin National Bank* und weltweit zahlreiche weitere Institute pleite, die bis dahin als piekfeine Adressen im Geldgewerbe gegolten hatten, so auch in der Bundesrepublik Deutschland die angesehene Hamburger Wolff-Bank, die Sindona zu ihren Teilhabern zählte, und der Konzern des Kölner Bankiers Iwan D. Herstatt. In der Geschäftsbilanz des Italieners offenbart sich ein gigantisches Defizit in Höhe von 1,2 Milliarden Dollar. Der Mailänder Untersuchungsrichter Guido Viola erläßt Haftbefehl. Sindona flieht in die Vereinigten Staaten, wo aber wegen betrügerischen Bankrotts der *Franklin National* ebenfalls gegen ihn ermittelt wird. Heimlich kehrt er zu seinen Mafia-Freunden nach Sizilien zurück. Noch scheint nicht alles verloren. Er läßt seine guten Beziehungen zum Präsidenten der Vatikanbank IOR, dem Erzbischof Paul Casimir Marcinkus, vor allem aber zu Franco Evangelisti, Andreottis langjährigem Staatssekretär, Intimus und Mann fürs Grobe, spielen. Nicht ohne Erfolg. Viola kritisiert besonders, daß Andreotti Sindona bis zuletzt in dem Glauben gelassen habe, er genieße seinen politischen Schutz, und kommt in der Anklageschrift zu folgendem Ergebnis:

»Besonders schwerwiegend erscheint es – und darüber muß noch ausführlich nachgedacht werden –, daß Spitzenpolitiker sich für einen Rettungsplan für Sindona einsetzten, der nichts anderes als ein Betrug an der italienischen Zentralbank gewesen wäre. Und an der Spitze dieser Politiker ist der damalige Premierminister und Abgeordnete Giulio Andreotti zu nennen.«[60]

Sowohl in Italien wie auch in den USA wird Sindona zu langjährigen Haftstrafen verurteilt. Das römische Parlament richtet einen eigenen, nach ihm benannten Untersuchungsausschuß ein, der die Hintergründe des Debakels ausleuchten soll. Es ist eben jenes Gremium, das bei seinen Nachforschungen auf die Spur eines gewissen Licio Gelli gerät und beschließt, am 17. März 1981 dessen Haus durchsuchen zu lassen – und dabei auf die Mitgliederliste der P2 und den nächsten Skandal stößt. Für Gelli spielte Sindona zu dem Zeitpunkt längst keine Rolle mehr. Er hatte schon 1974, beim ersten Schwächeanzeichen in dessen Imperium, eiskalt umdisponiert und Roberto Calvi zum Nachfolger als Bankchef seiner Loge aufgebaut. Es ist der gleiche Zeitraum, in dem der *Maestro Venerabile* sich daranmachte, seinem Geheimorden auch ein eigenes Presseorgan, eine eigene Nachrichtenagentur zu geben.

Diese firmierte in Rom unter der Deckadresse des *Centro studi di storia contemporanea*, eines Instituts mit absolut unverdächtig klingendem Namen, das dem verehrungswürdigen Großmeister als Tarnmantel für so manche seiner Umtriebe in der Grauzone zwischen Legalität und Illegalität diente. Noch harmloser ist die Bezeichnung, unter der das neue Organ bald zu erscheinen beginnt: *Osservatore politico*, zu deutsch »politischer Beobachter«, abgekürzt »OP«. »Doch wen der OP-Herausgeber Mino Pecorelli ins Visier nahm, der verstand. Und erschauerte.«[61] Carmine (»Mino«) Pecorelli, selbstverständlich Mitglied der P2, bezieht seine Informationen ausschließlich aus Geheimdienstkanälen, zu denen er stets besten Zugang hat. Die Logenmeister ihrerseits benutzen ihn, um verschlüsselte Botschaften, Warnungen und unverhüllte Drohungen unters Volk zu bringen: »Wie aus gewöhnlich gut unterrichteten Kreisen verlautet …« Das Kürzel des so unscheinbaren, nur in kleiner Auflage erscheinenden Blattes wird in den entscheidenden Zirkeln der Hauptstadt deshalb schnell mit »Ora paga«, zu deutsch »jetzt heißt es zahlen«, übersetzt. Einer der ersten, auf die sich OP in schonungsloser Offenheit einschießt, ist Aldo Moro. Schon 1975, nach seiner Rückkehr von einer USA-Reise, erscheint eine Nachricht, die sich wie eine verfrühte Todesanzeige liest (»Wenn Moro beim nächsten Parteitag noch lebt …«), und unter der Überschrift »Il Moro (…) Bondo« heißt es: »Heute, ermordet mit Moro, stirbt die letzte Möglichkeit einer Mitte-Links-Politik und damit auch die Strategie von Berlinguer.«[62] Im gleichen Jahr, unmittelbar nach dem Besuch des US-Präsidenten Ford in Rom, kann man in OP in direkter Anspielung auf die Witwe John F. Kennedys die Prophezeiung lesen, daß es auch »eine Jacqueline in der Zukunft unseres Landes geben wird«[63]. Doch mit der Zeit wird immer deutlicher, daß sich Pecorelli weniger als Exponent der rechten Kampfpresse versteht, sondern als tatsächlicher (und bestechlicher) Enthüllungsjournalist. Der Mann fängt auf einmal an, vor der eigenen Haustür zu kehren. Zusehends interessiert er sich für Gellis faschistische Vergangenheit und neofaschistische Gegenwart, und zwar nicht nur privat. Von *Manette e petrolio*, »Handschellen und Erdöl«, der Fortsetzungsserie über einen bis in hohe und höchste Regierungskreise reichenden Skandal mit getürkten Ölrechnungen, erscheint nur die erste Folge, denn zwischenzeitlich waren drei Herren mit Schweigegeld bei Pecorelli vorstellig geworden.[64] Das gleiche »Schicksal« ereilte die Enthüllungsserie »Die Schecks des Präsidenten«, von der nicht einmal der erste Teil, eine bereits fertig gesetzte und groß aufgemachte OP-Titelstory, gedruckt wurde. Mit diesem Musterbeispiel von *investigative journalism* war der ambitionierte Chefredakteur bis zum Allerheiligsten der Heiligen, bis zum geheimen Vater der geheimen Loge vorgestoßen, denn mit dem Präsidenten war niemand anderes als Andreotti gemeint. Wäre auch nur einer der geplanten Artikel erschienen, dann hätte der ungeheuerliche Vorwurf, der heute die Gerichte beschäftigt, schon damals den Aufschrei der Öffentlichkeit entfacht: Andreottis Beziehungen zur Mafia. Dieser, sonst eher ein Cunctator und Verzögerungskünstler, handelt schnell. Sein Intimus Evangelisti eilt mit umgerechnet 100 000 DM im Portefeuille zu dem immer abtrünniger werdenden P2-Mann. Die Wahrheit über Geldgeschäfte wird mit Geldgeschäften unterdrückt. Aber nicht nur Andreotti sollte teuer bezahlen: Pecorelli sollte es bald nicht anders ergehen als allen Zauberlehrlingen, die es wagen, sich gegen ihre Hexenmeister aufzulehnen.

Funktionierte das eigene Presseorgan spätestens ab 1978 nicht mehr so recht, so machte die Armee des »Staates im Staate« ein weit besseres Bild. Sie wuchs ihm quasi auf natürlichem Wege zu, ja, es gab sie schon, Jahre bevor die P2, jedenfalls in der durch Gelli wiederbegründeten Form, existierte, und sie bestand auch noch lange nachdem die Loge 1981 aufgeflogen und verboten worden war. Bekannt wurde sie auch erst durch einen jener merkwürdigen Zufälle, als keiner sie mehr brauchte, als sie – ein Kind des Kalten Krieges – längst überflüssig, wenn nicht lästig geworden war, nachdem die Berliner Mauer am 9. November 1989 gefallen und das gesamte marxistisch-leninistische System in Osteuropa implodiert war. Und wieder sind es Giulio Andreotti, der eiskalte Regisseur der italienischen Nachkriegsgeschichte, und sein ewiger Widerpart Aldo Moro, selbst noch Jahrzehnte nach seinem Tod aus dem Grabe lange Schatten werfend, die bei der Aufdeckung dieses Tollstücks aus dem Schattenreich jenseits jedweder Verfassungslegitimierung die Hauptrolle spielen werden!

Die Entstehungsgeschichte von »Gladio«, so der Name der Geheimarmee, reicht zurück bis ins Jahr 1948, als noch längst nicht entschieden war, welcher Seite des Eisernen Vorhangs Italien zufallen würde. De Gasperi hatte die KPI-Vertreter gerade aus seinem Kabinett befördert, und »Schicksalswahlen« standen an. Kurz vorher spielte sich in der Gegend um Triest, direkt an der Grenze zu Jugoslawien, etwas Seltsames ab: Die Kinder erhielten eine Woche schulfrei, und an ausgewählte Erwachsene wurden von der Carabinieri Waffen verteilt. Die Angst, daß die Kommunisten die Wahlen gewinnen und gleich danach die Russen holen würden, saß tief. Der Vorgang kann als Geburtsstunde einer Reservearmada gelten, die vierzig Jahre lang vorbei an den Parlamentariern, den meisten Ministern, ja sogar ohne Wissen von etlichen Geheimdienstchefs existierte, exerzierte und, wie sich zeigen sollte, im Fall der Fälle auch ohne mit der Wimper zu zucken exekutierte. Einer kannte sie nicht nur von Anfang an, sondern muß sogar als ihr Taufpate angesehen werden: Francesco Cossiga, späterer Minister- und Staatspräsident, der der Schattentruppe als blutjunger Staatssekretär im Verteidigungsministerium persönlich auf die Beine half. Aber auch ein anderer hat von ihr gewußt: Aldo Moro, dem deren Einsatzpläne – so wie allen Regierungschefs vor und nach ihm – zur Abzeichnung vorgelegt wurden. »Doch auch er hatte sein Verständnis von Staatsräson und zog es im Interesse des Staates vor, zu schweigen oder vor Staatsanwälten die Existenz zu leugnen.«[65]

»Gladio«, die lateinische Bezeichnung für »Kurzschwert«, ist kein italienisches Spezifikum, auch wenn diese Einrichtung hier nicht zufällig ihre perfekteste Ausformung erfahren haben dürfte. Cossiga und die anderen römischen Gründungsväter stellten sie sogar in die Tradition der Antike, des mittelmeerumspannenden Imperium Romanum, das den Widerstand von eroberten Völkerschaften, zum Beispiel der Lusitanier auf der Iberischen Halbinsel, auch schon mit verdeckten, im Untergrund kämpfenden Verbänden zu brechen suchte. Aber das war weit hergeholt, wenn nicht pseudohistorisches Alibi: »Gladio« gehörte in das Netz einer anderen, höchst gegenwärtigen Organisation, nämlich der Nato. Der Tarnname, unter dem der Nordatlantikpakt Vergleichbares in praktisch allen seinen Mitgliedsstaaten (also auch in der Bundesrepublik Deutschland) unterhielt, hatte dabei fast etwas Bescheidenes – »Stay Behind«. Die unter dieser Bezeichnung geführten Verbände rekrutierten sich in der Regel aus handverlesenen Alt-Militärs, deren einziger Lebenszweck sich in Antikommunismus und Vaterlandsliebe erfüllte. Die Übungs- und Einsatzpläne aller »Stay Behinds« wurden von der CIA ausgearbeitet, von den »Supreme Headquarters of the Allied Powers in Europe« (SHAPE), der europäischen Einsatzzentrale der Nato in Brüssel, abgesegnet und waren danach für alle Mitgliedsländer verbindlich. Mit anderen Worten: Die nationale Selbstbestimmung eines Großteils der europäischen Staaten war hinsichtlich eines zentralen Lebensnervs außer Kraft gesetzt. In einem Dossier des Washingtoner »National Security Council« vom 3. Januar 1951 wird auf einen bereits vorher mit Italien abgeschlossenen Geheimvertrag Bezug genommen, in dem es heißt: »Im Falle, daß die Kommunisten auf legalem Weg zur Regierungsbeteiligung gelangen und die Gefahr besteht, daß sie die Regierung kontrollieren (...), müssen die USA Maßnahmen ergreifen (...)«[66] Und in einer mit »top secret« gekennzeichneten, bis heute nicht freigegebenen Planungskonzeption des Oberkommandos im US-Generalstab unter dem Titel »Demagnetize« aus der Mitte der sechziger Jahre steht zu lesen:

> »Das oberste Ziel des Planes ist es, die Kraft der Kommunistischen Parteien, ihre materielle Basis, ihren Einfluß auf die italienische und französische Regierung und speziell auf die Gewerkschaften zu verringern, um die Gefahr einer Einnistung des Kommunismus in Italien und Frankreich (...) zu reduzieren. Die Beschränkung der Macht der Kommunisten (...) muß mit jedem einsetzbaren Mittel betrieben werden (...) Die italienische und die französische Regierung darf vom Projekt ›demagnetize‹ nichts wissen (...)«[67]

Was, um alles in der Welt, ist dieses »Amalgam aus entzogener Souveränität, blockierter Demokratie und Einfluß auf die Innenpolitik«[68] anderes als die umgekehrte Breshnjew-Doktrin, lange bevor der Kreml-Gewaltige sein Entmündigungsdokument für die osteuropäischen Staaten verablautete?

SHAPE und CIA finanzierten und koordinierten die praktische Arbeit der »Stay Behinds«, so auch der 622 Ober-Gladiatoren in Italien, die ihrerseits 12000 Mann befehligten. Sie erkundeten Internierungslager, in die die Linksopposition in der Stunde X zu verfrachten wäre, sie legten die Orte der verborgenen Trainingscamps für die Geheimtruppe fest. Eines lag in Alghero auf Sardinien, das mit Abstand wichtigste aber befand sich ganz in Hauptstadtnähe, in den nördlich von Rom gelegenen Tolfa-Hügeln, die sich durch ihre markante Bodenbeschaffenheit, vor allem aber durch ihren jederzeit einwandfrei identifizierbaren Sand auszeichnen. Natürlich hatte die Ausrüstung, Uniformierung und Bewaffnung der Schattenverbände mit der konventioneller Armee-Einheiten nichts gemein. Das ging so weit, daß die Patronenhülsen des eingegrabenen Waffenarsenals von »Gladio« mit einem Speziallack überzogen waren, auch dieser jederzeit einwandfrei identifizierbar.

Als eine Unternehmung im Sinne von »Demagnetize« hatte sich auch ein anderes, bereits angesprochenes Projekt verstanden, jener gegen die erste Mitte-Links-Regierung Aldo Moros gerichtete scheinbare oder tatsächliche Putschversuch des Geheimdienstchefs und Carabinieri-Generals Giovanni De Lorenzo vom Beginn der sechziger Jahre, der dem Bündnis aus Christdemokraten und Sozialisten die Anziehungskraft nehmen sollte. Immerhin war das Ganze seinerzeit so konkret, daß der General über einen fertig ausgearbeiteten sogenannten *Piano Solo* verfügte, nach dem Tausende von Linken, Aufmüpfigen und Oppositionellen in Handschellen zum sardinischen Kap Marrargiu verfrachtet werden sollten. Das Kap war, und hier schließen sich die Kreise, ein Lager der Geheimarmee »Gladio«, und De Lorenzo war Führungsmitglied der Geheimloge P2. Der General, bekanntlich Herr über jenes gigantische Spitzelopus von 157 000 personenbezogenen Akten, hatte sogar versteckte Mikrophone beim Staatspräsidenten und bei dem »gefährlichen« Reformpapst Johannes XXIII. plaziert – der Mann war der personifizierte Große Lauschangriff.

Am 31. Mai 1972 werden im kleinstädtischen Peteano drei Carabinieri durch eine Autobombe getötet. Das Attentat wird sofort den Roten Brigaden zugeschrieben, was auch jahrelang von niemandem ernsthaft bezweifelt wird, bis zur Aufdeckung von »Gladio«. Da mußte man mit Entsetzen feststellen, daß aus den Munitionsdepots dieser Schattentruppe exakt jener Plastiksprengstoff verschwunden war, wie er in Peteano und bei ähnlichen Anschlägen »Verwendung« gefunden hatte. Das, wofür dieser ungeheuerliche Vorgang steht, kann ohne jede Übertreibung als das Abgefeimteste bezeichnet werden, was sich Menschenhirne aus Machterhaltungsgier jemals haben einfallen lassen. Die Rede ist von der sogenannten *Strategia della tensione*, die auch im Sinne ihrer Schöpfer als letzte und höchste Stufe von »Demagnetize« wirksam werden sollte. Mit dieser »Strategie der Spannung«, die den massenhaften Tod unbeteiligter und unschuldiger Menschen bewußt in Kauf nahm, wurde Angst und Schrecken in der Bevölkerung verbreitet. Sie sollte sozusagen durch »Destabilisierung stabilisieren«, am liebsten aber, je grausamer die Attentate wurden, den Ruf nach einem starken Staat (oder einem starken Mann) laut werden lassen und das Land gleichzeitig »reif für eine entsprechende Änderung der Verfassung machen«[69], wie es im Abschlußbericht der parlamentarischen Untersuchungskommission zur Loge P2 (!) heißt. Niccolo Machiavelli, der gesagt hatte, »Um die Machtausübung zu bewahren, ist es notwendig, sich zu gewissen Zeiten des Terrors zu bedienen«[70], kann auch hier als unrühmlicher Pate dieser Form von Staatsverbrechen angeführt werden. Die Vorgehensweise war in der Praxis durchaus unterschiedlich, Anschläge wurden von und mit rechtsterroristischen Gruppen verübt, um sie anschließend Linksterroristen in die Schuhe zu schieben, vielfach wurden Mordaktionen aber auch in geschickter Instrumentalisierung der *Brigate Rosse* inszeniert, teilweise sogar, ohne daß deren ausführende Handlanger davon etwas mitbekamen. Zur gleichen Zeit lief – und die Dimensionen dieses menschenverachtenden Verbrechens seien in keiner Weise unterschlagen oder auch nur relativiert – der in Alleintäterschaft der Roten Brigaden vollzogene »Angriff auf das Herz des Staates«, mit anderen Worten: Die einen bombten, um die Massen so zur proletarischen Diktatur zu führen, und die anderen bombten, um die Massen so zur Rechtsdiktatur zu dirigieren, und das Land erstickte im Blut.

Die Urheberschaft und die Verantwortung für diese bis in die sechziger Jahre zurückreichende Blutspur sind nicht immer einwandfrei und sauber zuzuordnen. Mehr oder weniger direkt mit der *Strategia della tensione* im Zusammenhang stehen unzweifelhaft aber der Anschlag an der Mailänder Piazza Fontana am 12. Dezember 1969 (sechzehn Tote), der gescheiterte Putschversuch des faschistischen Fürsten Valerio Borghese in der Nacht vom 7. Dezember 1970, der einzig und allein dem Zweck diente, dem sich immer weiter nach links orientierenden Moro mal wieder die Muskeln zu zeigen, der erwähnte Mord in Peteano, das Sprengstoffattentat auf eine Gewerkschafterdemonstration in Brescia 1974 (acht Tote), der Anschlag toskanischer Neofaschisten auf den Schnellzug »Italicus« am 4. August 1974 (zwölf Tote), vor allem aber die folgenschwerste Terrortat der italienischen Nachkriegszeit, das Bombenattentat auf dem Hauptbahnhof von Bologna am 2. August 1980, bei dem 85 Menschen ihr Leben verloren. Über dem Verbrechen liegt der Schatten aller *poteri occulti*, aller dunklen Mächte. Als Geldgeber gilt Licio Gelli, der junge Rechtsterroristen für die Ausführung der Tat anheuerte und bezahlte. Als Mitbeteiligter überführt ist der in erster Instanz verurteilte Gladiatorenoberst Amos Spiazzi, und als Spurenverwischer nach dem grausigen Geschehen gelten die Führungsoffiziere des militärischen Nachrichten- und Sicherheitsdienstes SISMI, Pietro Musumeci und Giuseppe Belmonte, beide gleichzeitig Mitglied der P2. Das Bologneser Attentat enthüllt in schonungsloser Deutlichkeit, daß die Loge nicht nur die Klammer zwischen »Gladio« auf der einen und Geheimdiensten auf der anderen Seite war, sondern auch, daß beide in einem Verhältnis der Subalternität und nicht der Gleichrangigkeit zu Gellis Einsatzzentrale standen, dem Staat im Staate mit eigener Armee. Nicht weniger schonungslos enthüllt es aber auch, daß die Geheimdienste, im Gegensatz zu »Gladio« immerhin parlamentarischer Kenntnis und Kontrolle (also auch der Kommunisten) unterworfen, integraler Bestandteil der »Strategie der Spannung« waren, woraus konsequenterweise die Frage resultiert, wann der Prozeß der Infiltration und des Mißbrauchs der Dienste durch und für die klandestinen Kräfte einsetzte und wie weit dieser 1978, zum Zeitpunkt des Falles Moro, gediehen war. Die Antwort ist fatal.

Die Ergebnisse, die die »Parlamentskommission zum Terrorismus in Italien und zu den Gründen der fehlenden Feststellung der Verantwortung der Bombenanschläge«[71] 1991 veröffentlichte, übertrafen auch die schlimmsten Befürchtungen. Der Staatsstreichversuch des Fürsten Borghese war vom Weißen Haus in Washington nicht nur geduldet, sondern geplant worden. »Tora! Tora!«, das Codewort des Unternehmens, war aus dem japanischen Angriff auf Pearl Harbour hergeleitet. Licio Gelli führte im Auftrag der Amerikaner die Regie, in der der vorzeitige Abbruch von vornherein vorgesehen war. Das einzige Ziel bestand in der Einschüchterung Moros. Er selbst ist es auch, der später zum Anschlag an der Piazza Fontana vom 12. Dezember 1969 die folgenden Worte schreiben wird:

> »Ich war zu diesem Zeitpunkt Außenminister und fast ständig außerhalb Italiens. (…) Die schreckliche Meldung (…) erreichte mich in Paris, beim Europarat. In den Meldungen, die mir noch in Paris überbracht worden waren (…), war von der roten Spur die Rede. Nicht für eine Minute nur habe ich dies geglaubt. Die Spur war auffällig schwarz, wie man dann ja auch schnell erkannt hat.«[72]

Moro schreibt dies in der Gewalt der Roten Brigaden. Zugleich ist es aber auch der Teil seiner Aufzeichnungen, der – von Rechtskreisen und Geheimdienstlern unterdrückt, verschleppt und eingemauert – erst 1990 bekannt werden sollte.

Am 8. November 1970 erscheint unter strengster Geheimhaltung ein vom Generalstab des US-Militärs unter dem Oberkommando des Generals Westmoreland verfaßtes und von diesem unterzeichnetes Dokument unter dem Titel »Stabilisierungsoperationen und die Geheimdienste«, das sogenannte Field-Manual 30-31.[73] Die Zahl 30 steht für den militärischen Geheimdienst der USA, die Zahl 31 für Spezialoperationen. Das »Field-Manual« gibt konkrete Anweisungen für das Vorgehen in mit Amerika befreundeten sogenannten Gastländern, in denen starke kommunistische Parteien bestehen, in die Regierung streben oder auf den politischen Umsturz hinarbeiten. Die Anleitungsschrift ist ohne jeden Zweifel das bedeutendste Dokument der *Strategia della tensione*. Als Licio Gellis Tochter nach dem Auffliegen der P2 1981 auf dem römischen Flughafen verhaftet wird, finden sich in ihrem Gepäck Teile dieser zentralen historischen Quelle. Sie ist der Beleg dafür, daß die »Strategie der Spannung« von einer parallel zu den Geheimdiensten agierenden Struktur in die Tat umgesetzt wurde, die ihrerseits von der atlantischen Allianz abhängig war; durch sie ist aber auch belegt, daß der linke und der rechte Terrorismus in Europa in einer ganzen Serie von Aktionen dieselbe Kommandozentrale hatten. Und schließlich ist in ihr die Frage der Infiltration der nationalen Geheimdienste bis ins letzte Detail geregelt. Wie weit war diese 1978 gediehen?

Mit dem Leiter des SISMI, dem Chef des zivilen Geheimdienstes SISDE und dem Direktor des CESIS, des Koordinierungs- und Aufsichtsorgans für alle Dienste, waren zu dem Zeitpunkt die Leiter aller *Servizi di sicurezza*, aller Nachrichten- und Sicherheitsdienste, *piduisti*, Mitglieder der Loge P2, Gefolgsleute Gellis. Der Untersuchungsausschuß hierzu sollte später enthüllen, daß dieser Sachverhalt bereits lange vorher wirksam war und auch noch lange nachher galt: Sage und schreibe vom Ende der sechziger Jahre bis 1981, dem Zeitpunkt ihrer Entdeckung, waren die Leiter der Dienste alle P2-Brüder.[74] Das heißt, die Reserveregierung in Arezzo hatte über Jahrzehnte hinweg alle Um- und Neuorganisationen der *servizi*, so zum Beispiel die Auflösung des SIFAR und des Nachrichtendienstes SID wie auch des Staatssicherheitsdienstes SDS, personell unbeschadet überstanden. Doch dieser ernüchternde Tatbestand ist immer noch nicht die volle Wahrheit. Eine weitere Neuformierung der Dienste stand für 1978 an, eben die Einrichtung von SISMI, SISDE und CESIS. Sie wurde »zufällig« um ein halbes Jahr, auf den Januar des Jahres, vorgezogen. In diesem Monat wurden unter Anwendung des Gesetzes zur Reform der Geheimdienste die alten Knall auf Fall aufgelöst. »Deshalb gab es zur Zeit der Moro-Entführung faktisch keine Geheimdienste in Italien, denn die neuen arbeiteten noch nicht.«[75] Jedenfalls nicht offiziell. In der Praxis sah das freilich etwas anders aus.

Und schließlich existierte ja auch noch der General Carlo Alberto Dalla Chiesa, dem der Eintritt in die Heil'gen Hallen, in denen man die Sünde sehr wohl kannte, verwehrt worden war. Sein *Nucleo Antiterrorismo*, das wie alle Carabinieri hierarchisch dem Verteidigungs-, operativ aber dem Innenministerium zugeordnet war, arbeitete auf jeden Fall also unabhängig von den P2-durchsetzten *servizi*. Dalla Chiesas Sonderkommando wurde im Januar 1978 unter Berufung auf das genannte Gesetz eliminiert. Damit war die letzte Bastion beiseite geräumt. Das Feld war bereitet.

Wenn man sich einmal in die Köpfe all derer versetzt, die dieses andere, das dunkle Italien repräsentierten, die Köpfe Gellis, De Lorenzos, Calvis und Sindonas, konnten sie sich nicht an ihren fünf Fingern abzählen, was das Projekt des Historischen Kompromisses, je mehr es sich politisch und parlamentarisch konkretisierte, sich gar zur tragfähigen Koalitions- und Regierungsformel auswuchs, für sie bedeuten würde? Wo und wen würden Moro und Berlinguer, diese Saubermänner, diese selbsternannten Lichtgestalten, im Augiasstall auf der Apenninhalbinsel zuerst ausmisten? War das Ganze nicht eigentlich ein Wettlauf mit der Zeit? Wer würde wem zuvorkommen? Hatten die beiden nicht oft und deutlich genug gesagt, als was sie den *Compromesso storico* ansahen, nämlich als eine Frage der Wiederherstellung der arg gedemütigten und beschmutzten italienischen Ehre, *una questione d'onore*? Wieviel hatte Moro, der über all die Schattenmächte das meiste wissen durfte, diesem Kommunisten in seinen Geheimgesprächen wohl schon weitergetragen, mit anderen Worten, Staatsfeinden Staatsgeheimnisse verraten? Mußte dem nicht rechtzeitig ein Riegel vorgeschoben werden, ein für allemal? Kommunisten reformierten und wandelten sich nicht, sondern tarnten sich nur geschickt, deshalb unterschied sich Berlinguer auch nur graduell von Lenin, deshalb ging es um die Rettung Italiens, Westeuropas und des christlichen Abendlandes, deshalb war Moro, der »Kattokommunist«, der den Schalmeienklängen dieses Verstellungskünstlers erlegen war, auch die eigentliche Gefahr, und deshalb waren auch Methoden und Geheimverbände, die denen von Ceausescus Securitate, Breshnjews KGB und Mielkes Stasi nicht unähnlich waren, legitim. Hans-Dietrich Genscher gibt in seinen Lebenserinnerungen das folgende, ungemein aufschlußreiche Bild:

> »Aldo Moro (...) fiel im Kreis der EG-Außenminister vor allem durch seine persönliche Zurückhaltung auf. Mir erschien er fast introvertiert. Er beeindruckte durch die Klarheit seiner politischen Positionen (!) und durch die Würde seines

Auftretens, doch manchmal wirkte er auf mich wie ein Mensch, der seine Verantwortung wie ein schweres Kreuz trug, ja sie im wahrsten Sinne des Wortes durchlitt. Als er entführt und dann grausam ermordet wurde, mußte ich an diese Eindrücke zurückdenken: Mir erschien es fast, als sei sein tragisches Schicksal schon damals in Gesicht, Geste und Ausdruck eingeprägt gewesen.«[76]

Wie konkret waren Moros Todesvisionen? Ging der Mann sehenden Auges seinem Ende entgegen? Starb er als Märtyrer, gar als Held für sein Land?

Vielleicht geht das alles ein bißchen zu weit. Dennoch, und dies blieb ja auch Genscher nicht verborgen, Moro hatte Angst und fühlte sich an Leib und Leben bedroht. Einem seiner Vertrauten, dem Senator Vittorio Cervone gegenüber äußerte er: »In der Politik gibt es eben diese Risiken, du wirst sehen, daß sie uns unsere politische Linie bezahlen lassen, (...) Zahlen werden wir müssen, die Morotei. Wir werden kein Verständnis finden.«[77] Hatte er schon vorher resigniert? Ging er den einmal begonnenen Weg nur zu Ende, um vor sich selbst und der Geschichte den Beweis abzulegen, es wenigstens versucht zu haben? Vielleicht führt auch das zu weit. Tatsache aber war, daß sich das Land im Zeichen des Historischen Kompromisses immer mehr polarisierte. Da waren zum einen die Rechtsparteien, die »Dienste«, die Generalität, die Kreise um die amerikanische Botschaft und die CIA, der hohe Klerus, die *poteri occulti* und die Anhänger Andreottis, die auf eine präsidiale, wenn nicht autoritäre Staatsform abzielten, und da waren zum anderen die eurokommunistische, sich de facto längst sozialdemokratisierende KPI, Teile der sozialistischen Partei, die Gewerkschaften, der Linkskatholizismus, die Intelligenz und die Morotei, insgesamt wohl die Mehrheit der Bevölkerung, die den Staat demokratisieren, sanieren und seine tatsächliche Souveränität wiederherstellen wollten. Der Riß ging dabei mitten durch die regierende Partei, die *Democrazia cristiana*, und »unmerklich wurde Moro zu der Figur, von der viele glaubten, daß mit ihr alles stehen und fallen würde«[78].

Am 26. Januar 1978 gibt der scheidende Landwirtschaftsattaché der venezolanischen Botschaft in Rom dem italienischen Außenministerium pflichtgemäß die ihm zur Verfügung gestellten Diplomatennummernschilder für seinen Dienstwagen zurück. Irgendwie müssen die Roten Brigaden Wind davon bekommen haben. Sie lassen flugs die gleichen Autokennzeichen nachdrucken. Schon vom nächsten Tag an wird das altneue Diplomatengefährt, ein gestohlener Fiat 128, beim gemächlichen Abfahren der Via del Forte Trionfale, Moros

Wohnsitz, beobachtet. Gleichzeitig mieten die *Brigate Rosse* ein Appartement über den Dächern der Via Mario Fani, das ihnen die protokollarisch-minutiöse Aufnahme des Lebens in der Straße ermöglicht, die nahezu allmorgendlich von Moro passiert wird. Die heiße Phase des Plans zur Entführung des DC-Präsidenten hat begonnen. Nicht alles bleibt unbemerkt. Besorgt registriert Hauptmann Leonardi, Moros getreuer Eskortenchef, der ihn seit Jahrzehnten sicher zum Parlament, Regierungssitz und Flughafen gebracht hat, daß seine Kolonne verfolgt wird, und meldet dies. Moro beantragt daraufhin die Gestellung eines gepanzerten Dienstwagens, aber nichts geschieht. Als Parteichef stand ihm grundsätzlich nur ein Auto mit nicht durchschußsicherer Karosserie und Verglasung zu.

Dafür stand an anderer Stelle schon seit dem Frühjahr 1977 etwas Gepanzertes, und zwar mit Wissen und Billigung, wenn nicht Förderung staatlicher Stellen. Zu dem Zeitpunkt erwirbt eine gewisse Anna Laura Braghetti eine Wohnung in der Via Laurentina, an der erstaunliche Veränderungen vorgenommen werden: Sie erhält vergitterte Fenster, elektronische Alarmanlagen, kugelsichere Verglasungen und eine gepanzerte Eingangstür. Doch damit nicht genug: Dies geschieht nicht etwa mit dem Versuch der Verheimlichung, sondern die Carabinieri sind informiert, kontrollieren, lassen sich einen Grundriß über die Innenaufteilung dieses »Mini-Hotel particulier«[79] anfertigen und – greifen nicht ein. Die Erklärung ist genauso einfach wie ernüchternd, sie arbeiten mit Anna Laura Braghetti zusammen und hoffen, auf diese Art und Weise die »Wohnung« unter Kontrolle zu halten, denn in ihr, und hier führt die Spur zu den Tätern, verkehren regelmäßig Personen, die später als Prospero Gallinari und Mario Moretti identifiziert werden.

Was war hier noch Zusammenarbeit (mit dem Ziel der Prävention) und was war Infiltration, oder genauer, wer hat wen infiltriert? Woher wußten die Roten Brigaden zum Beispiel von vergleichsweise unbedeutenden, für sie aber nutzbaren personellen Veränderungen in den Botschaften? Am 15. Mai 1979 werden in Mailand Flugblätter gefunden, auf denen ein Italoamerikaner namens »David« als »der wirkliche Organisator des Blutbades in der Via Fani und der Entführung Moros«[80] bezeichnet wird. Weiterhin heißt es von »David«, daß er zuletzt Berater des westdeutschen Militärischen Abschirmdienstes (MAD) war, nach anderen Quellen fungierte er als »eine Art Verbindungsoffizier zwischen europäischen und amerikanischen Nato-Stellen«[81]. Am gewichtigsten in den Flugblättern ist jedoch die

Licio Gelli, ehemaliger Großmeister der Freimaurerloge
»Propaganda Due« (P2), im Jahre 1988

Bemerkung, daß er mit einem gewissen Ronald Stark eng zusammenarbeitete. Stark, der kurz vor dem Auftauchen der Flugschriften aus der Untersuchungshaft entlassen worden und sofort untergetaucht war, ist erwiesenermaßen CIA-Agent, der gleichzeitig mit rechts- und linksextremistischen Gruppierungen kooperierte. Er pflegte gute Kontakte zu Renato Curcio, der Führungsfigur der ersten Generation der *Brigate Rosse*, besorgte Waffen und half beim Aufbau ihres geheimen Informationssystems. Obwohl bereits 1977 verhaftet, ist nur schwer vorstellbar, daß er nicht auch in Morettis *colonna romana* ein und aus ging. Deshalb ist die Frage unumgänglich, wie weit die Fern- bzw. Fremdsteuerung der Roten Brigaden eigentlich reichte.

Der inhaftierte Curcio, so viel ist sicher, wußte von nichts. Zwar geisterten Parolen durch die Zellen, daß ein »großes Ding« bevorstehe, Konkreteres sickerte aber nicht durch. Als am 10. März 1978 ein Polizeimeister in Turin ermordet wurde, glaubte Curcio, daß es das war. Was sich von nun an abspielt, folgt für den Außenstehenden und normalen Nachrichtenkonsumenten einer undurchschaubaren und verborgenen Dramaturgie der Ereignisse. Schon am Tage zuvor hatte Staatspräsident Leone wegen der schwelenden Lockheed-Affäre Moro (!) seinen Rücktritt angeboten – unter der einzigen Bedingung, daß dieser bereit sei, seine Nachfolge anzutreten. Aber Moro lehnt ab und überredet Leone, im Amt zu bleiben. Ist dies der Grund, weshalb sich die Schmiergeldvorwürfe jetzt bis zur letzten von ihm in Freiheit gelesenen Zeitung gegen Moro, den nachweislich nicht Belasteten, richten? Und von wem wird das alles gesteuert, zumal längst erwiesen ist, daß es im Lockheed-Komplex nicht nur um den Verkauf von Rüstungsgütern ging, sondern darum, ganze Politikerklassen Westeuropas US-gefügig zu machen?[82] Ein schwarzer Vorhang wurde zugezogen, der sich nie wieder lichten sollte.

Am 15. März, gegen 20.00 Uhr, kehrt ein Blinder, dessen Gehörsinn bekanntlich besonders gut ausgeprägt ist, von einem Spaziergang in der Fußgängerzone von Siena, in der sich nur Polizeiwagen bewegen dürfen, zurück. Vor seinem Haus angekommen, läßt er kurz den Hund von der Leine. Während er wartet, hört er aus einem Autoradio in aller Deutlichkeit den folgenden Satz: »Sie haben Aldo Moro entführt und seine Leibwache erschossen.« Anschließend wird ein Motor angelassen und das Fahrzeug, offensichtlich ein Streifenwagen, in dem der Polizeifunk abgehört wurde, fährt davon. Der Blinde stürzt sofort in das nächstgelegene Café und berichtet den Vorfall. Die Caféhausbesucher werden später reihum vernommen und bestätigen die Schilderung.

Am nächsten Morgen wird eine streng geheime Sitzung stattfinden, und zwar zu einem ganz und gar unchristlichen, für die gesamte romanisch-mediterrane Welt absolut unüblichen Zeitpunkt: morgens um 8.00 Uhr. Die teilnehmenden Herren werden später alle leugnen, daß sie an diesem Tage etwas früher als sonst aufgestanden sind. Sitzungsort ist das Hotel Excelsior in der Via Veneto, gleich neben der amerikanischen Botschaft. Ein Mitglied der Runde soll um 9.00 Uhr, als die Nachricht durch die Fernschreiber tickert, erleichtert ausgerufen haben: »Das Schwerste ist vollbracht!« Das war Licio Gelli.[83]

In Italien gab und gibt es einen vielgelesenen Kriminalroman, der auf einen Stoff aus der Mitte des 19. Jahrhunderts zurückgeht, »Ore 13 : il Ministro deve morire« – »13 Uhr: Der Minister muß sterben«.

Die Handlung spielt im Rom zur Zeit Pius' IX., des Papstes, der das Erste Vatikanische Konzil einberief und sich von ihm die Unfehlbarkeit verfügen ließ. Hauptperson des Romans ist ein gewisser Pellegrino Rossi, gleichzeitig Professor und Politiker (!). Rossi entwickelt kühne Pläne zur Reform des damals noch bestehenden Kirchenstaats, wird vom Papst auch tatsächlich zu dessen Regierungschef ernannt und am 15. November 1848 aufgrund eines Komplotts ultrakonservativer Kurienmitglieder von gedungenen Attentätern erstochen. Der Roman erscheint 1974. Sein Inhalt und die historische Wirklichkeit weichen nur wenig voneinander ab, die Parallelen zur Gegenwart sind zum Teil mit den Händen zu greifen. Noch frappierender aber ist der Name des Autors, der das Buch verfaßt hat: Giulio Andreotti.

Jahre zuvor, 1966, war in einem rechtslastigen Magazin eine bitterböse Satire über den amtierenden Ministerpräsidenten Aldo Moro erschienen. Sie folgte für den Ablauf eines Tages seinen Spuren und legte sich dabei immer wieder die Frage vor, wann und wo ein Anschlag auf ihn am erfolgversprechendsten auszuführen sei. »Der gefährlichste Moment im Leben des Ehrenwerten Moro tritt dann ein«, so hieß es in der Postille, »wenn er am Morgen sein Haus verläßt.«[84] Sie begleitet ihn anschließend auf seinem Weg in die Kirche von Santa Chiara, wo der gläubige Katholik seinen Arbeitstag stets mit einigen Momenten der inneren Andacht, der Sammlung und des stillen Gebets begann. Der Artikel, der sich selbst als witziger politischer Cartoon verstand, schloß dann entschärfend, daß man es hier immerhin noch mit Rom und nicht mit Dallas zu tun habe, wo John F. Kennedy ermordet worden war. Allerdings machte er auf Moros täglicher Wegstrecke einen Punkt aus, an dem er zweifelsohne am meisten gefährdet war: die Via Fani. –

Dichtung und Wirklichkeit.

Der Saaldiener, aufgeregt:
»Herr Ministerpräsident, Herr Ministerpräsident,
soeben ist Aldo Moro entführt worden!«
Andreotti: »Wieso? Ist es schon neun Uhr?«

Nicht verstummen wollender italienischer Volkswitz

DIE ENTFÜHRUNG

Rom, 16. März 1978. Primavera. Das heißt, kalendarisch ist es noch Winter. Aber davon ist längst nicht mehr die Rede. Der Frühling ist seit Wochen in der Luft. Schon auf der Höhe des Vormittags ist es angenehm, mild warm, nicht drückend. Ein Touristentip. Von den Stränden wird die erste sonnenhungrige Bevölkerung gemeldet, und die auch in der Stadt üppige Vegetation entfaltet sich prächtig. Zypressen, Zedern und Pinien stehen im vollen, saftigsten Grün. Mit dem Aufplatzen der Blütenknospen in den zahllosen Vorgärten, Innenhöfen und Plätzen ist täglich, ja stündlich zu rechnen.

Alltag in der Via Mario Fani. Das Leben beginnt spät, müde, schleppend, gleichförmig und eher lustlos. Das ist an diesem Donnerstag vor Frühlingsanfang nicht anders als an allen anderen Werktagen vorher und nachher. Allerdings, einen Unterschied gibt es schon, gleich von Anfang an, an diesem Morgen in den neuzeitlichen Iden des März.

Es ist Viertel nach sieben. Antonio Spiriticchio hat sich gerade seinen zerknitterten roten Arbeitskittel übergestreift. Er wohnt weiter weg, hinter der Piazza del Popolo. Mit ihm beginnt das eigentlich geschäftige Treiben in der sonst wenig geschäftigen Via Fani. Antonio hat einen Blumenstand, gleich an der Ecke, wo Via Stresa und Via Fani aufeinanderstoßen. Das heißt, dank vier ausgezeichnet bereifter Räder ist es ein regelrechter automobiler Blumenladen. Um diese Zeit pflegt er sich für gewöhnlich mit dem an der Ecke eingeparkten fahrbaren Untersatz Richtung Großmarkt aufzumachen, um sich mit frischer Ware für den Tag einzudecken, und jetzt das! Antonio schreit und tobt, fuchtelt und gestikuliert, stößt wütende Flüche aus: »Diese Rowdies, Bengels, Banden, die den ganzen Tag pennen, dem lieben Gott den lieben langen Tag stehlen und nachts vor Langeweile nicht wissen, was sie anfangen sollen! Wissen die eigentlich, was sie einem armen arbeitenden Mann angetan haben?« Alle vier Reifen seines Mobils sind sauber und glatt durchschnitten. Bis er sich im organisierten Chaos der Stadt vier neue besorgt und aufgezogen, bis er auf dem Großmarkt die letzten welken Stengel erstanden hat, werden Stunden vergehen. Die Tageseinnahme kann er vergessen, am besten gleich den ganzen Tag. Mit Antonio Spiriticchio haben die Roten Brigaden den einzigen sicheren Zeugen des grausigen Geschehens aus dem Wege geräumt. Die nächsten Blumen, die er verkauft, die ihm tagelang aus den Händen gerissen werden, werden nur wenige Meter weiter auf die Via Fani geworfen, als Ausdruck der Trauer, der Ohnmacht und des Entsetzens über den Mord an fünf vergleichsweise armen arbeitenden Männern, ein Blumenmeer über Blutlachen.[85]

Es ist Viertel nach acht. Oreste Leonardi, Domenico Ricci, Francesco Zizzi, Raffaele Iozzino und Giuliano Rivera, die fünf Männer von Moros Eskorte, treffen im Innenhof der Via del Forte Trionfale Nr. 79, unterhalb des Penthaus-Appartements ihres Chefs, die ersten Vorbereitungen für die Abfahrt. Sie kommen alle aus dem Süden, so wie Moro auch. Sie wissen den Job zu schätzen, denn er bietet ihren Familien aus dem weniger begüterten Teil des Landes Sicherheit und Auskommen. Ricci ist sein Chauffeur seit zwanzig Jahren, Leonardi begleitet ihn seit fünfzehn Jahren. Sie kennen und sie mögen sich. Irgendwie hat sich so etwas wie Freundschaft entwickelt, besonders wenn sie im Wagen zusammen sind. Der große hierarchische Unterschied jedenfalls spielt dann keine Rolle mehr. Sie sind ein Team. Rivera und Iozzino sind junge Mittzwanziger, und Zizzi hat heute seinen großen Tag: Er tritt die langersehnte, besser dotierte Stelle in der Eskorte an, er ist ein gemachter Mann. Oreste Leonardi, der 52jährige Carabiniere, ist Chef der Leibgarde. Man nennt ihn deshalb auch den »Schatten des Präsidenten« oder kurz, mit seinem Spitznamen, »Judo«. In der letzten Zeit geht es ihm nicht gut. Er merkt, daß bei den morgendlichen Fahrten etwas nicht stimmt. Er fühlt sich verfolgt, er hat den weißen Fiat 128 sehr wohl bemerkt. Wann kommt endlich der neu beantragte kugelsichere Wagen? Der Zustand der beiden Fahrzeuge, aus denen die Eskorte besteht, des blauen Fiat 130, Moros Dienstwagen, und des Alfa Romeo Alfetta, des Begleitautos, läßt zu wünschen übrig. Bremsen und Funkgeräte sind nicht voll funktionsfähig. Leonardi moniert die Mängel, aber nichts passiert. Wie seine Frau später aussagt, ärgerte er sich derart darüber, daß er immer angespannter, verängstigter und magerer wurde. Er fühlte sich einfach nicht mehr sicher.

Jeden Morgen wird einer zum Zeitungholen losgeschickt, ein dicker Packen aus zehn, zwölf Tagesgazetten, die der Schnelleser diagonal durchstudiert, wenn er hinter Ricci auf dem Rücksitz Platz genommen hat. Nach den vier Büros, die Moro in der Stadt hat, als Universitätsprofessor, als Präsident der DC, als Abgeordneter seines Wahlkreises und als Vorstand im Studienzentrum der Christdemokratie, ist ihm sein Auto das fünfte. Aber noch geht er der erklärtermaßen liebsten Beschäftigung des ganzen Tages nach. Er spielt und schäkert mit Luca, dem kleinen zweijährigen Goldschatz und Sonnenschein, dem ersten Enkel, Sohn der so sprunghaften ältesten Tochter Maria Fida, einer Journalistin, die später nacheinander in die christdemokratische, die sozialistische und die kommunistische Partei ein- und wieder austreten wird. Die Frau ist kaum weniger problematisch als Anna, die zweitälteste Tochter, eine Kinderärztin, die im sechsten Monat schwanger ist. Beide wohnen nicht mehr zu Hause. Doch für den Moment sind alle Sorgen vergessen. Moro tobt mit Luca durch die ganze Wohnung, über Tisch und Bänke, ein Staatsmann auf Knien.

In der Zwischenzeit erwacht in der Via Fani das Leben. Im Zeitungskiosk, die hügelige Straße ein Stück hinauf, werden die ersten Stapel sortiert, geöffnet hat er noch nicht. Ruhig ist es nach wie vor in der Bar Olivetti, gleich gegenüber dem Blumenstand, auf der anderen Seite der Straße. Olivetti ist so eine typische Kaffee-Kuchen-Cola-Wein-Eiscreme-Lokalität, wie man sie in Italien an jeder zweiten Ecke findet. Das Schöne an dieser Bar ist ihr Patio, ihr terrassenförmiger Vorraum, der durch mannshohe Topfpflanzen wie durch eine natürliche Wand vor der Straße und ihrem Lärm geschützt ist. Die Ruhe hat einen einfachen Grund: Olivetti ist pleite, schon seit längerem, die Rolläden bleiben heruntergelassen, und im Patio sitzt keiner, jedenfalls zunächst nicht. Ganz in der Nähe hält gerade ein großer, viertüriger dunkelblauer Fiat 132 in der Via San Gemini, und zwei Männer steigen aus. Die San Gemini verläuft parallel zur großen Trionfale (nicht zu verwechseln mit der schmalen, auf sie stoßenden Anliegerstraße, in der Moro wohnt), und von beiden gelangt man, im rechten Winkel nach links abbiegend, in die Via Fani. Genau dies tut der 132er. Die beiden Männer gehen in die entgegengesetzte Richtung, bis zur Via Stresa, und folgen dieser rechterhand, bis sie sich mit der Via Fani kreuzt, den Hügel hinunter, dort, wo der Blumenmann seinen Stand hat. Sie sind adrett anzusehen, denn sie tragen gutsitzende hellblaue Uniformen mit Streifen auf den Ärmeln und Borten an den Mützen. Unterwegs gesellen sich zwei weitere Männer zu ihnen, die die gleiche Uniform tragen. Alle vier halten bauchige Aktenmappen in der Hand, und auf einer ist sogar ein Schriftzug zu erkennen: Alitalia, der Name der staatlichen Luftfahrtgesellschaft. Jeder Passant hält sie für Bordpersonal, das auf dem Weg zum Flughafen ist. An Antonios Eckstand, aber noch in der Via Stresa, hält gleichzeitig ein weißer Wagen mit Diplomaten-Nummernschild. Am Steuer sitzt eine Frau mit großen runden Brillengläsern, neben ihr ein Mann mit grünem Lodenmantel. Auch der 132er ist inzwischen angekommen. Er parkt schräg gegenüber, direkt vor der Bar Olivetti, und zwar in der falschen Richtung, die Schnauze hügelaufwärts. Ganz schön selbstsicher und dreist. Der Zeiger rückt auf 8.20 Uhr.

Aufbruchstimmung im Hause Moro. Das zünftige, aber nicht opulente Frühstück neigt sich dem Ende entgegen. Giovanni, der einzige Sohn, zwanzig Jahre alt, putzt sich nochmals die Zähne und zieht nervös seine abgewetzten Jeans an. Er wird gleich mit seiner Vespa zum Zahnarzt fahren. Agnese, die jüngste, noch unverheiratete Tochter, packt ihre Sachen für die Uni. Auch Eleonora kramt geschäftig in Unterlagen. Sie unterrichtet jeden Morgen Kinder und Jugendliche in einer nahegelegenen Kirchengemeinde. Auch sie wird gefahren. Opa und Enkel liefern sich eine letzte wilde Verfolgungsjagd durch die Wohnung. Moro freut sich schon jetzt auf die wenigen Momente der inneren Sammlung und Andacht in der Kirche von Santa Chiara, die er heute, wo das Bündnis zwischen Katholizismus und Kommunismus endlich konkrete Gestalt annehmen wird, mehr denn je gebrauchen kann. Ein Kuß für Luca, eine flüchtige Umarmung mit Nora und ein kurzer Abschiedsgruß für Agnese und Giovanni. Unten laufen schon die Motoren.

Es ist kurz vor neun. Eine Frau hält an der Kreuzung Via Fani, Via Stresa. Sie entdeckt, daß hinter den hohen Topfblumen im Patio der geschlossenen Bar Olivetti uniformierte Männer sitzen. Sie hält sie für Angestellte der städtischen Busgesellschaft, aber als sie barsch angewiesen wird weiterzufahren, denkt sie sich: Aha, Polizei. Auch andere Passanten beobachten die Männer. Einer hält sie für Luftfahrtbedienstete, ein anderer für Mitglieder einer Militärkapelle. Wäre jemand von der Alitalia, den Busbetrieben oder der Militärmusik hier langgekommen, er hätte sofort gesehen, daß dort keine Berufskollegen sitzen. Die Uniformen waren eine Eigenkollektion der Roten Brigaden. Echt waren lediglich die Mützen, die sie in einem Fachgeschäft erstanden hatten. Es sind vier Männer, die auf der Olivetti-Terrasse sitzen. Auch der weiße 128er und der blaue 132er bleiben auf Position, den Motor im Leerlauf. Die Via Stresa ein Stück weiter östlich, Richtung Via della Camilluccia, also auf dem Weg zur Kirche Santa Chiara, steht ein blauer 128er mit einem Mann am Steuer, ein weiterer blauer 128er parkt hinter dem weißen 132er vor der Bar Olivetti, auch dieser in der falschen Richtung. Der Wagen ist leer, aber der Zündschlüssel steckt im Schloß. An und für sich kann man von der rechten Spur der Via Fani problemlos rechts in die Via Stresa einbiegen. Nur heute nicht. An der Ecke, praktisch schon auf der Höhe von Antonios momentan verwaistem Stand, nur kurz vor der Stop-Linie, parkt ein Mini Cooper, das einzige Fabrikat, das nicht aus der Fiatproduktion stammt. Man ist auf italienischen Straßen ja einiges gewohnt, aber das ist nun wirklich dreist! Schließlich hält die Via Fani hügelaufwärts, beim Zeitungskiosk, ein weißer, viertüriger 128er mit zwei Mann Besatzung. Damit sind alle möglichen Anfahrtswege zum Tatort unter Kontrolle und können notfalls blockiert werden. Die illegale Gegengewalt hat sich in Position gebracht. Es ist drei Minuten vor neun.

Aldo Moro verläßt das Haus, eine Aktentasche in jeder Hand, einen grauen Homburg auf dem Kopf. Drei weitere Mappen werden von Bediensteten getragen. Er nimmt hinter Ricci Platz, bedeutet ihm abzufahren und vertieft sich sofort in die Tagespresse. Im selben Moment fährt ein Mann auf einem Motorrad der Marke Honda in einem Höllentempo gleichfalls Richtung Via Fani, erreicht die Kreuzung deutlich vor der Eskorte, macht eine kurze Handbewegung, wendet und bezieht Stellung neben dem 128er am Kiosk. Das ist das Zeichen: Moro kommt. Auch Ricci und der nachfolgende Alfetta fahren zügig. Kurz vor dem Einbiegen von der Via Trionfale in die Via Fani kommt ihnen ein Polizeiwagen entgegen. Ein Zufall? Ricci fährt auf das Stopschild zu, ist schon fast an der weißen Linie. Da beginnt der weiße Fiat 128 mit dem Diplomatenkennzeichen und der Frau mit den großen runden Brillengläsern am Lenkrad ein merkwürdiges Manöver. Sie setzt das gleich um die Ecke, schon in der Via Stresa geparkte Auto zurück und kommt mitten auf der weißen Linie zum Halten. Allem Anschein nach hat sie sich in der Richtung geirrt und will jetzt über die Kreuzung hinweg geradeaus weiterfahren. Ricci geht voll in die Eisen, Rivera, der den Alfa fährt, auch. Sie versuchen, das Steuer rechts rumzureißen, rechts abbiegen müssen sie ja sowieso, aber da steht dieser vermaledeite Mini Cooper, der die gesamte rechte Spur blockiert. So müssen sie sich – wie geplant – hinter dem weißen 128er aufreihen. Aber der fährt gar nicht weiter. Die Frau rührt wie eine Fahrschülerin der ersten Stunde im Getriebe, verwechselt jetzt auch noch den Vorwärts- mit dem Rückwärtsgang und bewegt sich weiter auf Moros Dienstwagen zu. Jetzt reißt Ricci den Lenker rechts rum, komme, was da wolle. Fast schafft er es noch, ihr auszuweichen, erwischt sie aber leicht am rechten hinteren Kotflügel. Auch Rivera fährt auf ihn auf, leichter Blechschaden, nichts Besonderes, zumal an italienischen Kreuzungen. Niemand entdeckt einen Anlaß zu gesteigerter Irritation, und überhaupt: Frau am Steuer, die Terroristenhirne haben dieses frauenfeindliche Klischee von vornherein in ihre Planungen einbezogen. Die Frau und der neben ihr sitzende Mann im grünen Lodenmantel springen aus dem »Diplomatenfahrzeug« und stellen sich rechts und links von Moros Auto auf. Auch dieses durchaus noch eine nachvollziehbare Reaktion, aber dann hat alle Verstellung ein Ende. Das Signal zum Losschlagen ist gegeben. Es ist punkt neun Uhr.

Die vier uniformierten Männer hinter den Topfpflanzen der Olivetti-Terrasse stürzen mit voll durchgeladenen MGs auf die Straße und eröffnen ein gnadenloses Trommelfeuer. Auch die Frau und der Lodenmantelmensch sind plötzlich bewaffnet und feuern. Die Scheiben der Eskorte-Wagen zersplittern wie Fensterglas. Ricci und Leonardi sinken in sich zusammen, von vierzehn Kugeln regelrecht durchsiebt. Rivera liegt kopfüber auf dem Steuerrad des Alfa, mit einer Hand umklammert er das Funktelefon. Er ist tot. Zizzi, der sich so auf den neuen Job gefreut hatte, ist von zehn Schüssen durchlöchert. Er ist bewußtlos und wird mittags im Hospital verbluten, nicht einmal einen halben Tag am neuen Platz in Diensten der Republik. Einzig Iozzino, obwohl mehrfach getroffen, ist es gelungen, seine Waffe zu ziehen, auf den Rücksitz zu kriechen und zweimal abzudrücken. Der Mann auf der Honda, offensichtlich herbeigeordnet, entdeckt ihn und knallt ihn nieder. Vier Tote und ein Sterbender in vierzig Sekunden. Ein Blutbad. Immer neue Gewehrsalven peitschen über die Straße, die leeren Patronenhülsen tanzen nur so über die Via Fani. Es herrscht Krieg. Fensterscheiben gehen zu Bruch, Querschläger landen in Hausfluren, aber genauso viele Kugeln finden ihr Ziel. Passanten werfen sich auf den Bürgersteig, suchen Schutz hinter Bäumen, gehen in Deckung. Wilde Schreie, Schrecken, lähmendes Entsetzen, Hilferufe und dazwischen immer wieder die eiskalten Kommandos der Terroristen. Der Junge vom Zeitungsstand geht noch bei seiner ersten Vernehmung von der felsenfesten Überzeugung aus, daß unten an der Kreuzung mit Preßlufthämmern gearbeitet worden ist. Es riecht verbrannt. Was, um Himmels willen, geht hier vor? Ein

Die Via Fani in Rom am 16. März 1978, kurz nach der Entführung Moros.
Im Vordergrund der von den Terroristen provozierte »Auffahrunfall«

Staatsstreich, so schießt es Augenzeugen durch den Kopf, eine bewaffnete Machtübernahme, indem erst mal der wichtigste Politiker beseitigt wird? Folgen die Rundfunk- und Fernsehstationen als nächstes und dann das Parlament und der Regierungssitz, oder sind die schon besetzt? Ist dies, was die Uniformierten hier ausführen, der faschistische Putsch, die »Vollendung« des Werkes, das der General De Lorenzo und der Fürst Borghese schon in ihren Anfängen so kläglich hatten scheitern lassen, gar eine Art *Duce redivivus?*

Immer noch wird geschossen. 97 Schüsse in weniger als zwei Minuten, davon 67, mehr als die Hälfte, aus einer Waffe, von einem Mann, aus einer Richtung, von einem Standort, nämlich rechts von den Fahrzeugen. 36 treffen. Der Mann allein entscheidet das ganze Unternehmen. Wer ist das? Mario Moretti, *capo* der römischen Kolonne der Roten Brigaden und ohne jeden Zweifel der kaltblütige Organisator der gesamten Aktion, hatte sich immer wieder über die absolut mangelhafte Schießfertigkeit aller Brigadisten in seiner Kolonne beklagt, hatte erkannt, daß dies der entscheidende Rückstand zur deutschen RAF mit ihrer perfekten Ausbildung in palästinensischen und anderen arabischen Lagern war, und jetzt das! Der professionelle Killer mäht in Millimeterarbeit die Menschen nieder – und verschont Moro. Moro wird nicht beseitigt. Mitten im Kugelhagel wird er aus dem Auto gezerrt, ohne daß ihm oder den Terroristen auch nur ein Härchen gekrümmt wird. Ein Scharfschütze. Ein Meister seines Fachs. Gehört der überhaupt dazu?

Nachdem die Frau sich davon überzeugt hat, daß Ricci tot ist, läßt sie von ihrem Opfer ab und springt direkt auf die Kreuzung, wo sie ein paar Meter abseits vom Geschehen ist und alle vier Fahrtrichtungen im Blick hat. Von diesem Punkt aus übernimmt sie das Kommando und steuert den Ablauf mit gezielten Gesten und geschrienen Befehlen. Alles pariert. Blitzschnell wird die Kreuzung abgesperrt. Sie selbst übernimmt die rückwärtige Sicherung der Via Fani und der Via Stresa nach Westen, unten am Zeitungsstand steigt der Mann aus dem weißen 128er und postiert sich mit vorgehaltener MG in der Straßenmitte, gleiches tut der Fahrer des blauen 128er in der Via Stresa nach Osten, Richtung Via Camilluccia, von wo jeden Moment der 48er Linienbus erwartet wird und wo die Eskorte weiter zur Kirche gefahren wäre. Moro wird im Klammergriff quer über die Straße geführt und in den großen weißen 132er direkt an der Bar Olivetti gestoßen, der, in dem der Zündschlüssel schon steckt. Unterwegs läßt er seine Aktentasche fallen, die anderen sind noch im Auto. Der graue Homburg landet auf dem Bordstein. Ihm ist klar, daß er bei der geringsten Zuwiderhandlung erschossen wird. Als die Frau sieht, daß Moro hinten im 132er sitzt und von nirgendwo Gegenwehr kommt, beschreibt sie mit beiden Händen große, gleichförmige Kreisbewegungen in der Luft. Fast hat es den Anschein, als wolle sie irgend jemandem weiter entfernt, auf einem Dach oder in einem Fenster, ein Signal geben. Auf jeden Fall verstummt augenblicklich das Gewehrfeuer aus allen Läufen, und ein Moment unheimlicher Stille tritt ein. Gehen wir, bevor wir dem Tatverlauf weiter folgen, noch einmal kurz zum Ausgangspunkt zurück.

Es ist neun Uhr. Der Karosseriearbeiter Gerardo Nucci, wohnhaft in der Via Fani Nr. 109, ist auf dem Weg in den Hof, um ein paar Fotos von Unfallwagen zu machen, die er gleich reparieren wird. Er hat, was das Vorher und Nachher des Unfallzustands angeht, so seine Erfahrungen gemacht, vor allem mit Versicherungen, und geht jetzt lieber auf Numero Sicher. Unterwegs, im Treppenhaus, stellt er fest, daß er das wichtigste Requisit für dieses Unterfangen vergessen hat: den Fotoapparat. Er macht kehrt, um ihn zu holen, und hört die Schüsse auf der Straße. Mit dem Apparat in der Hand stürzt er auf den

*Der Chauffeur und einer der Leibwächter sitzen tot
in sich zusammengesunken im Dienstwagen Moros*

Balkon und macht drei Fotos. Die Entführer besteigen gerade die
Fluchtfahrzeuge. Er lichtet sie alle klar und deutlich ab. Dann rennt
er wie entfesselt das Treppenhaus hinunter zum Tatort und macht
weitere Fotos, eine ganze Serie, insgesamt zwölf. Er hält alles fest.
Damit ist das Schlimmste passiert, was Entführern, Attentätern und
Mördern passieren kann, der *worst case* ist eingetreten: Das Verbrechen ist *in statu nascendi* und juristisch unanfechtbar festgehalten, die
Verbrecher sind identifiziert. Das Ganze ist eigentlich nur zu vergleichen mit jenem berühmten Film, den der Hobbyfilmer Abraham
Zapruder am 22. November 1963 zufälligerweise von der Ermordung
John F. Kennedys drehte, das heißt, genaugenommen ist dieses hier
weit mehr, denn auf Zapruders Film ist kein Täter eindeutig identifizierbar, auf Nuccis Fotos sind sie alle zweifelsfrei zu erkennen, unmaskiert und bei bestem Tageslicht.

Gerardo Nucci ist sich sofort darüber im klaren, was für Dokumente er da in Händen hält. Deshalb paßt es gut, daß seine Frau bei
einer Presseagentur arbeitet. Sie läßt sie entwickeln, verabredet sich
mit dem zuständigen Untersuchungsrichter und händigt ihm die Fotos inklusive der Negative aus, im Vertrauen auf die Ermittlungs-

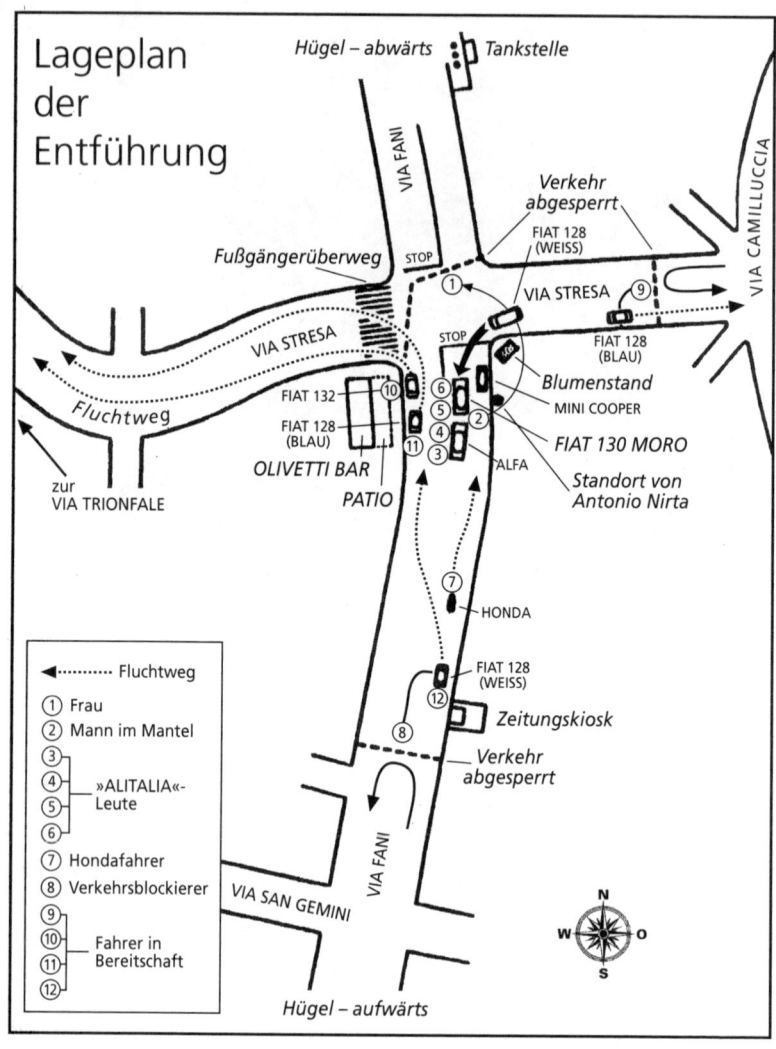

Lageplan der Entführung

Hügel – abwärts

Tankstelle

VIA FANI

VIA CAMILLUCCIA

Verkehr abgesperrt

FIAT 128 (WEISS)

Fußgängerüberweg

STOP

VIA STRESA

⑨

VIA STRESA

Fluchtweg

STOP

FIAT 128 (BLAU)

FIAT 132

⑩ ⑥ ⑤ ④ ②

Blumenstand

MINI COOPER

FIAT 128 (BLAU)

⑪ ③

FIAT 130 MORO

zur VIA TRIONFALE

OLIVETTI BAR

PATIO

ALFA

Standort von Antonio Nirta

⑦

HONDA

FIAT 128 (WEISS)

⑫

Zeitungskiosk

⑧

Verkehr abgesperrt

VIA FANI

VIA SAN GEMINI

N W O S

Hügel – aufwärts

◀········ Fluchtweg
① Frau
② Mann im Mantel
③
④ »ALITALIA«-
⑤ Leute
⑥
⑦ Hondafahrer
⑧ Verkehrsblockierer
⑨
⑩ Fahrer in
⑪ Bereitschaft
⑫

fähigkeit, Ermittlungswilligkeit und die Rechtsstaatlichkeit der italienischen Republik überhaupt. Es ist das letzte Mal, daß sie die Fotos sieht. Sie sind seit diesem Tag auf mysteriöse Weise verschwunden, bis heute. Warum eigentlich? Diese zunächst wenig verblüffend und originell erscheinende Frage muß sofort angeschlossen werden, sie hat zentrale Berechtigung. Denn – und dieses galt für einen Kreis von Eingeweihten schon am Vormittag des 16. März 1978 als sicher – wenn es Gellis Geisterhände waren, die auch in der Via Fani die über-

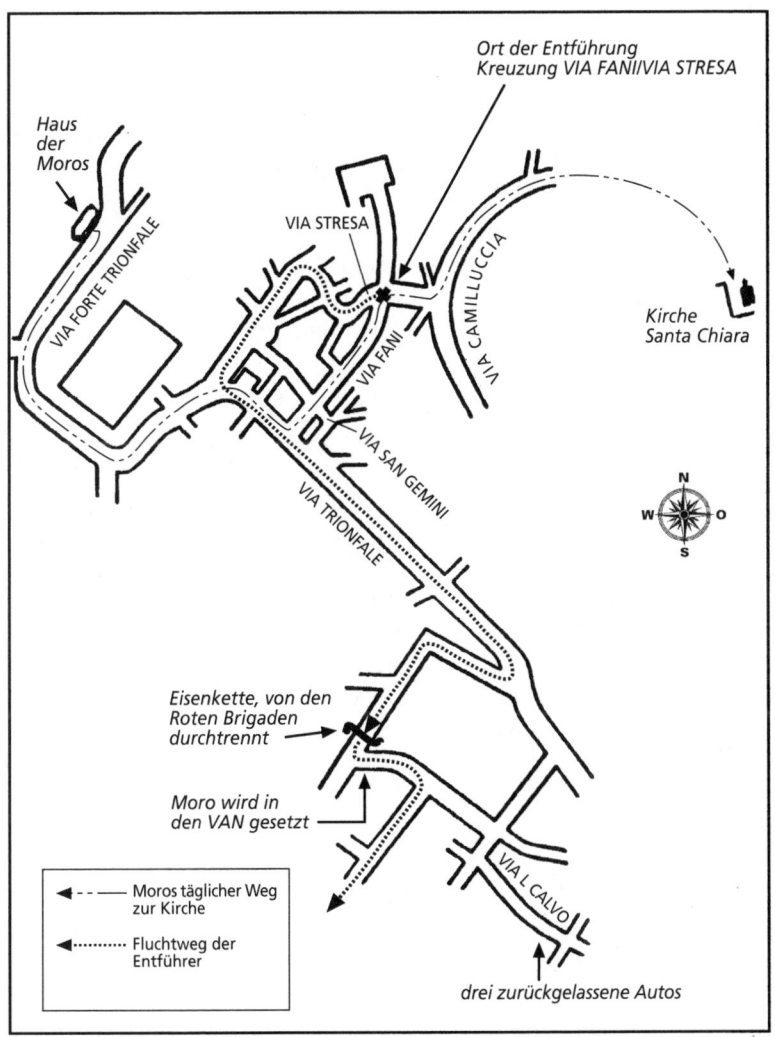

Ort der Entführung
Kreuzung VIA FANI/VIA STRESA

Haus
der
Moros

VIA FORTE TRIONFALE

VIA STRESA

VIA FANI

VIA CAMILLUCCIA

Kirche
Santa Chiara

VIA SAN GEMINI

VIA TRIONFALE

N
W   O
S

Eisenkette, von den
Roten Brigaden
durchtrennt

Moro wird in
den VAN gesetzt

VIA L CALVO

◄ - - - Moros täglicher Weg
zur Kirche

◄ ········ Fluchtweg der
Entführer

drei zurückgelassene Autos

greifende Regie führten, was konnte ihm eigentlich besseres passieren als diese Fotos, um den Verdacht von sich und seiner P2 abzulenken und den *Brigate Rosse* die Alleintäterschaft bequem in die Schuhe zu schieben, ausgewiesen durch die nun wirklich untrüglichen Beweisstücke eines Zufallsfotografen? Dieser Nucci und seine Frau kamen da doch gerade wie gerufen! Auf diese Frage gibt es nur eine Antwort: Auf den Fotos mußte jemand sein, der nicht auf ihnen sein durfte. Jemand, mit dem die These von der Alleintäterschaft der Roten Brigaden schnell brüchig werden würde, mit dem der ganze Fall in einem anderen Licht erscheinen und in völlig andere Dimensionen überführt werden würde.

Sechs Wochen nach dem Blutbad in der Via Fani geht bei Moros Sekretär das Telefon. Das Gespräch wird abgehört. Am anderen Ende der Leitung ist der Abgeordnete Cazzora, *Democrazia cristiana*. Er bittet inständig, ja er fleht nach den am 16. März geschossenen Fotos, sie müßten, koste es, was es wolle, beschafft werden, »weil sie mich (...) (Löschung auf dem abgehörten Band) aus Kalabrien angerufen haben, man könne auf den Fotos eine Person ausmachen, die ihnen bekannt ist«.[86] Wer ist »ihnen«? Oder heißt es etwa »Ihnen«? Um die Enträtselung dieser zunächst abgehörten und dann gelöschten Stelle ist, da die Fotos ja verschwunden (oder vernichtet) waren, mehr als anderthalb Jahrzehnte gerungen worden, bis die Spur feststand. Sie führte zur *'Ndrangheta*, der auf afrikanischen Ursprüngen beruhenden kalabresischen Erscheinungsform der Mafia, die neben der neapolitanischen *Camorra* und der »klassischen« sizilianischen Mafia als am grausamsten gilt. Nach dem Geständnis des abgesprungenen Mafioso Saverio Morabito führte um die schlichtweg ungeheuerliche Erkenntnis kein Weg mehr herum, wer als professioneller Scharfschütze das Unternehmen in der Via Fani zugunsten der Roten Brigaden entschied: der 'Ndrangheta-Boß Antonio Nirta, angeheuert von und Vertrauter des Carabinieri-Generals Francesco Delfino und von diesem als Agent in die Reihen der *Brigate Rosse* eingeschleust. Ende 1993 kann Delfino nach kompliziertesten staatsanwaltschaftlichen Ermittlungen endlich eine Vorladung zugestellt werden, 1998 wird er wegen Erpressung und Amtsmißbrauch verhaftet. Ein anderes Geständnis, das des Agenten und Gladio-Mitglieds Pierluigi Ravasio, eines mit allen Wassern gewaschenen V-Mannes, über seinen Vorgesetzten Pietro Musumeci, P2-Mann, Gelli-Vertrauter und Führungsoffizier des militärischen Geheimdienstes SISMI, vervollständigt das Bild. Er bestätigt nur eines, und das reicht: Dieser Oberst Musumeci war vorab von der Aktion in der Via Fani informiert, und er befand sich am nämlichen Tage, pünktlich um neun Uhr, in jener Straße. Jetzt wird auch die Funktion des Polizeiwagens klar, der der Moro-Eskorte kurz vor dem Einbiegen in die Via Fani entgegenkam. Es war ein Dienstwagen auf Dienstfahrt, der seinen Diensthabenden soeben an Ort und Stelle abgesetzt hatte, um dem Staat einen zweifelhaften Dienst zu leisten. Und noch ein merkwürdiger Zufall: Was macht eigentlich an diesem Morgen, punkt neun Uhr, der Oberst Camillo Guglielmi in der Via Fani? Der Mann bildet hauptberuflich Geheimdienstler im Gladio-Hauptausbildungslager Kap Marrargiu auf Sardinien in der Technik des Überfalls aus. Kontrolliert er hier die Umsetzung seiner Arbeit?

Die Erkenntnis und die Summe aus diesem Bündel von Informationen sind genauso unglaublich wie niederschmetternd. Die Roten Brigaden waren in der Via Fani nicht allein. Ihnen zur Seite standen andere Kräfte, Kräfte der Mafia und Kräfte des Staates, und die Schlüsselfigur zu ihrer Verknüpfung war Mario Moretti. Was sich in Wirklichkeit an jenem Morgen abspielte, das war eine weitere und wohl auch die entscheidende Terrortat im Zusammenhang mit der rechtsradikalen *Strategia della tensione* zur Sicherung der bestehenden Herrschaft, und auch das ist erst die eine Hälfte der Wahrheit. In toto: Indem die Linksterroristen in dem sicheren Glauben gelassen wurden, endlich den lang- und heißersehnten »Angriff auf das Herz des Staates« durchführen zu können, trieben sie gleichzeitig wissentlich-unwissentlich die »Strategie der Spannung« auf ihren Höhepunkt. Rechtsextremismus und Linksextremismus, Rechtsterrorismus und Linksterrorismus reichten sich in der Via Fani die Hand. Jene berühmt-umstrittene Totalitarismusthese von der Wesensgleichheit von Rechts- und Linksdiktaturen, nirgendwo hat sie grausam-sinnfälligeren Ausdruck gefunden als an diesem Tag. Immer, bei allen Anschlägen, Attentaten und Morden von Cäsar bis Palme, von Rathenau bis Rabin, war das Opfer grundsätzlich der ideologisch, national, ethnisch oder religiös eindeutig klassifizierte Gegner gewesen, den es von einer genauso eindeutigen Gegenposition her zu beseitigen galt. Hier war alles anders, und das gibt dem Schicksal Moros auch in historischer Dimension eine geradezu singuläre Bedeutung. Immerhin aber gab es noch einen Unterschied zu Martin Luther King, Indira Gandhi und all den anderen: Moro lebte, und das führt uns zum Tatgeschehen zurück.

Via Fani, 9.02 Uhr. Das Terrorkommando hebt die Straßensperren auf. Der weiße 128er am Zeitungsstand nimmt den dort Postierten auf und fährt los. An der Kreuzung werden die Türen aufgerissen und zwei oder drei der »Alitalia-Männer« springen rein. Auch Antonio Nirta? Die Uniform macht sie alle gleich. Der Honda-Fahrer biegt rechts in die Via Stresa und dann in die Camilluccia, die gleiche Richtung wählt der, der die Camilluccia abgesperrt hatte. Der weiße und der blaue 128er mit der Frau und dem Lodenmantel-Mann sowie der große 132er mit Moro auf dem Rücksitz biegen links in die Via Stresa und erreichen schnell wieder die Via Trionfale. Diese führt zunächst ein weites Stück geradeaus, und sie geben Gas. Eine auf Rot springende Ampel gleich neben der Kirche von San Francesco zwingt sie unter wutentbrannten Flüchen zur Vollbremsung. In dieser Kirche beginnt Eleonora Moro soeben mit dem Unterricht in ihrer Klasse. So nahe werden sich die beiden nie wieder sein. Zu diesem Zeitpunkt erreicht ein erster anonymer Anruf die Polizei, die sofort reagiert, aber nicht den nächststationierten, sondern einen drei Kilometer entfernten Streifenwagen losschickt. Währenddessen verlassen die Entführer die Trionfale und stoßen über zwei, drei kurze Verbindungsstraßen in die Via Massimi. Damit nähern sie sich genau dem Punkt, von dem der Streifenwagen gerade abgezogen worden ist. Dieser hatte den strikten Befehl, um nichts in der Welt seinen Standort zu verlassen, weil hier, an der Massimi, der Richter Celentano wohnt, im Vergleich zu Politikern wie Andreotti oder Moro eine subalterne Figur, nach den jüngsten Verlautbarungen der Terroristen aber eine der am meisten gefährdeten Personen in der Hauptstadt. Und ausgerechnet diese Stelle wählt das Kommando, um die Aktion durchzuführen, die bei allen Entführungen zu den mit Abstand gefährlichsten gehört, die über Erfolg oder Mißerfolg des Verbrechens entscheidet: das Wechseln der Fluchtfahrzeuge. Es ist kaum glaublich und kaum zu fassen! Hat denen etwa jemand erzählt, daß gerade dieser Streifenwagen seinen Standort räumen wird? Der verantwortliche Diensthabende auf dem römischen Polizeipräsidium und damit der für die Koordinierung der Einsätze Zuständige ist an diesem Tag der Kommissar Antonio Esposito, P2.

Fünf Minuten nach neun. Der zweite anonyme Anruf geht bei der Polizei ein: »Aldo Moro ist in der Via Fani entführt worden.« Jetzt werden alle in der Nähe auch nur verfügbaren Einsatzwagen zum Tatort gerufen. »Es ist, als ob jemand den Fluchtweg für die *Brigate Rosse* freimachen wolle.«[87] Inzwischen wechseln die Entführer unbehelligt die Fahrzeuge und das Team. Das Unternehmen läuft weiter in perfekter Logistik. Die drei Wagen biegen in eine entlegene, wenig frequentierte und scharfwinklige Straßenabzweigung ein, die den Beginn einer Privatstraße markiert. Zwar gelangt man an deren Ende wieder in die Via Massimi, aber die Zuwegung ist durch eine Kette mit Vorhängeschloß versperrt. Schließlich ist man hier in einer wohlhabenden Gegend, wo die Bürger ihre Ruhe haben wollen. Aber die Frau aus dem blauen 128er hat einen scharfen Bolzenschneider dabei, durch den die Sackgasse schnell zur Durchgangsstraße wird. Auf der

Tatort Via Fani, 16. März 1978. Im Vordergrund
die Mütze des Fahrers, Patronenhülsen und eine der
(zwischenzeitlich verschwundenen) Aktentaschen Moros

anderen Seite warten die übernehmenden Terroristen in einem ge-
stohlenen weißen, VW-Bus-ähnlichen Fahrzeug, wahrscheinlich einem Ford »Transit« aus deutscher Produktion, der lediglich im
Fahrerbereich mit Fenstern ausgestattet ist und auf dem Dach über
eine Sirene verfügt, die vom Armaturenbrett aus bedient werden
kann. Moro wird ins Rückwärtige des Wagens verfrachtet, und dann
sucht man mit lautem Geheul das Weite. Wie bei der Uniformierung,
so helfen und schützen auch hier die ungemein wirksamen Äußerlich-
keiten quasi staatlich angemaßter Hoheitsfunktionen. Der Van mit
der aufheulenden Sirene wird zum letzten Mal in der Via Aurelia gesehen, wenig später tauchen die Brigadisten mit Moro in einer Tiefgarage im Süden der Stadt unter. Die übergebenden Genossen lassen
die drei Fluchtfahrzeuge in einer Parallelstraße der Via Massimi stehen. Einige fahren mit dem Bus, andere gehen zu Fuß weiter.

Via Fani, 9.09 Uhr. Nachdem einige Anwohner über den 113-Notruf durchgekommen sind, trifft der erste Streifenwagen der blauweißen »Panther« am Tatort ein. Noch an Ort und Stelle wird mit den Zeugenvernehmungen begonnen. Nur wenig später betritt auch Eleonora Moro die Stätte des Grauens, die sie schockiert, aber äußerlich gefaßt abschreitet. Auch sie beginnt, die ersten Augenzeugen zu befragen, und sofort erwacht in ihr ein unheimlicher Verdacht, der die These von der bald reklamierten Alleintäterschaft der Roten Brigaden schon jetzt ins Wanken geraten läßt. Es geht um die Aktentaschen ihres Mannes. Mehrere Zeugen bestätigen ihr unabhängig voneinander, daß die Terroristen diese nicht mitgenommen haben, und erst jetzt gerät die Frau, wohl wissend um die Brisanz des Materials, außer sich. Schreiend rennt sie über die Straße und verlangt immer wieder, über den Verbleib der Taschen aufgeklärt zu werden. Offensichtlich hat Aldo ihr soeben noch gesagt, was er mit auf den Weg genommen hat. Um zehn Uhr, viel zu spät, wird ein Bildjournalist am Tatort erscheinen. Längst hat sich das Blitzlichtgewitter der Pressemeute aller großen Tageszeitungen bis in den hintersten Winkel der Kreuzung ergossen. Er ist traurig und wütend, seine Redaktion hat ihn zunächst an ein völlig falsches Ende der Stadt geschickt, eine Chance ist vertan. Fast gelangweilt und weil er nun schon mal da ist, macht er ein einziges Foto, das er nicht einmal entwickeln läßt. 1993, fünfzehn Jahre später, als sich Rätsel um Rätsel über dem Fall Moro auftürmt, wird er neugierig und läßt das Negativ entwickeln. Der Mann glaubt seinen Augen nicht zu trauen: Die Aktentaschen stehen wieder an Ort und Stelle![88]

Was war in den Taschen? Wer hat sie mitgenommen, durchsucht, aussortiert und wieder zurückgebracht? Die Spur führt zu dem Geheimdienst-Oberst Pietro Musumeci. Die Roten Brigaden waren Werkzeuge, »Handlanger«, wie Eleonora Moro sie bald nennt, Nutznießer waren andere. Was hat der Geheimdienstmann entfernt? Und in wessen Auftrag? Natürlich war in den Taschen das Manuskript der Rede, die Moro gleich im Parlament halten und mit der er die Regierung der nationalen Einheit begründen wollte: den Kampf gegen Terrorismus, Korruption und mafiose Unterwanderung der Gesellschaft, das Ziel ihrer endgültigen, dauerhaften Gesundung. Aber das war kein Geheimdokument. Was also noch? Skizzen und Pläne eines Kabinetts des Historischen Kompromisses für den Herbst, mit ihm als Präsidenten, Berlinguer als Außenminister und einem echten Moroteo als Ministerpräsident, an Stelle des Platzhalters Andreotti, der für ihn nur die eine Aufgabe hatte, in dieser Funktion zunächst einmal die Amerikaner zu beruhigen (und der nicht im Traum daran dachte, die Rolle des Platzhalters zu spielen)? Durchaus denkbar. Aber es gibt noch viel weiter gehende Vermutungen. Seine Mitarbeiter bestätigen, daß Moro belastendes Material über seinen Intimfeind besaß, und die Vergangenheit hatte gezeigt, daß er nicht zimperlich war, dieses im entscheidenden politischen Moment auch einzusetzen. Feind, Todfeind, Parteifreund. Bei diesem Material soll es sich um Geheimdokumente über einen Bestechungsskandal zu Lasten Andreottis gehandelt haben.[89] »Die Schecks des Präsidenten« – unwillkürlich gerät jene Enthüllungsstory des abtrünnigen P2-Mannes Mino Pecorelli wieder in den Blick, die Andreottis Intimus Evangelisti nur mit Müh und Not und Brieftasche unterdrücken konnte. Handelte es sich hier um die gleichen Quellen? Wollte Moro etwa schon an diesem Morgen, an dem erst die Pflöcke für die neue Koalition in den Boden gerammt werden sollten, mit dem Großreinemachen beginnen? Etwa coram publico, vor den Augen und Ohren des Parlaments? So gesehen, bedeutete die Aktion in der Via Fani die Rettung in letzter Sekunde, erschien als Aufgabenteilung zu beiderseitigem Nutzen: den Terroristen die Geisel und der Rechtskamarilla sein Wissen. Um die Mittagszeit des 16. März 1978, als die Bekenneranrufe der *Brigate Rosse* längst durch die Rotationsmaschinen rattern, veröffentlicht auch ein kleiner Nachrichtendienst ein Extrablatt. Es besteht aus drei knappen Sätzen. Sie sind die Wahrheit und nichts als die reine Wahrheit: »In der Via Fani hat der Kalte Krieg zugeschlagen. Die Roten Brigaden sind nur ein kleiner Motor. Die Rakete, das sind andere.«[90] Bei dem Blatt handelt es sich um Pecorellis *Osservatore politico*, der damit gleichzeitig auch all denen, die es wissen müssen, in aller Deutlichkeit kundtut: »Ich hab' euch in der Hand, und wenn ich will, kann ich euch erpressen!« OP, »Ora paga«, »jetzt heißt es zahlen«.

Via Fani, Viertel nach neun. Die lähmende Stille nach dem Verbrechen ist längst einem chaotischen Aufruhr gewichen. Die Straße füllt sich von Minute zu Minute. Überall liegen Scherben und Splitter, immer wieder Blutlachen. Sirenengeheul von allen Seiten. Neugierige, Schaulustige, Journalisten und eine nicht endende Karawane von Polizeiwagen. Moros Morgenzeitungen entfalten sich über dem Bordstein. Einige decken mit ihnen die Gesichter der Toten zu. Ein Schlachtfeld nach der geschlagenen Schlacht. Jemand bemerkt, daß Zizzi noch atmet. Sind schon Krankenwagen unterwegs? Iozzinos

Waffe liegt auf dem Bürgersteig. Menschen stehen und starren vor sich hin. Die Spurensicherung beginnt. Leere Patronenhülsen werden eingesammelt, Messungen, Absperrungen, Einschußstellen werden festgestellt. Eleonora Moro geht. Mehrere Zeugen werden gleichzeitig vernommen. Jemand behauptet steif und fest, daß ein Terrorist den anderen »Hans« gerufen habe, ein anderer läßt sich nicht von seiner Wahrnehmung abbringen, daß große blonde Männer mehrfach »Achtung« geschrien haben.[91] Hinter derartigen Sinnestäuschungen steckt zweierlei. Zum einen der uralte italienische und fast schon mit einer Art Selbstkasteiung immer wieder auf sich bezogene Komplex, daß etwas, was perfekt geklappt hat, einfach nicht italienisch gewesen sein kann. Zum anderen wurde hiermit natürlich der dunkle Schatten des deutschen Herbstes 1977 und das tragische Schicksal Hanns Martin Schleyers in die Via Fani geholt, und es war niemand anderes als die *Brigate Rosse* selbst, die diesem Verdacht schon wenige Minuten später neuen, entscheidenden Nährboden gaben.

Um 10.05 Uhr melden sich mehrere Anrufer bei Zeitungsredaktionen innerhalb und außerhalb der Hauptstadt. Sie geben alle ein und denselben Wortlaut durch:

>Heute morgen haben wir den Präsidenten der Democrazia cristiana entführt und seine Eskorte, die ›Ledernacken‹ Cossigas, eliminiert. Ein Communiqué folgt. Rote Brigaden.«

Nota bene: Das Wort »Ledernacken« wird von allen auf deutsch gesprochen, nicht in einer italienischen Übersetzung! Jeder auch nur halbwegs Informierte wußte sofort, wer und was damit gemeint war: die Antiterroreinheit GSG-9 des Bundesgrenzschutzes unter Leitung Ulrich Wegeners, die am 18. Oktober 1977 die von Palästinensern entführte Lufthansamaschine »Landshut« in Mogadischu befreit und alle Entführer bis auf Souhalia Andrawes erschossen hatte. Alle uniformierten Bediensteten des amtierenden Innenministers Francesco Cossiga werden damit praktisch auf eine Stufe mit der westdeutschen Spezialeinheit gestellt, gleich zu gleich. Es gibt aber auch einen nicht unwesentlichen Unterschied zur Entführung Hanns Martin Schleyers durch die RAF: Die Rotbrigadisten teilen die Tat mit, nüchtern und zynisch, sonst nichts. Es werden keinerlei Forderungen gestellt, vor allem nicht nach der Freilassung von inhaftierten Terroristen, wohingegen in Deutschland die Freipressung Baaders, Ensslins und Raspes das erklärte Ziel der Schleyer- und der Landshut-Entführung gewesen war. Das bleibt zu beachten. Um 9.25 Uhr unterbrechen alle staatlichen Rundfunksender ihr Programm, um eine Nachricht anzukündigen, »die als fast unglaublich erscheint«. Auch im Parlament glaubt man zunächst an einen üblen Scherz, als über Polizeifunk der Grund für Moros Nichteintreffen durchgegeben wird. Es ist so, und nur dieser Vergleich macht Sinn, als wenn in der Bundesrepublik Deutschland Helmut Schmidt oder Franz Josef Strauß entführt worden wären. Die Sitzung, gleichzeitig Feuertaufe für den Historischen Kompromiß, wird zwar bis gegen Mittag verschoben, aber doch durchgeführt. Nur der Stifter des neuen Bündnisses fehlt. Giulio Andreotti wird mit 569 von 630 Stimmen, also von über 90 Prozent aller Abgeordneten, das Vertrauen ausgesprochen. Dieses ist das mit Abstand positivste Votum, das ein italienischer Ministerpräsident jemals erreichen konnte.

Via Fani, Viertel vor zehn. Anwohner rennen in ihre Häuser, um zu telefonieren, und machen eine seltsame Entdeckung: Alle Leitungen sind tot, gekappt, sauber durchtrennt, so wie die vier Reifen des Blumenhändlers Antonio Spiriticchio in der Nacht zuvor. Diejenigen, die kurz nach neun den Notruf gewählt haben, müssen als letzte durchgekommen sein. »Eine Art Informationssperre beginnt, die bis heute nachwirkt.«[92] Linksterrorismus, Rechtsterrorismus, Mafia und Geheimdienst, staatlich chauffiert und protegiert, konnten sich in der Via Fani tummeln wie die sprichwörtlichen Fische im Wasser. Moro stieß, als sein Wagen in diese Straße einbog, in einen rechts- und telekommunikationsfreien Raum.

Der Vorsprung, den die gekappten Leitungen den Terroristen gaben, reichte. Bereits kurz nach zehn, als sie die Meldung durchgaben, muß die Entführung beendet und das Opfer fest in ihrem Gewahrsam gewesen sein. Die Roten Brigaden haben Moro gezerrt und gestoßen, nachweislich aber nicht geschlagen, gefesselt, geknebelt, betäubt oder unter Drogen gesetzt. Sie sprachen ihn vom ersten Moment an fast achtungsvoll mit »Signor Presidente« an, und sie zeigten sich ihm, dem sie die Augen nicht verbunden hatten, durchweg unmaskiert, Auge in Auge, das heißt, er kannte sie und wohl auch das Versteck, in dem sie ihn von nun an gefangenhielten. Mochte die Art und Weise der Behandlung auch noch so hoffnungsvoll erscheinen, vor allem das letztere war doch ein untrügliches Indiz dafür, daß am Vormittag dieses 16. März 1978 Moros langes Sterben seinen Anfang genommen hatte.

*»Der Moro hatte seine Schuldigkeit getan,
der Moro konnte gehen.«*

DIE FAHNDUNG

Die ersten Reaktionen: Erstaunen, Unglauben, Entsetzen. Wie ein böser Traum, der sich nach dem Aufwachen nicht wieder verflüchtigen will. Viele hielten es ganz einfach für einen schlechten Witz, auch viele Parlamentsabgeordnete. Der Reporter, der ihnen die Nachricht übermittelte, berichtet: »Es war so etwas Furchterregendes, (...) es erschien als so unglaublich, daß die Terroristen derartige Höhen hatten erklimmen können.«[93] *La Repubblica* schrieb noch am gleichen Tag: »Es ist so, als ob sie uns unseren Vater genommen haben.«

Je mehr sich das Unglaubliche als Wahrheit bestätigte, um so mehr legte sich eine Lähmung über die Stadt, die den Staat schließlich an den Rand des Ausnahmezustands führte und die erste Republik in ihren Grundfesten erschütterte, ja den eigentlichen Auftakt zu ihrem Ende bedeutete. Es begannen die unendlich quälenden 55 Tage der Gefangenschaft Moros, vielleicht die schlimmsten, die das Nachkriegs-Rom erlebte und in denen doch immer wieder alles so offen erschien.

Schon um elf Uhr, eine Stunde nach der Entführung, rufen alle gewerkschaftlichen Dachverbände den Generalstreik aus. Die Resonanz ist beachtlich. Noch bis in die späten Abend und die tiefe Nacht hinein bleiben tausende Straßen und Plätze Italiens in ein Meer aus roten und weißen Fahnen (der DC) gehüllt, die oft von Kommunisten und Christdemokraten gemeinsam gehalten werden. Der Historische Kompromiß besteht seine erste große Bewährungsprobe, an der Basis, für Moro, seinen Schöpfer. Aber er besteht sie auch noch an anderer Stelle – im Parlament, und zwar gegen Moro, seinen Schöpfer. Andreotti schart in hektischer Betriebsamkeit die Vorsitzenden der Parteien um sich, die die Regierung der nationalen Einheit stellen, und schon am nächsten Tag gilt auch für Italien, was Helmut Schmidt nach der Schleyer-Affäre prophezeit hatte: »Ich bin überzeugt, daß sich in Zukunft kein europäisches Land viel anders als wir verhalten wird.« Die *linea di fermezza*, die »harte Linie«, die sich schnell bis zur *intransigenza*, der Position des kategorischen Nicht-Verhandelns steigerte, galt von Stund an wie ein Notstandsgesetz. Merkwürdig aus italienischer Sicht war dabei nur, daß sich der Staat vor und nach Moro grundsätzlich anders verhalten und mit den Terroristen verhandelt hatte, und dies fast immer mit Erfolg. Merkwürdig war aber auch noch ein Zweites, und das markiert den eigentlichen Unterschied zur Tragödie Hanns Martin Schleyers, dessen Schicksal von vornherein mit der ultimativ-erpresserischen Forderung verbunden war, Baader, Ensslin und Raspe freizulassen: Nach der Entführung Moros wurden keinerlei Forderungen gestellt, obwohl alle Welt täglich und stündlich damit rechnete.

Gleichzeitig beginnt die Fahndung. Experten des Wiesbadener Bundeskriminalamtes werden noch am Abend des 16. März eingeflogen. Zu diesem Zeitpunkt war der erste Fahndungsplan »Null«, den Antonio Fariello, der Leiter der staatlichen Polizeikräfte UCIGOS, gegen Mittag verfügt hatte, bereits widerrufen. Er selbst hatte ihn als junger Polizeichef der Provinz Sassari auf Sardinien als republikweites Muster und Präventivkonzept ausgearbeitet, um sich vor Bandenüberfällen zu schützen. Nur wußte er nicht, daß der Plan weder vervielfältigt noch an irgendeine zuständige Stelle in Italien geschickt worden war. Deshalb kannte ihn am Tag X auch kein einziger Polizeichef des Landes, mit Ausnahme seines Nachfolgers in Sassari. Eine Fahndung der Irrungen und Wirrungen hatte begonnen. Was die schnell aushängenden Fahndungsfotos anging, so zeigte sich, daß von den zwanzig gesuchten Personen zwei bereits einsaßen und zwei offiziell im Ausland lebten; zwei Fotografien zeigten ein und dieselbe Person von verschiedenen Seiten, eine war, wenn auch in einem Hotel, ordnungsgemäß gemeldet, eine war ein längst aufgeflogener Polizeispitzel, und nur acht waren dem engeren terroristischen Umfeld zuzurechnen, allerdings waren deren Fotos nicht selten mehr als zehn Jahre alt.

Gleichwohl ist die statistische Bilanz, die die Fahndungsbehörden am Ende der 55 Tage präsentieren konnten, derartig nullengesättigt und umwerfend, daß hier nur von der gigantischsten Kontrolloperation der jüngeren Kriminalgeschichte gesprochen werden kann. Die Mitte Mai vorgelegten offiziellen Zahlen belegen, daß landesweit insgesamt eine halbe Million Polizisten mit hunderttausend Fahrzeugen im Einsatz waren, die über 70 000 Streifen fuhren und die gleiche Zahl an Straßensperren errichteten, die fast 2 000 Razzien und 40 000 Hausdurchsuchungen vornahmen und die sechseinhalb Millionen

Italienerinnen und Italiener sowie dreieinhalb Millionen Kraftfahrzeuge kontrollierten. Auf diese Art und Weise sind in dem genannten Zeitraum fast zwanzig Millionen Menschen, das heißt weit mehr als die Hälfte der erwachsenen Bevölkerung Italiens, angehalten, kontrolliert, durchsucht und gefilzt worden, nur die Häscher Moros waren nicht dabei! Im Gegenteil, schon früh ließen sich nur zu kompetente Stimmen vernehmen, denen die Megalomanie dieser Volksausforschung hochgradig verdächtig vorkam. So urteilt der damalige römische Generalstaatsanwalt Dr. Pascalino: »In jenen Tagen wurden mehr Paradeoperationen durchgeführt als Ermittlungen.«[94] Und ein anderer verantwortlicher Staatsanwalt, der namentlich nicht genannt werden will, formuliert schon konkreter: »Ich bin nicht zuständig zu erklären, warum man Schauoperationen einer ernsthaften Suche nach Moro vorgezogen hat.«[95]

Natürlich wird sofort eine Regierungskommission aus den Kommandanten der Polizeieinheiten, der Geheimdienste, dem römischen Polizeipräsidenten und Vertretern der hohen Ministerialbürokratie eingerichtet, deren erklärte Aufgabe es ist, alle eingehenden Informationen und Nachrichten zu prüfen und auszuwerten, um daraus fahndungsrelevante Maßnahmen in die Wege leiten zu können. Dieser unter dem Vorsitz des Innenministers Francesco Cossiga stehende sogenannte *Gruppo politico-tecnico-operativo* tagt bis zum 31. März täglich, im April nur noch dreimal wöchentlich und danach noch unregelmäßiger. Für die Monate April und Mai liegen zudem weder Sitzungsprotokolle noch Akten noch irgendwelche Notizen vor. Dieses abnehmende Fahndungsinteresse ist erklärbar. In der Kommission – und nicht nur hier – sitzen Leute, die die Suche nach den Entführern und ihrem Opfer vom ersten Tag an zu einer bis ins letzte Raffinement getriebenen, organisatorisch perfekten Fahndungsverhinderung umfunktioniert haben.

Eigentlich fängt schon alles damit an, daß die Nachrichtenredaktion des staatlichen Rundfunksenders RAI 2 unmittelbar nach der Tat meldet, daß Aldo Moro von der deutschen RAF entführt worden sei. Der Direktor der Redaktion ist Mitglied der Geheimloge Propaganda 2. Mit dieser gezielten und wohlberechneten Desinformationskampagne soll das zu erwartende Masseninteresse erst einmal in die völlig falsche Richtung gelenkt werden, doch das ist nur die Spitze des Eisberges. Tatsächlich tagt während des gesamten Zeitraums im Marineministerium ein geheimer Sonderstab. Ständiges Mitglied dieses Zirkels ist Licio Gelli, der von den Ermittlungschefs aller Abteilungen, Dienste und Einheiten ständig auf dem laufenden gehalten wird. Irgendwie ist er so etwas wie die Schaltzentrale, das Gehirn der gesamten »Fahndung«. Natürlich gibt es auch eine offizielle Einsatzzentrale, von der aus die Suche nach Moro koordiniert wird. In ihr sitzt jener Polizeikommissar Esposito, dessen P2-Mitgliedsnummer später in Gellis Villa gefunden wird, dessen Telefonnummer aber auch bei der Durchsuchung des Brigadisten Valerio Morucci zum Vorschein kommen soll. Inzwischen ist durch Geständnisse erhärtet, daß die P2 während der 55 Tage Spitzel in den Reihen der *Brigate Rosse* plaziert hatte, und inzwischen steht auch die genaue Zahl der Personen fest, über die die Loge in den staatlichen Stäben verfügte, die die Ermittlungen im Fall Moro leiteten: 57.[96] Es erscheint deshalb nicht übertrieben, von einer Fahndung der P2 zu sprechen.

Da rechtsautoritäre Seilschaften auch hier als die eigentlichen Regisseure des Geschehens entlarvt sind, könnte man geneigt sein, die linksterroristische Urheber- und Teilhaberschaft an der Entführung und dem Verbrechen in der Via Fani relativiert oder gar ganz in den Hintergrund gedrängt zu sehen, aber dazu besteht nicht die geringste Veranlassung. Einmal abgesehen von der zwielichtigen Doppelnatur Moretti, glaubte der gesamte Rest der römischen Kolonne, glaubten Valerio Morucci – er war der »Mann im grünen Lodenmantel« –, Adriana Faranda, die linkische »Fahrschülerin«, Prospero Gallinari und all die anderen Kolonnen im Lande, glaubte aber auch die fast komplett einsitzende erste Brigadistengeneration um Curcio und Franceschini, daß am Morgen jenes 16. März 1978, Punkt neun Uhr, ein neues Zeitalter begonnen habe, glaubten die *Brigate Rosse* in fast schon infantil-ideologischer Verblendung, daß diesem Angriff auf das »Herz des Staates«, den sie für gleichbedeutend mit der bewaffneten Machtübernahme hielten, die politische Machtübernahme auf dem Fuße folgen würde, indem die jahrhundertelang ausgebeuteten und geknechteten Massen Italiens, die auf ein Signal wie dieses nur gewartet hatten, umgehend zu ihnen überlaufen würden. Auch wenn diese Erwartungshaltung ein beängstigendes Ausmaß an Realitätsmangel offenbart, so bedarf sie doch der näheren Betrachtung und ist nicht von vornherein mit der linken Hand abzutun. Durchaus von Gewicht ist auch die Rivalität zur RAF und deren Fehlschlag bei der Schleyer-Aktion, die ursächlich für die völlige Isolierung in der Bevölkerung und den Niedergang des Linksterrorismus in Westdeutschland war. Genau das Gegenteil sollte mit der Entführung Moros erreicht werden, weshalb der Frage nach der Verankerung und

Akzeptanz der Roten Brigaden im linksorientierten Teil der italienischen Bevölkerung, speziell in der Arbeiter- und Studentenschaft, sowie deren konkreter Reaktion auf die Schreckensnachricht vom 16. März nachzugehen ist.

Als Antwort auf die erste Teilfrage mag die geraffte Darstellung einer Episode dienen, die sich nicht lange vor dem Frühjahr 1978 in einem norditalienischen Gebirgsdorf abgespielt hat: Etwa auf der Höhe des Nachmittags betritt ein dezent gekleideter Herr die örtliche Bankfiliale, zeigt dem Schalterbeamten kurz die unter seinem Jackett verborgene Pistole und bittet, ihn in das Büro des Direktors zu begleiten, er sei Beauftragter der Roten Brigaden. Dort bittet er, erneut im Namen der *Brigate*, um eine »Spende« von 80 Millionen Lire, die er erhält und »ordnungsgemäß« quittiert. Dann läßt er sich wie ein Geschäftspartner zur Tür geleiten und ordnet zum Schluß noch an, nach seinem Gehen nicht Alarm zu schlagen und auch vor Kassenschluß um 18.00 Uhr keine Anzeige zu erstatten. Der Direktor tut, wie ihm geheißen.[97] Der Vorfall dokumentiert, mit welch resignierter Wehrlosigkeit die *Brigate Rosse* bereits als Teil des eigenen Systems angesehen wurden, im Gegensatz zur RAF in der Bundesrepublik Deutschland. Ein vergleichbar krasser Unterschied zeigt sich bei der Beantwortung der zweiten Teilfrage. Zwar war die Resonanz auf den am 16. März ausgerufenen Generalstreik beachtlich, aber längst nicht alle Arbeiter nahmen an ihm teil, nicht nur, weil ihnen im Gegensatz zu ihren Kollegen in Westdeutschland kein Streikausfallgeld gezahlt wurde. Ein Journalistenteam hat während der gesamten 55 Tage an den Toren des Fiat-Hauptwerkes Mirafiori bei Turin Interviews, Gespräche und Befragungen mit den ein und aus gehenden Arbeiterinnen und Arbeitern geführt. Die Ergebnisse sind in eine Untersuchung eingegangen, die eine Menge über die Geisteshaltung derer wiedergibt, auf die die Rotbrigadisten so gesetzt hatten. Zu berücksichtigen ist dabei nur, daß Mirafiori mit seinen auf 30 000 Quadratmetern eingepferchten und von einer sieben Kilometer langen Mauer umgebenen 6 000 Beschäftigten nicht als repräsentativ für die Produktionsbedingungen in einer italienischen Fabrik angesehen werden konnte. Die Werktätigen empfanden sie als Schlachtfeld und als Käfig, in dem sich ihre Aggressionen von Tag zu Tag steigerten. Der Fiat-Generalmanager Carlo Ghiglieno wird hier im April 1979 ermordet. Daß sich getarnte *brigatisti* auf dem Betriebsgelände wie die Fische im Wasser bewegten, war ein offenes Geheimnis. Die Arbeiter wählten zwar noch wutschnaubend KPI, einen Mann wie Berlinguer empfanden sie aber längst als Verräter, zumal seit er Moro die Hand zum Bündnis gereicht hatte. Nach der Entführung erkannten sie sehr schnell, »daß es nicht der Gewaltakt an sich ist, der die große Aufregung in der Öffentlichkeit verursacht, sondern erst das crimen laesae maiestatis«[98]. Um die Frage beantworten zu können, ob sie sich von den Roten Brigaden in ihrem revolutionären Bewußtsein leiten und von einer Mordaktion wie der in der Via Fani zum politischen Umsturz treiben ließen, ist ein ausführlicherer Blick auf die in der Untersuchung artikulierten Arbeiterstimmen vonnöten:

> »Wenn ein Arbeiter in der Fabrik umkommt, da rührt sich niemand (…) Wenn Familienväter sterben, wenn Carabinieri umgebracht werden, Familienväter wie wir, da passiert nichts. Jetzt haben sie Moro geschnappt, und ganz Italien ist in Aufruhr. (…)
>
> Die Nachricht erreichte uns in der Mittagspause. Da kommt ein Gewerkschaftsdelegierter, erlaubt mir zwei Worte, sagt er, Moro ist entführt und seine Eskorte ausgelöscht worden. Sofort erhob sich donnernder Applaus. Prima, sehr gut, riefen viele. Paf, paf, wurden Flaschen auf den Boden geschmettert. Das war die erste Reaktion. Die zweite Reaktion war Widerspruch gegen den Streikaufruf der Gewerkschaft. Wir wollten arbeiten, aber dann hat die Direktion einfach das Werk geschlossen und alle nach Hause geschickt (…) Ich gehöre nicht zu denen, die ihre Witze reißen über das Unglück, das Moro und seine Eskorte getroffen hat (und da gibt's viele Witze), aber mir vergeht auch das Lachen, wenn ich an all die Arbeiter denke, die in der Fabrik sterben (…)
>
> Wir waren immer gegen die DC, und jetzt sollen wir plötzlich für sie streiken! Die in der Regierung haben dreißig Jahre lang Skandale ohne Ende produziert, man sollte ihnen die Köpfe abschlagen (…) Meiner Meinung nach haben sie einen Blutsauger erwischt und haben richtig gehandelt, ich finde es nur schade, daß sie nicht auch noch Andreotti und Cossiga gepackt haben, sehr schade, hoffen wir aufs nächste Mal (…) Also, ich möchte folgendes sagen, die *Brigate Rosse*, man weiß ja nicht, wer sie sind, aber ich glaube, daß sie die Sympathie ganz Italiens erringen könnten, wenn sie (…) ihnen die Millionen, die die gestohlen haben, wieder abnähmen. (…) Sie sollen ruhig alle Abgeordneten umbringen, das wäre gar nicht schlecht, und auch Berlinguer, denn auch er hat sich verkauft wie die anderen (…) Sie haben sich alle verkauft, völlig verkauft. Erst waren sie Feinde der *Democrazia cristiana*, jetzt sind sie deren Brüder geworden, nicht Freunde, Brüder! Sie sind schön ruhig und friedlich, gut bewacht, wir bezahlen sie, und sie rauchen sogar amerikanische Zigaretten (…) Früher hat nur Andreotti von den Arbeitern Opfer verlangt, heute tun die's auch.«[99]

Proletarierstolz, Sozialneid, Haß auf »die da oben«? Alle diese Vokabeln greifen zu kurz und treffen doch etwas Richtiges. Auch wenn hier von einer klassischen revolutionären Umbruchsituation, von einem in der Forderung nach dem politischen Umsturz gipfelnden Klassenbewußtsein nicht gesprochen werden kann, so doch von einer sozialen Grundstimmung, von der unverstellt-derben Artikulation eines gesellschaftlichen Benachteiligt- und Ausgestoßenseins, die die Roten Brigaden sehr wohl in ihrem Sinne ausschlachten konnten. Bemerkenswert ist auch der krasse Unterschied zu den Meinungsbekundungen in der deutschen Arbeitnehmerschaft nach der Entführung des nicht gerade geliebten Arbeitgeberpräsidenten Hanns Martin Schleyer. Stimmen wie die bei Fiat-Mirafiori hat kein Journalist am Wolfsburger Werktor einem VW-Monteur auch nur im Ansatz entlocken können, und menschenverachtende Witze wie »Buback, Ponto, Schleyer, der nächste ist ein Bayer« (womit Strauß gemeint war) kamen hier aus der studentischen Sympathiesantenszene. Die gab es im italienischen Fall natürlich auch. So verweigerten an der Visconti-Hochschule für klassische Studien, mitten im Zentrum der Stadt, fünfzig von dreihundertfünfzig Studenten einer Erklärung, in der der Anschlag verdammt wurde, ihre Unterschrift, was natürlich wiederum die Zeitungsleute auf den Plan rief. Einer der noch auf dem Campus interviewten »Verweigerer« gab zur Antwort: »Gefühlsmäßig befinde ich mich in Übereinstimmung mit der Aktion der Roten Brigaden. (...) Moro ist das Symbol der Christdemokraten, und er bekommt jetzt, was er schon lange verdient hat.«[100] Und ein anderer Student einer anderen Hochschule antwortete gleich spontan für seinen ganzen Kurs: »Wir alle waren glücklich darüber.«[101]

Das Feld war bereitet. Der Boden war fruchtbar und ertragreich, beackert durch das Bündnis aus Intelligenz und Proletariat, von dem bewaffnete Revolutionäre seit Lenins und Trotzkis Zeiten schon immer geträumt hatten. Moro war (und blieb) der mit Abstand höchstrangige Vertreter der verhaßten politischen Klasse, derer Linksterroristen habhaft geworden waren, so, als ob sie in Deutschland Schmidt oder Strauß gepackt hätten. Jetzt sollten sie ruhig politisches Kapital daraus schlagen, scharfe gesellschaftliche Veränderungen erwirken, in Arbeitswelt, Sozialgesetzgebung und Gewerkschaftsrechten, notfalls auch erpresserisch, notfalls auch mit der Morddrohung, denn anders ging es bei denen da oben ja sowieso nicht. In einem aber unterschied sich der Mirafiori-Arbeiter nicht von dem Studenten der griechischen und römischen Antike, und insofern fand auch der revolutionäre Bodensatz, der beide Lebenswelten bewußtseinsmäßig miteinander verbinden mochte, seine Eingrenzung. Mit Moro waren die

Brigaden bis zum Äußersten gegangen, sie hatten den Tod von fünf kleinen Staatsbütteln in Kauf genommen, aber jetzt mußte Schluß sein, jetzt mußte dieser schmutzige Krieg im Frieden endlich vorbei sein, jetzt mußte diese ewige Blutspur, die auch die kleine Frau und den kleinen Mann in Neapel, Palermo und Mailand seit über einem Jahrzehnt in Angst und Schrecken hielt, ein für allemal an ihr Ende gekommen sein. Die Tatsache, daß die ideologisch besessenen *brigatisti*, insbesondere ihre Kolonnenleitung in Rom, nicht im Traum daran dachten, von ihrem brutalen Tun abzulassen, trug binnen kurzem dazu bei, sie auch den Bevölkerungsteilen zu entfremden, die ihnen gesinnungsmäßig nahestehen mochten.

Sie wüteten, sie schossen und sie mordeten weiter, so, als wäre die Aktion in der Via Fani nur einer von vielen Schritten auf dem Weg zur endgültigen Machtübernahme gewesen, deren Zeitpunkt sie als bewaffnete Kriegspartei jederzeit bestimmen könnten. Bis dahin diktierten sie den Lauf der Dinge mit dem Lauf des Gewehrs und traten in Erscheinung, wenn sie es für nötig hielten, vor allem, indem nun die kleineren Vertreter, die Kollaborateure der herrschenden Klasse »bestraft« wurden. Dieses geschah in aller Regel durch das *azzoppamento*, zu deutsch »lahm machen«, also durch Schüsse in die Beine. Die »Strafe« ist mafiosen Ursprungs; die sizilianische Agrarmafia der vergangenen Jahrhunderte hatte sich an widerspenstigen Viehzüchtern zumeist dadurch gerächt, daß sie deren Tieren die Sprunggelenke durchschnitt. Von den Linksterroristen wird dies in bewußter Analogie auf die »Handlanger« des gegenwärtigen Systems übertragen und angewendet. Dieses Schicksal erleiden am 24. März Giovanni Pico, der Altbürgermeister von Turin, am 7. April Felice Schiavetti, der Präsident des Industrieverbandes, am 22. April der Paduaner Professor Ezio Riondato, vier Tage später Girolamo Mechelli, Christdemokrat und ehemaliger Präsident der Region Latium, einen Tag später Sergio Palmieri, Chef des Mirafiori-Büros für Arbeitsanalysen, am 4. Mai der Siemens-Manager Umberto Degli Innocenti sowie der genuesische Industrielle Alfredo Lamberti, zwei Tage später der Gefängnisarzt Giorgio Rossanigo aus Novarra und am 8. Mai der Vertrauensarzt der staatlichen Krankenkasse Diego Fava. Sie alle sinken mit zusammengeschossenen Beinen auf offener Straße zu Boden. Etliche von ihnen können ihr Leben lang nicht wieder laufen. Aber nicht alle kommen mit dieser »Warnung« und »Strafe« davon. Am 11. April ermorden die *Brigate Rosse* in Turin den Gefängnisaufseher Lorenzo Cotugno, weil er ein »Folterknecht« ist, und am 20. April in

Mailand den Gefängniswachtmeister Francesco De Cataldo. Moro ist in ihrer Gewalt, und der Krieg geht weiter.

48 Stunden nach der Entführung vollziehen die Terroristen den Schritt, mit dem sie sich der Öffentlichkeit als legitime Gegengewalt, Gegenjustiz und völlig eigenständige politische Partei präsentieren. Sie übersenden das erste von insgesamt neun Kommuniqués, die alle gleichermaßen »wie Verwaltungserlasse oder Frontberichte«[102] wirken, in Telefonzellen, Mülltonnen oder Straßenunterführungen deponiert und dann der Presse zugespielt werden. Die Presse macht natürlich mit und verwandelt die 55 Tage damit zum weltweit verfolgten *spettacolo*. Im *comunicato no.1* heißt es wörtlich:

> »Wer Aldo Moro ist, ist schnell gesagt: nach seinem würdigen Genossen De Gasperi ist er bis heute der angesehenste Amtsträger, der ›Theoretiker‹ und unumstrittene ›Stratege‹ dieses christdemokratischen Regimes gewesen, das seit dreißig Jahren das italienische Volk unterdrückt. Jede Etappe der imperialistischen Gegenrevolution, deren Schöpfer in unserem Land die DC war, von der blutrünstigen Politik der fünfziger Jahre über die Wende der ›linken Mitte‹ bis zu unseren Tagen mit der ›Übereinkunft der sechs‹ hatte in Aldo Moro den politischen Paten und treuesten Erfüllungsgehilfen der von den imperialistischen Zentralen ausgegebenen Direktiven. (...) Wenn die schmutzige Verschwörung vollständig das Tageslicht erblickt, wird Moro wie ein wahrer ›*padrino*‹, der auf sich hält, ihre Urheber mit einer wahren Lawine von Gedächtnislücken umgeben und schützen.«[103]

Das war, zumindest in einigen Passagen, von den Gesinnungsbekundungen der Arbeiter am Tor der Fiat-Hauptwerke nicht so weit entfernt. Das eigentlich Überraschende aber war etwas ganz anderes. Andreotti hatte unmittelbar nach der Entführung die *linea di fermezza* gegen die zu erwartende »feige Erpressung« geschlossen. Nur: In dem der römischen Zeitung *il Messaggero* zugespielten Schreiben sind zwar jede Menge haßerfüllter Anschuldigungen, aber nicht eine einzige konkrete Forderung aufgeführt. Dem Kommuniqué beigefügt ist ein in seiner Machart aus den Wochen der Schleyer-Entführung nur zu bekanntes Foto, das Moro mit dem für ihn so typischen, in der Tat an die Züge der Mona Lisa erinnernden Lächeln, einer Mischung aus Ironie, Pessimismus und unendlicher Müdigkeit, unter dem eingefaßten Sternsymbol der Terroristen und ihrem Namen zeigt. Dabei erscheint sein Kopf, wohl kaum zufällig, unter dem doppelten »SS« von *Brigate Rosse*, er trägt diese beiden Buchstaben wie eine Krone auf seinem Haupt. Dazu heißt es, daß Italiens »politischem Gottvater« in Kürze der »Prozeß« gemacht werde. Ein solches Vorgehen hatte es in der langen Liste der Entführungen, Morde und *azzoppamenti* erst zweimal gegeben: 1973, als die Brigaden den Fiat-Personalchef Ettore Americo, und ein Jahr später, als sie den Staatsanwalt Mario Sossi in ihre Gewalt gebracht hatten. Beide waren, nachdem der Staat (selbstverständlich) verhandelt hatte, nach Erfüllung praktisch aller Forderungen wieder freigelassen worden. Sossis »Abreise« wird sogar zusammen mit ihm mit einem Gemüserisotto, einer guten Flasche Barolo und Liedern der Alpini gefeiert – allerdings: Moretti hatte seine Ermordung verlangt, war aber auf den scharfen Widerspruch von Franceschini, Curcio und dessen Frau Mara Cagol gestoßen, die daraufhin sogar den Ausschluß Morettis aus der Führung beschlossen. Franceschini und Curcio werden interessanterweise wenig später verhaftet, Cagol erschossen, und nur dadurch rettet Moretti seine Position und wird zur unumstrittenen Führungsfigur.

Am Ende ihres ersten Kommuniqués demonstrieren die *brigatisti* dann noch einmal Stärke, Selbstsicherheit und fast Dreistigkeit, indem sie ausdrücklich darauf hinweisen, daß alle ihre weiteren Verlautbarungen auf dieser und keiner anderen Maschine geschrieben werden. Im Grunde genommen wird den Verantwortlichen einer gerade erst angelaufenen Fahndung damit erklärt, daß man sie nicht ganz ernst nimmt, und dies, wie sich zeigen sollte, nicht ganz zu Unrecht. Natürlich setzt sofort eine akribische Papier- und Schrifttypenanalyse ein, und Hinweise aus der Bevölkerung führen schon bald zu einer Druckerei in der Via Pio Foà im Stadtteil Monteverde. Sie wird jedoch nur sehr nachlässig beschattet und erst durchsucht, als alles zu spät ist. Da zeigte sich dann, daß alle Dokumente der Roten Brigaden während der 55 Tage hier fabriziert worden waren, und zwar auf einem Fotokopierer des Transportministeriums und einer Druckmaschine der »Abteilung für Spezialeinheiten« des militärischen Geheimdienstes SISMI, einem Gladio-Büro. Die beiden – eindeutig funktionsfähigen – Gerätschaften waren als Schrott ausgesondert und zum Alteisen gegeben worden. Wie sie von dort in die Hände der Terroristen gelangt waren, wie diese überhaupt Kenntnis von der Ausrangierung bekommen hatten, war nachher nicht mehr zu ermitteln. Offenbar mußte einer von ihnen über die besten Kontakte zu den Ministerien und Diensten verfügen. Der Staat ließ schreiben.

Schließlich wird im Kommuniqué-Zeugnis der *Brigate* noch die scharfe Warnung davor ausgesprochen, den inhaftierten »kämpfenden Kommunisten«, der ersten Generation um Curcio also, auch nur ein Härchen zu krümmen. Die Ermordung Ulrike Meinhofs und

Andreas Baaders in Stuttgart-Stammheim – und nur hiervon konnte in den Augen ihrer italienischen Gesinnungsgenossen ernsthaft die Rede sein – war ihnen noch zu gegenwärtig.

In dem schier unüberschaubaren Berg aus Ungereimtheiten, Fragen und Rätseln, durch den die Fahndung gekennzeichnet ist, gibt es einen dunklen Punkt, der ohne jede Einschränkung als das Schlüsselproblem der gesamten Affäre bezeichnet werden muß. Es läßt sich kurz und knapp in der Frage »Wo war Moro?« zusammenfassen. Im Kommuniqué heißt es, daß ihm im »Volksgefängnis«, im *prigione del popolo*, der Prozeß gemacht werden solle. Wo war das? Nach dem Wechsel der Fluchtfahrzeuge an der Via Massimi verliert sich die Spur. Obwohl mit der Zeit alle an dem Verbrechen Beteiligten verhaftet, verhört und verurteilt, obwohl die Umstände der Tat zum Teil bis ins nichtigste Detail rekonstruiert worden sind, obwohl die inzwischen wieder aus der Haft entlassenen *brigatisti* der Presse und den Medien unzählige Interviews gegeben haben, bleibt dieses große Fragezeichen, auf das es nur eine – unbefriedigende – Antwort gibt: Sie wußten es selbst nicht, oder genauer, sie durften es nicht wissen, weil mit dem Gefängnis die Hintermänner und Drahtzieher aufgeflogen wären, diejenigen, die das eigentlich politische Interesse an der Beseitigung des Gefangenen hatten. Vielleicht kannte aus dem harten Kern der zweiten Terroristengeneration sogar nur ein einziger die exakte Lokalität des »Volksgefängnisses«, Mario Moretti. Es muß etwas damit auf sich haben, daß auch Jahrzehnte nach Moros Tod hierüber noch das große Schweigen herrscht und von offizieller Seite wohl auch verfügt ist. Das Ganze hat deshalb den Rang eines Staatsgeheimnisses, weil mit seiner Lüftung die Ohnmacht und Abhängigkeit des Staates von ausländischen Geheimdiensten und Mächten offen zum Vorschein kommen würde, mithin genau jener Zustand nationaler Unmündigkeit und Nicht-Souveränität, den Moro mit der neuen Regierung endlich kurieren wollte. Es geht hier nicht zuletzt auch um die Frage kollektiver Scham.

Noch am 16. März beginnen 6 000 Polizisten in kugelsicheren Westen, die Stadt zu durchkämmen, Straße für Straße, Haus um Haus, Stein um Stein. Sie finden nichts. War Moro deshalb vielleicht da, wo sie gar nicht suchen durften, in einer der zahlreichen exterritorialen Gesandt- oder Botschaften, wie sie jede Hauptstadt der Welt beherbergt, oder gar auf dem Hoheitsgebiet des Vatikans, das für die Exekutive der italienischen Republik gleichfalls tabu ist? Schnell sprach sich die Inkompetenz der staatlichen Fahnder herum, das Versteck, die »Höhle«, italienisch *covo*, aufzustöbern, weshalb der Volksmund in den römischen Gassen bald das Spottlied trällerte: »Covo li, covo là, covo tutta la città –Höhle hier, Höhle da, Höhle ist die ganze Stadt!« Selbst im voluminösen Bericht der Untersuchungskommissionen zu Moro findet sich kein verläßlicher Hinweis auf das »Volksgefängnis«. An das »Mini-Hotel particulier«, jene von Anna Laura Braghetti in der Via Laurentina im Herbst zuvor angemietete und so eindeutig präparierte Wohnung, glaubte schon bald keiner mehr. Auch den anderen, von der Braghetti gemeinsam mit Prospero Gallinari bewohnten Terroristenunterschlupf in der Via Montalcini Nr. 8, der im späteren Gerichtsurteil als das *prigione del popolo* bezeichnet wird, nimmt inzwischen kein Sachverständiger mehr ernst – mit Ausnahme der zwielichtigen Braghetti selbt, die zwanzig Jahre später ein Buch verfaßt, nach dem sie Moro genau dort versorgt und betreut haben will, gleichzeitig aber bekennt, nur seine Stimme gehört und ihn durchs Schlüsselloch (!) gesehen zu haben.[104] Noch in exzellent recherchierten Fernsehdokumentationen der neunziger Jahre ist mehr oder wenige vage von einem »schalldichten Käfig« im Süden Roms, unweit des Stadtteils Magliana, die Rede, in dem Moro acht Wochen lang gefangengehalten und verhört wird[105], aber die Zeitangabe ist falsch und die Charakterisierung der Räumlichkeit zweifelhaft. Sicher ist nur, daß die Entführer nicht weit mit ihm gekommen sein können. Der Stadtkern war bereits siebzehn Minuten nach dem Überfall in der Via Fani komplett abgeriegelt, vor allem die auf den großen Umgehungsring führenden Straßen. Moro muß irgendwo nahe der Zentren der Macht gewesen sein, in denen er bis zum 16. März, 8.55 Uhr, eine entscheidende Rolle spielte.

Zwei Tage später, fast zeitgleich mit dem Bekanntwerden des *comunicato no. 1* der Roten Brigaden, erhält der römische Vizequästor Elio Cioppa von einer Freundin den Hinweis, daß Nachbarn die Wohnung in der Via Gradoli Nr. 96 verdächtig vorkommt. Die flächendeckende Großfahndung steckt noch in den Anfängen. Cioppa läßt ausschwärmen. Immerhin ist die Via Gradoli, im äußersten Norden der Stadt, noch hinter dem Vorort Tomba di Nerone, an der Via Cassia von Rom über Viterbo und Siena nach Florenz, äußerst raffiniert gelegen: Sie gehört noch zum Stadtgebiet, offiziell sogar zu dem Stadtteil, in dem Moro entführt worden ist, trotzdem ist sie aber auf den im Handel erhältlichen Vorortkarten meist gar nicht mehr verzeichnet. Von der Via Fani aus ist sie über die Via Trionfale je nach Verkehrslage in fünf bis zehn Minuten zu erreichen. Die Fahnder klingeln, aber niemand öffnet. Für diesen Fall haben sie die klare, höchstrichterliche Anweisung, auf die Mieter zu warten und bei Nichterscheinen die Wohnung aufzubrechen, was »auch in einer Vielzahl von Fällen sehr zum Leidwesen unschuldiger Bürger ausgeführt (wird)«[106]. Nur in einem einzigen nicht, dem in der Via Gradoli. Die Ermittler verlassen sich auf die Zusicherung der Nachbarn, daß der Mieter, ein Ingenieur namens Borghi, eigentlich ein ganz ruhiger Mann sei. Ausgerechnet vor der »heißesten Tür der Affäre Moro«[107] wird wieder kehrtgemacht. Hinter ihr stand an jenem 18. März mit an Sicherheit grenzender Wahrscheinlichkeit Mario Moretti alias Ingenieur Borghi mit entsicherter Kalaschnikow und der eiskalten Bereitschaft, das Feuer im Falle des Falles sofort zu eröffnen. Die Wohnung ist seine logistische Basis und Einsatzzentrale, möglicherweise auch das erste Gefängnis Moros.

Am 2. April findet bei einem gewissen Professor Clò in der Nähe von Bologna ein merkwürdiges Treffen statt. Zwölf Personen, allesamt Akademiker und Gelehrte der Universität, haben sich um einen kleinen Tisch versammelt. Sie murmeln, raunen und sprechen formelhaft leise. Kein Zweifel, man ist auf einer spiritistischen Sitzung. Die Seriosität derart entrückter Zirkel ist zwar höchst umstritten, für diesen sprach aber, daß an ihm sehr angesehene, vertrauenswürdige Personen teilnahmen, insbesondere Professor Romano Prodi, ein *Moroteo*, ohne Mitglied der DC zu sein, dem Historischen Kompromiß ausgesprochen offen gegenüberstehend, zukünftiger Präsident des Staatskonzerns IRI und überhaupt eine der großen politischen Hoffnungen Italiens. Das Ergebnis der Sitzung, der Wortlaut, der beim Rumpeln des Tischchens hörbar wird, ist verblüffend: Alle zwölf hören eindeutig den Namen »Gradoli«. Dies melden sie unverzüglich dem *Dipartimento investigativo generale operazioni speciali* (DIGOS) in Bologna, der zuständigen Hauptermittlungsabteilung. Sie macht aus, daß es in der Provinz Viterbo eine Ortschaft dieses Namens gibt, die sie mit großem Aufgebot vor der genauso erstaunten wie irritierten Dorfbevölkerung bis in die entlegenste Dachkammer durchsuchen läßt, natürlich ohne jedes Ergebnis. Als Eleonora Moro hiervon erfährt, weist sie die Fahndungsbehörden darauf hin, daß es auch in Rom eine Straße dieses Namens gibt - was diese leugnen: Im offiziellen Straßenverzeichnis von Rom gebe es keine Via Gradoli. Auch als Signora Moro ihnen anhand ihres privaten (!) Stadtplans das Gegenteil nachweist, reagieren sie nicht, und daß ihre Leute dort am 18. März schon einmal vor der Tür standen, scheint ihnen offenbar völlig entfallen zu sein. Kein Wunder, denn der Fahndungsbericht zu dieser Aktion trägt den Stempel *Polizia di Stato*, die gibt es aber erst ab 1981, von den Verdachtsäußerungen der Nachbarn ist in dem Dokument gar nicht erst die Rede, und um das Maß voll zu machen: Die Wohnung in der Via Gradoli, immerhin das Domizil Morettis, gehörte den Geheimdiensten. Wurde sie vielleicht deshalb nicht durchsucht?

Das Mißtrauen von Frau Moro, schon in der Stunde des Verbrechens am Tatort genährt, wächst von Tag zu Tag. Am 6. April, nachdem bekannt geworden war, daß der (auch bei der Schleyer-Entführung eingeschaltete) Schweizer Anwalt Denis Payot auf staatlichen Druck hin aufgegeben hatte, beginnt sie praktisch mit ihrer eigenen Fahndung. Die Folgen bleiben nicht aus. Über ihr Haus in der Via del Forte Trionfale wird eine totale Kommunikationssperre verhängt. Eine Zeitlang wird sie durch die Errichtung von Straßensperren völlig ihrer Bewegungsfreiheit beraubt und durch das Abklemmen ihres Telefons an jedem Außenkontakt gehindert. In den ersten Tagen nach dem Verschwinden ihres Mannes war sie noch zu einem interessanten Gespräch an den Apparat gerufen worden. Am anderen Ende der Leitung war Giulio Andreotti. Er bekundete ihr sein Mitgefühl und fragte, ob sie etwas brauche, zum Beispiel Geld. Sie antwortete, dies sei beim Einkommen ihres Mannes so ziemlich die letzte Sorge, die sie im Moment quäle. Da wurde Andreotti deutlicher und konkretisierte, er spreche nicht von Geld zum laufenden Lebensunterhalt, sondern von größeren Summen. In Regierungskreisen habe ein Gerücht die Runde gemacht, daß sie beim Ministerpräsidenten um Lösegeld nachgesucht habe, was Frau Moro verneinte.[108] Was es mit dem Anruf auf sich hatte, bleibt rätselhaft. Ob es wirkliche Hilfsbereitschaft, gar Mitleid oder ein Funken schlechtes Gewissen war, oder ob Andreotti nur auskundschaften wollte, was an dem Gerücht dran war, oder ob sogar er selbst dessen Urheber war, um rechtzeitig gegensteuern und die Aktivitäten der Familie neutralisieren zu können, ob dies also ein winziger weißer Punkt auf seiner ansonsten tiefschwarzen Weste war oder lediglich eine weitere Bestätigung für die fast schon dämonische Verschlagenheit des Neo-Machiavellisten, steht dahin. Auch muß die Frage offenbleiben, ob dieses Manöver im Zusammenhang mit der später bekanntgewordenen Bereitschaft des Heiligen Stuhls (der einen direkten Kontakt zu den Terroristen hergestellt hatte) stand, für die Freilassung Moros eine Summe zu zahlen, die alles bis dahin Vorstellbare überstieg. Auf jeden Fall hat Andreotti von dem Tag an nie wieder im Hause Moro angerufen, und Eleonora verfolgte bald ihre eigene Strategie. So, als sie ihren Vertrauten Giancarlo Quaranta zu Berlinguer schickte, um ihn zu Verhandlungen mit den Entführern zu bewegen. Der Pfadfinder und der adlige Sarde konferierten über eine Stunde. Dann verließ Quaranta das KPI-Hauptquartier an der Via delle Botteghe Oscure, der »Straße der dunklen Läden«, mit der ernüchternden Gewißheit, daß Berlinguer der letzte wäre, der Andreottis *linea di fermezza* sprengen würde.

In der Zwischenzeit gehen in unregelmäßigen Abständen immer wieder neue Kommuniqués der Roten Brigaden ein. Das zweite am 25. März, das dritte vier Tage später. Sie enthalten wütende Angriffe auf »die Partei Berlinguers und die kollaborierenden Gewerkschaften«, und sie beanspruchen apodiktisch, daß das Attribut »kommunistisch« ausschließlich ihnen gehöre. Bis zum fünften *comunicato* vom 10. April steht in ihnen kaum Neues, immer kehren die Haßtiraden auf den »faschistischen Staat« wieder, durchweg wird versichert, daß dem Volk aus dem laufenden »Prozeß im Volksgefängnis« nichts verborgen bleiben soll (wogegen sie, selbst- oder fremdgeleitet, kraß verstoßen), und vor allem eines taucht – fast ein Monat war seit der Entführung vergangen – mit keinem Wort auf: die Forderung nach dem Freilassen inhaftierter Terroristen, worauf insbesondere die in Turin einsitzende Curcio-Gruppe Tag um Tag wartete und hoffte. Deshalb schossen auch bei dieser die Spekulationen mehr und mehr ins Kraut, was sich im *prigione del popolo* eigentlich abspiele. Mit Moro sollte, dies nur zur Erinnerung an den Kern der linksterroristischen Strategie, der zentrale italienische Repräsentant des *Stato imperialista delle multinazionali* (SIM), der Superregierung der kapitalistischen Welt, getroffen, ausgeschaltet und in die Gewalt der Brigaden gebracht werden. Das nun war längst geschehen, aber warum folgten keine weiteren Schritte? Warum wurden die Verhöre, wie angekündigt, nicht publiziert und dem Volk kundgetan? Irgend etwas mußte in dem »Volksprozeß« von Anfang an schiefgelaufen sein, und Valerio Morucci hat später auch klipp und klar erklärt, was das war: Aldo Moro, der mit den Terroristen umging wie mit irre gewordenen Kindern, die pädagogisch behutsam wieder auf den richtigen Weg zurückgeführt werden mußten, hatte ihnen schnell klargemacht, daß der SIM, so wie sie ihn sich vorstellten, ein ideologisches Hirngespinst und folglich auch er in ihren Händen wertlos war.[109] Natürlich winkten viele Gesinnungsgenossen, vor allem Moretti, ab, man solle sich von dem ausgefuchsten Machtdemagogen ja nicht reinlegen lassen, aber eine gewisse Ratlosigkeit blieb, wochenlang. Man konnte den Mann doch nicht einfach wieder freilassen. An genau dieser Frage wird die römische Kolonne der Roten Brigaden, verkörpert durch die Gegenpole Morucci und Moretti, zerbrechen. Der letztere setzt mit dem *comunicato no.* 6, das die Mailänder Zeitung *la Repubblica* am Abend des 15. April erreicht, die Verkündung von Moros Todesurteil durch. Curcio und seine Leute im Gefängnis sind schockiert. Augenblicklich haben sie das Schicksal der ermordeten RAF-Anführer in Stammheim vor Augen. Von der falschen Voraussetzung ausgehend, daß die zweite Generation einen öffentlich proklamierten Bruch nicht will und die gesamte Bewegung sich diesen auch gar nicht zumuten kann, sprechen sie sich gegen die Vollstreckung des Urteils aus, und Alberto Franceschini flüstert seinem Kumpan Curcio bei einem Hofgang zu:»Die Genossen haben eine Atombombe in der Hand und gehen mit ihr um wie mit einem Knallfrosch.«[110]

Am späten Vormittag des 18. April taucht das siebente Kommuniqué auf. In ihm heißt es:

>»Heute (…) endet die ›diktatorische‹ Phase der DC (…) Aus Anlaß dieses Tages teilen wir die Hinrichtung des Präsidenten der DC, Aldo Moro, durch Selbstmord mit. (…) Der Leichnam wurde im schlammigen Untergrund (…) des Duchessa-Sees, (…) zwischen Abruzzen und Latium, versenkt.
>
>Dies ist nur der Anfang einer langen Reihe von ›Selbstmorden‹: Der Selbstmord darf nicht nur ein Privileg der Baader-Meinhof-Gruppe sein. (…)«[111]

Enrico Berlinguer macht sich zu Fuß auf, um Andreotti und Zaccagnini im Hauptquartier der Christdemokraten an der nahegelegenen Piazza del Gesù zu kondolieren. Indes bezeichnet die Familie Moro das Papier schon am nächsten Tag als gefälscht, und auch andernorts regen sich Zweifel. Immerhin ist der See seit Monaten zugefroren, und Hubschrauberflüge haben ergeben, daß das Eis an keiner Stelle aufgebrochen worden ist. Trotzdem werden in »bewährter« Paradeoperation fast 10 000 Polizisten aufgeboten, die nichts anderes tun, als die geschlossene Eisdecke vergeblich abzulaufen. Sie sind das Opfer eines gigantischen Täuschungsmanövers, »denn es handelt sich um eine Geschichte, die als Bestandteil eines Romans mit großer Sicherheit für vollkommen unglaubwürdig gehalten würde«.[112] Das *comunicato no.* 7 wurde von dem professionellen Dokumentefälscher Toni Chicchiarelli verfaßt, einem Mitglied der berüchtigten *Banda della Magliana*, die über hervorragende Beziehungen zur Camorra, dem neapolitanischen Zweig der Mafia, und insbesondere zu deren Boß Raffaele Cutolo verfügte. Erst viel, viel später sollte sich herausstellen, daß hinter dieser zynischen Desinformation Claudio Vitalone, der Rechtsberater Andreottis steckte. In eigentlich schon nicht mehr vorstellbarer Menschenverachtung sollte mit diesem »comunicato« ausgetestet werden, wie die Öffentlichkeit auf die Nachricht von der Ermordung Moros reagiert. Gleichzeitig enthielt es aber auch die Botschaft an die Roten Brigaden, daß wegen Moro nicht verhandelt werde und daß er auf jeden Fall ein toter Mann sei. Der Staat ließ fälschen.

Fast auf den Tag ein Jahr später, am 14. April 1979, »verliert« Chicchiarelli eine kleine Tasche in einem Taxi, von dem er weiß, daß sie von dort ans römische Einsatzkommando der Carabinieri weitergeleitet wird. Das Täschchen enthält ausschließlich Gegenstände, die in einer direkten Beziehung zur Moro-Entführung stehen, so zum Beispiel eine exakte Straßenkarte des Gebiets um den Lago della Duchessa. Für jeden eingeweihten V-Mann stellt sich sofort die Frage, ob Chicchiarelli hiermit jemanden warnen oder erpressen will. Pierluigi Ravasio, Agent des militärischen Geheimdienstes SISMI, sagt später aus, daß der Magliana-Bande für die Mithilfe bei der Entführung Moros erlaubt worden ist, ohne Bestrafung einige Banküberfälle zu begehen. Chicchiarelli jedenfalls erbeutet am 24. März 1984 beim Einbruch in die *Brink's Securmark* sage und schreibe 35 Milliarden Lire, kann die Früchte seines Verbrecherlohns allerdings nur kurz genießen. Am 28. September 1984 wird er im Eingang zu seiner Wohnung von mehreren Pistolenschüssen niedergestreckt.[113]

Am gleichen Tag, an dem das unechte Kommuniqué in die Öffentlichkeit lanciert wird, muß die römische Feuerwehr zu einem Allerweltseinsatz ausrücken: Wasserrohrbruch. Einsatzort ist die Via Gradoli Nr. 96, und zwar die Wohnung eines Ingenieurs namens Borghi. Diesmal bleiben die Beamten nicht vor der Tür stehen. Um 9.47 Uhr brechen sie die Wohnung auf und sehen sofort, daß sie sich in einer Terroristenhöhle befinden. Deshalb ist es um so merkwürdiger, daß in der Wohnung kein einziger Fingerabdruck genommen wird. Schnell entdecken sie, daß hier überhaupt kein Rohr gebrochen ist, sondern lediglich eine Badewanne überläuft und dies nicht aus Vergeßlich- oder Fahrlässigkeit, sondern in voller Absicht, so jedenfalls ist die wasserspritzende Duschbrause präpariert worden. Was geht hier vor? Läuft hier irgendwas ab nach dem Motto, wenn ihr, das heißt, die staatlichen Fahndungsbehörden, zu blöde sein, um uns zu finden, oder aber dies nicht dürft bzw. sollt, dann müssen wir euch eben auf unsere Art und Weise die Tür öffnen, um dem Volk die ganze Ohnmacht des Staates zu demonstrieren, wenn dieser nur noch feststellen kann: *the birds are flown*.

Natürlich ist die Wirklichkeit komplexer. Moretti ist am Abend auf einem Treffen aller Kolonnenführer in Florenz, auf dem noch einmal die Entführung des Reifenmilliardärs und Arbeitgeberpräsidenten Pirelli auf der Tagesordnung steht. Mitten in die konspirative Sitzung platzt die Nachricht vom Entdecken der Wohnung in Rom. Sofort wird ein Fernseher eingeschaltet und Moretti ruft in perfekt gespielter Scheinheiligkeit aus: »Das ist ja meine Wohnung! Wie haben sie die gefunden?«[114] Um sich die strategische Leitung, das Gesetz des Handelns nicht aus der Hand nehmen zu lassen, spielt Moretti ein raffiniertes und gewagtes Spiel. Die Brigaden hatten im letzten echten Kommuniqué Moros Todesurteil verkündet und – erwartungsgemäß – eine Woge des Protests in Gang gesetzt. Intellektuelle und Künstler aus dem In- und Ausland, Alberto Moravia, Federico Fellini, Giorgio Strehler, Heinrich Böll und viele andere forderten jetzt sofortige Verhandlungen. Bettino Craxi, Vorsitzender der sozialistischen Partei und immer auf Profilsuche, deutete erstmals an, daß er aus der *lineadi fermezza* ausscheren könnte, was er zwei Tage später auch tat, und Leonardo Sciascia, eine unangefochtene moralische Instanz Italiens, hatte die Parole ausgegeben »weder auf der Seite des Staates noch auf der der Roten Brigaden«, die viele insgeheim teilten. Schon am 29. März hatte eine andere Geistesgröße, der Direktor der Tageszeitung *la Stampa*, Arrigo Levi, gefordert, daß der amtierende Staatspräsident Giovanni Leone zurücktritt und das Parlament Moro an seiner Stelle wählt. Mochte den abgebrühten Schwerstkriminellen Moretti das alles herzlich wenig beeindrucken, so mußte ihm anderes gefährlicher erscheinen. Nicht nur Curcio und die Inhaftierten hatten sich gegen die Vollstreckung des Todesurteils ausgesprochen, sondern mit Morucci auch der überwiegende Teil der *colonna romana*, und hier und da muß diesen schon einmal der Verdacht gekommen sein, ob Moretti wirklich ein echter Rotbrigadist sei oder aber im Auftrag und Interesse ganz anderer handele. Kurz, ihm pfiff der Wind ins Gesicht, von allen Seiten. In dieser Situation entschließt er sich, die eigene logistische Basis mit durchaus brisanten Dokumenten, also praktisch sich selbst, hochgehen zu lassen – nicht, um die Fahnder in die Irre zu führen, sondern die eigenen Leute. Auch das am gleichen Tage erschienene falsche *comunicato* fügt sich in diese Taktik. Auch dieses dürfte auf dem Treffen in Florenz eine große Rolle gespielt, und auch hier wird Moretti den Überraschten gemimt haben,

Aldo Moro in der Hand der Roten Brigaden. Vor sich hält er eine Ausgabe der Zeitung »la Repubblica« vom 19. April 1978 mit der Schlagzeile »Moro ermordet?« Die Terroristen widerlegen hiermit ein zuvor von mafiosen Kreisen veröffentlichtes gefälschtes Kommuniqué, in dem der Tod Moros verkündet worden war.

während sich alle anderen anschauten und fragten: »Wer stippt hier sein Brot in unsere Suppe?«[115] Wer wagt es hier, unabhängig von uns, Moro für tot zu erklären?

Der 18. April 1978 wird zum Wendepunkt der gesamten 55 Tage.

Die Dramaturgie des Handlungsablaufs bleibt in Morettis Händen, er ist auch weiterhin der kaltblütige Regisseur, und die Roten Brigaden spielen nur noch eine ferngelenkte Nebenrolle. Die Operation Pirelli wird endgültig abgeblasen, die volle Konzentration gilt Moro. Noch zwei Tage gewährt man der Nation das bloßstellende Schauspiel der auf dem Duchessa-See umherstapfenden Polizeiheerscharen, und dann erscheint das richtige *comunicato no. 7*. Es enthält erstmals, 36 Tage nach der Entführung, die Forderung (und Bereitschaft), in Verhandlungen einzutreten. Auch dies kann durchaus als geschmeidiges Zurückweichen Morettis angesehen werden, um vor der eigenen Bewegung glaubwürdig zu bleiben. Daß diese Forderung als ein 48stündiges Ultimatum formuliert ist, kommt seinen eigentlichen Absichten schon eher entgegen. Es enthält aber auch, zum zweiten (und letzten) Mal, ein Foto Moros, auf dem dieser die Zeitung *la Repubblica* vom 19. April mit der Schlagzeile »Moro ermordet« vor sich hält – Morettis Menschenverachtung und Zynismus kannten keine Grenzen. Aufwendige kriminaltechnische Hintergrundsuntersuchungen ergeben, daß die zweite Aufnahme nicht in der Lokalität gemacht worden ist, aus der das erste Foto stammt, mithin: Der Gefangene Moro ist im engsten zeitlichen Umfeld des 18. April verlegt worden.[116] Warum und in welcher Absicht?

Bei der Durchsuchung der Wohnung in der Via Gradoli findet sich kein überzeugender Hinweis, der auf ein »Volksgefängnis« schließen läßt. Deshalb: Von wo und wohin ist Moro transportiert worden? Auch wenn sich der erste Ort möglicherweise nie eindeutig identifizieren lassen wird, so ist es beim zweiten schon anders. Daß der erste eine Terroristenhöhle war, ist das einzige, was man von ihm mit Sicherheit weiß, eben die Sicherheit, mit der man vom zweiten sagen kann, daß sie keine war. Was dann? Moretti hatte mit dem (echten) siebenten Kommuniqué ein gehöriges Stück zurückweichen müssen. Der Innen- und Außendruck, in Verhandlungen einzutreten, wurde immer größer. Was lag da näher, als Moro dorthin zu bringen, wo er wirklich »sicher« war, und zwar nicht nur vor Polizei, Fahndern und Staat, sondern vor allem vor dem Zugriff der eigenen, weich werdenden Genossen? Genau dieses ist um den oder am 18. April geschehen. An den Schuhen des toten Moro sind Bitumenreste gefunden worden, die sich exakt auf dieses Datum zurückdatieren lassen, aber nicht nur das, sondern noch etwas ganz anderes klebte an seinen Schuhsohlen, ja fand sich sogar in seinen Hosenaufschlägen: Sand. Aus der ganzen Stadt, die er Wochen vor der Entführung nicht verlassen hatte, wurden Bodenproben genommen, immer neue geologische Gutachten wurden angefertigt, aber es gab in Rom keinen solchen Sand, er konnte nicht von ihm, sondern nur von seinen Entführern stammen. Über ein Jahrzehnt später wird die Identifizierung dieser Sandkörner auf die Spur der eigentlich Schuldigen in der Affäre Moro führen und nur zu deutliche Hinweise auf die konkrete Präsenz der amerikanischen Schutzmacht in der Ewigen Stadt geben, deren Räumlichkeiten den italienischen Instanzen entzogen waren. Und von den Roten Brigaden kannte vielleicht nur Moretti allein den Ort, denn Valerio Morucci hat die in einem 1993 geführten Interview gestellte Doppelfrage, wer von außen Zugang zum Gefängnis hatte und wer drinnen beim Verhör anwesend war, beide Male kurz und klar mit »nur Moretti[117]« beantwortet. Das kann sich auch schon auf das erste Gefängnis beziehen, auf das zweite bezieht es sich aber in jedem Fall – wenn Morucci denn die Wahrheit sagt. Immerhin erklärt Adriana Faranda im Oktober des gleichen Jahres, daß neben den beiden Führungsfiguren auch Prospero Gallinari und ein gewisser Germano Maccari Zugang hatten. Zudem spricht Morucci von gepanzerter Außen- und doppelter Innentür, vergitterten Fenstern, schußsicheren Scheiben, Videoüberwachung und einem schallisolierten Käfig von nur einem Meter Breite im Innenraum, in dem Moro verhört wurde. Wo gab es so was?

Am 24. April wird der Presse das *comunicato no. 8* zugespielt. Es beinhaltet eine konkrete personelle Auflistung der Terroristen, die im Austausch für Moro gefordert werden, insgesamt dreizehn. Zusammen mit Curcio, Franceschini, Battaglia, Ognibene und Piancone ist es fast die gesamte Führungscrew der ersten Generation. Unmittelbar nach Bekanntwerden der Nachricht erklärt sich die Regierung von Panama bereit, die freigepreßten Brigadisten aufzunehmen. Drinnen wächst der Druck auf Moretti, draußen wächst der Druck auf Andreotti. Craxi ist definitiv aus der *intransigenza*-Front ausgeschert, aber jetzt fängt es auch an, in der Partei des Ministerpräsidenten zu bröckeln, und derjenige, um den es dabei geht, ist Zaccagnini, von Moro selbst als Sollbruchstelle in der Linie der Harten ausersehen. Zaccagnini, »*onesto Zac*«, der »ehrliche Zac«, wie er im Volksmund immer wieder genannt wurde, verkörperte (neben Moro) die Reste an Glaubwürdigkeit und Menschlichkeit, die in der DC noch vorhanden waren. Er litt, im Gegensatz zu Andreotti, 55 Tage und Nächte, und eines Morgens fanden ihn seine Parteifreunde zusammengesunken an seinem Schreibtisch, mit weit aufgerissenen Augen und die Sprechfähigkeit nur mit Mühe wiedererlangend. Zaccagnini hatte sich schon am 18. März, als das erste Kommuniqué mit dem ersten Foto erschienen war, hingesetzt und ein Editorial für *il Popolo*, die christdemokratische Parteizeitung, geschrieben. In der Schlußsequenz des Artikels hatte er formuliert, daß irgendwann der Tag kommen könne, an dem es erforderlich sei, für das Leben des Präsidenten in Verhandlungen einzutreten. Irgendwie hatte Andreotti davon Wind bekommen und in fiebrigem Aktivismus den ganzen Rest des Tages darauf verwendet, an allen Drähten der Partei zu ziehen, nicht nur, um das Erscheinen des Beitrags zu verhindern, sondern auch, um den Parteisekretär ein für allemal ins Gebet zu nehmen. *Il Popolo* erschien am anderen Morgen ohne eine einzige Zeile von »*onesto Zac*«, die *linea di fermezza* hält bis zum bitteren Ende. Am 5. Mai taucht das neunte und letzte *comunicato* der *Brigate Rosse* auf. Es beginnt mit dem Satz: »Wir beenden damit die Schlacht, die wir am 16. März begonnen haben, indem wir das Urteil vollstrecken, zu dem Aldo Moro verurteilt worden ist.« Drei Tage zuvor waren die Ermittlungen der bis dahin federführenden Generalstaatsanwaltschaft entzogen worden. Von einer Fahndung im eigentlichen Sinne kann spätestens von diesem Zeitpunkt an nicht mehr die Rede sein. Die Dämme beginnen zu brechen. Um die Dimensionen dessen, worum es eigentlich ging, noch einmal in Erinnerung zu rufen, hatte Mino Pecorelli am gleichen Tag in seinem *Osservatore politico* geschrieben: »Die Gefangennahme Moros stellt eine der größten politischen Unternehmungen dar, die in den vergangenen Jahrzehnten in einem industrialisierten Land, das dem westlichen System eingegliedert ist, durchgezogen wurden. Das Hauptziel war ohne Zweifel, die PCI (= KPI) wieder von der Macht fernzuhalten, der sie bedenklich nahe gekommen war, fast bis zur direkten Teilnahme an der Regierung. (...) Es ist Jalta, das Via Fani entschieden hat.«[118]

Einige schienen das fast vergessen zu haben oder vergessen zu wollen. Das Gefühl eines unendlichen Immobilismus, eines staatlich verordneten Nichts-tun-Wollens und Nichts-tun-Sollens, einer grenzenlosen Ohnmacht, Impotenz und Angst wuchs in der ganzen Bevölkerung, besonders nachdem das letzte Kommuniqué bekanntgeworden war. Ein 46jähriger Bologneser Linguistikprofessor, der sein Leben lang nur theoretische Texte verfaßt hatte, sagte, ihm sei das alles wie ein riesiges schwarzes Loch vorgekommen, und um nur irgend etwas gegen das ausweglose Verlorensein in diesem schwarzen Loch zu tun, habe er Ort und Zeit der Handlung, von der er täglich und stündlich aus den Medien erfuhr, um tausend Jahre zurück in ein mittelalterliches Kloster verlegt und in die Form eines monumentalen Kriminalromans gekleidet[119], der zu einem der größten literarischen Welterfolge überhaupt werden sollte: »Der Name der Rose«, verfaßt von Umberto Eco.

Aldo Moro saß in seinem schwarzen Loch und dachte nicht daran, sich aufzugeben. Er wollte diesen Kampf führen, auch wenn es sein letzter sein sollte, und zwar mit der Waffe, mit der er bisher alle seine Kämpfe gewonnen hatte: mit der Kraft seiner Worte. Da ihm die gesprochenen nunmehr versagt waren, mußten an ihre Stelle die geschriebenen treten. Die Rede ist von einem anderen großen Zeugnis der Weltliteratur, den Briefen Moros aus dem Gefängnis.

»Die Briefe Moros?
Sie meinen diese von ihm
unterschriebenen Wische?«

Giulio Andreotti

DIE BRIEFE

Ganze Kohorten von Sprachwissenschaftlern und Linguisten sind auf sie angesetzt worden. Ihre genaue Zahl ist bis heute nicht bekannt, weil noch nach Jahren und Jahrzehnten immer wieder neue auftauchten. Einige erklärten sie rundheraus für gefälscht, zumindest aber verfälscht, verändert, zensiert und erpreßt; Produkte eines gefangenen, gefolterten, unter Drogen gesetzten Mannes, Geistesbekundungen eines Menschen, der nicht mehr bei Sinnen war und nicht mehr bei Sinnen sein konnte; Hilferufe, die in ihrer Verzweiflung denen des von der RAF entführten Hanns Martin Schleyer frappierend glichen, aber nichts, was auch nur annähernd dazu zwang, einmal gefaßte Beschlüsse umzustoßen, mit einem Wort: nichts politisch Ernstzunehmendes. Seinen Höhepunkt erreichte dieser quasi-offizielle Deutungskanon, als es zu einem der Briefe Moros von seiten der Regierung hieß: »Wir antworten nicht auf Texte der Roten Brigaden.«

Für diejenigen, die Moro kannten, sah das Ganze schon nach seinen ersten Botschaften, die parallel und unabhängig von den Kommuniqués publik wurden, anders aus. Schnell hatten sie seine Sprache wiedererkannt, seine unnachahmliche Art und Weise, sich mitzuteilen, sein endlos-labyrinthisches Wortgeflecht aus immer neuen Andeutungen und Anspielungen, seine alte Methode des Sagens im Nichtsagen und des Nichtsagens im Sagen, diese Mischung aus Geheimcode und radikaler Offenheit, die sich nur denen entschlüsselte, die seine Sprache, seine Art neues, nur schwer zu übersetzendes Latein, wirklich verstanden. Zu diesen gehörte, alle seine Briefe und Schritte 55 Tage lang wirklich kongenial vorausahnend und ihnen deshalb in raffiniert antizipierender Reaktion die Wirkung nehmend, vor allen anderen Giulio Andreotti, der – nach außen hin fleißig das Gegenteil propagierend – sofort sah, daß sie allesamt echt waren und daß aus ihnen niemand anders als der reine und unverfälschte Moro sprach. Und daß sie ihm gefährlich werden konnten, ja daß sie die letzte noch auszuräumende Gefahr für ihn darstellten, weshalb er und nicht die Terroristen die Zensur ausüben, den Filter über das Gefängnis stülpen und die große Aussortiermaschine in Gang setzen mußte. Das geschah. Zudem veranlaßte er gleich nach der Entführung eine Pressemeldung, derzufolge Moro nicht im Besitz von brisantem Nato-Wissen sei, eine glatte und gezielte Lüge aus der Erkenntnis heraus, daß der Staatsmann Moro, das Letzte vor Augen, auch vor dem Letzten nicht zurückschrecken, die Staatsräson brechen und Nato-Geheimstrukturen preisgeben würde.

Zu denjenigen, die ihn nicht oder jedenfalls nur schlecht verstanden, gehörten die Roten Brigaden. Anna Laura Braghetti: »Moro sprach eine völlig andere Sprache als wir, wir haben ihn gar nicht verstanden. Es war, als ob er von einem anderen Planeten kam.«[120] Er stiftete mit seinen unendlichen Wortkaskaden bald eine derartige Verwirrung unter ihnen, daß sie selbst nicht mehr wußten, was er nun eigentlich gesagt und gemeint hatte, so daß sie sich zerstritten und regelrecht übereinander herfielen, ratlos, wie sie mit seinen Botschaften umgehen sollten. Genau das lag in seiner Absicht. Oft glich er auch seine Sprache derjenigen seiner Kerkermeister in einem Maße an, daß nicht viel fehlte, »um zu glauben, er sei zu den Roten Brigaden übergetreten«.[121] Das Umgekehrte spielte sich draußen ab. Wer die doppelbödig-ziselierten Antworten Andreottis auf die zuletzt immer verzweifelter werdenden Hilferufe las, mit denen sein großer Kontrahent sich in die Freiheit zurückschreiben wollte, der erkannte schnell, wessen Sprache er sich dabei bediente. Aus jeder staatsmännischen Zeile Andreottis klang der Duktus moroteischer Wortgewandtheit. Noch einmal, zum letzten Mal, standen sie sich gegenüber, aber die Verteilung der Waffen war nicht mehr gleich. Der eine hatte nur noch die Feder und der andere das Schwert.

Friedrich der Große hatte als noch junger, 45jähriger Mann am 10. Januar 1757 in seinem berühmten Brief an den Grafen Finckenstein geschrieben: »Wenn es mein Schicksal sein sollte, einmal gefangengenommen zu werden, dann verbiete ich jedermann, sich auch nur im geringsten um meine Person zu kümmern und allem, was ich aus meinem Gefängnis schreiben mag, auch nur irgendeine Aufmerksamkeit zu schenken. (...) Ich werde von dem Moment an all meine politische Weisheit und politische Autorität verlieren. Wenn mich solch ein Unglück befallen sollte, dann werde ich mich dem Staate opfern, (...) so, als ob es mich niemals auf dieser Welt gegeben hätte.«[122] Es gab nicht wenige innerhalb und außerhalb Italiens, die genau dies von

Moro verlangten und zum Schluß auch in aller Offenheit artikulierten, vor allem nachdem die Bundesrepublik Deutschland Schleyer geopfert hatte. Aber Moro dachte nicht im Traum daran, sich aufzugeben, er kämpfte um sein Leben, und er dachte nicht einen Moment daran, auch nur ein einziges Gran seiner politischen Autorität aufzugeben, im Gegenteil, aus dem Gefängnis heraus beruft er als DC-Präsident völlig satzungs- und rechtmäßig einen Gesamtparteikongreß ein, der über die Frage des Verhandelns eine Entscheidung treffen soll. Andreotti reagiert sofort, indem er erklärt, man müsse das nicht so ernst nehmen, und überhaupt gibt er die Leitlinie aus, daß alle Briefe Moros erpreßt seien. Moro selbst ist natürlich sofort klar, daß die Parallelisierung mit dem Schicksal Schleyers gleichbedeutend mit seinem Todesurteil ist, weshalb er auch gleich in einem seiner ersten Briefe hierauf eingeht, und es ist mehr als eine Überlebensstrategie, sondern durchaus eine realistische Einschätzung der Lage, wenn er schreibt, daß Deutschland sich die Ermordung Schleyers »leisten« konnte, sein eigener gewaltsamer Tod aber über die Kräfte seines Landes gehen würde.[123] Um dies zu verhindern, nicht nur, um die eigene Haut zu retten, schuftete und schrieb er in seinem schwarzen, stickigen Loch wie ein Besessener, Tag und Nacht, nicht nur Briefe an die Seinen, an Freunde, Politiker aller Parteien, internationale Organisationen und den Papst, auch an einem Tagebuch arbeitete er, und schließlich diktierte er ein genauso gnadenloses wie geheimnisvolles Dokument ins Mikrophon, das sogenannte *Memoriale*, sein Testament, das erst Jahre später ans Licht der Öffentlichkeit gelangen sollte, weil diejenigen, die Gegenstand dieser Abrechnung waren, es wohlweislich beizeiten hatten verschwinden lassen. Es wird inzwischen mit einiger Berechtigung »als das dramatischste Dokument der Geschichte der italienischen Republik eingeschätzt«.[124] Zwischendurch tat er, was die Brigadisten ihm erlaubten: Er las die Bibel, hörte eine Kassette mit der Sonntagsmesse, die sie ihm aufgenommen hatten, und empfing – per Telefon – von seinem Beichtvater Don Antonello Mennini, einem jungen Gemeindepfarrer, nach ausführlichem Gespräch und Gebet die Absolution. Nicht weniger als eine Woche, vom 27. April bis zum 4. Mai, gestatteten die mordbereiten Atheisten dem gläubigen Katholiken diesen Dialog – und alles wurde abgehört, eine Fundgrube für Fahnder und eine Ewigkeit noch dazu, um sich auf die Suche nach dem Versteck zu machen, aber nichts geschah. Vielleicht ist dies auch der Grund, weshalb die Bänder der abgehörten Ohrenbeichte – eines der schlimmsten Sakrilegien im übri-

gen, die im praktizierten Katholizismus begangen werden können –
bis heute nicht auffindbar sind.

Für Moros unbändigen Überlebenswillen gab es noch einen weiteren Grund, der vielleicht der wichtigste ist. Er läßt ihn gleich in einem
seiner ersten Schreiben an Zaccagnini anklingen mit dem Satz
»Wenn ich nicht eine Familie hätte, die meiner so sehr bedarf, wäre
es ein bißchen anders«, und er wiederholt und beschwört ihn immer
wieder bis hin zu seinen letzten Signalen, so, wenn er am 29. April
sagt: »Es ist bekannt, daß die schwerwiegenden Probleme meiner Familie der eigentliche Grund für meinen Kampf gegen den Tod sind.«
Natürlich ging es ihm dabei um die Seinen in der Via del Forte Trionfale, um mindestens zwei der drei Töchter, die in schwersten persönlichen Krisen steckten, um das Fortkommen des Sohnes, um den
kleinen Luca, dessen erste Schritte ins rauhe Leben er so gern begleitet hätte, um alle daheim, aber es wäre weit gefehlt und gänzlich un-
italienisch, Moros Denken derart eng und egoistisch zu sehen. Familie, Partei und Staat waren für ihn nicht nur sich erweiternde Lebens-
kreise, sondern sie waren auch austauschbar und identisch, er fühlte
sich für alle gleichermaßen verantwortlich und unentbehrlich, auch
wenn es beispielsweise nicht um Wähler seiner eigenen, sondern der
kommunistischen Partei ging. »Ich glaube, der Staat, um den er sich
sorgte und der seine Gedanken bis zur Besessenheit beschäftigte, ver-
barg sich für ihn in dem Wort ›Familie‹.«[125] Selbstverständlich schloß
dies ganz konkrete, individuelle, ja brennende Liebe ein. Schon bald
überredet er einen Terroristen, der dabei immerhin das Risiko eingeht, verhaftet zu werden, seiner Familie eine erste persönliche Botschaft zu überbringen:

»Meine liebste Noretta

zum Osterfest möchte ich Dir und den anderen die herzlichsten und innigsten
Wünsche zukommen lassen, voller Zärtlichkeit für die Familie und vor allem den
Kleinen. Grüße Anna, die ich heute getroffen hätte. Bitte Agnese, Dir nachts Gesellschaft zu leisten. Mir geht es einigermaßen, werde gut verköstigt und auf-
merksam behandelt.

Ich segne Euch, sende Euch allen alles Liebe und umarme Euch herzlich

Aldo«

Das ist undramatisch, in einigen Zeilen fast geschäftsmäßig, wie die
Nachricht von einer Dienstreise, die leider verhindert hat, das höchste Fest der katholischen Christenheit, das in diesem Jahr auf den 26.
und 27. März fällt, gemeinsam zu verbringen. Nichts ist entschieden,
alles ist offen. Man wird sehen. Es ist das erste Zeugnis aus dem

»Volksgefängnis«, und es versteht sich von selbst, daß es rein privater Natur ist. Die erste politische Botschaft folgt wenig später, am 29. März. Sie ist an den Mann gerichtet, der seine gesamte Karriere einzig und allein Moro zu verdanken hat, an Innenminister Cossiga. Der Gefangene schreibt »sehr vertraulich« an den »lieben Francesco«, was die Roten Brigaden in ihrem dritten Kommuniqué, das dem Brief beigefügt ist, sofort zu der folgenden Klarstellung veranlaßt:

> »Er hat darum gebeten, einen geheimen Brief (derart dunkle Machenschaften bilden die Normalität in der christdemokratischen Mafia) an die Regierung und speziell an Bullenchef Cossiga schreiben zu können. Es ist ihm gestattet worden, aber da wir die Angewohnheit haben, nichts vor dem Volk geheimzuhalten, machen wir ihn öffentlich.«[126]

So jedenfalls hatten sie es vor, so hatten sie es gleich im ersten *comunicato* angekündigt, in diesem dritten vollzogen, im fünften in Großbuchstaben wiederholt und noch im sechsten, als alles längst andere Wege ging, propagiert: »Alles wird dem Volk bekanntgegeben werden.« Und so und nicht anders konnte es ja auch nur laufen, wenn sie sich selbst und ihrer linksterroristischen Ideologie treu bleiben wollten, nach der die Aktion in der Via Fani den Höhepunkt in der Entlarvung der Geheimstrukturen des SIM bilden sollte. Noch waren sie es, die die Regie führten und den Postausgang kontrollierten, oder genauer, noch ließ man sie in diesem Glauben. Moro schreibt an Cossiga:

> »(...) Insbesondere diese Staatsräson bedeutet (...), daß ich total unkontrollierten Einflüssen unterliege und einem Volksprozeß unterworfen bin, der nach Lage der Dinge forciert werden kann, so daß ich Gefahr laufe, bei meiner Kenntnis und meinem Gefühl für Zusammenhänge, die auf langer Erfahrung beruhen, aufgefordert oder gezwungen zu werden, in einer Weise zu reden, die in bestimmten Situationen unangenehm und gefährlich werden könnte.«

Das ist noch ganz der alte Moro. Er analysiert die Situation nüchtern und schonungslos, sie ist zwar unangenehm, aber noch nicht bedrohlich. Sie könnte es werden, aber auch für diesen Fall ist er gewappnet. Hier spricht immer noch der Staatsmann und kein Ausgelieferter. Er hat durchaus noch Macht, und vor allem: Er droht, ganz unverhohlen. Diejenigen, die es betraf, wußten, daß er Ernst machen würde, und sie handelten. Ab sofort mußte dem Volk alles Entscheidende verborgen bleiben. Moro fährt fort:

> »Es ist unannehmbar, daß ein Unschuldiger im Namen eines abstrakten Prinzips der Legalität geopfert wird (...) Alle Staaten der Welt haben sich vernünftig und positiv benommen, ausgenommen Israel und Deutschland, abgesehen vom Fall Lorenz. (...) Ich denke, daß ein vorbeugender Schritt des Heiligen Stuhls (oder

anderer? wessen?) nützlich sein könnte. Es wäre gut, wenn Du im Einvernehmen mit dem Ministerpräsidenten geheime Kontakte zu einigen wenigen wichtigen politischen Führern halten und eventuell Widerstrebende überzeugen würdest. Eine feindselige Haltung wäre aussichtslos und falsch. Möge Gott Euch zum Besten erleuchten, damit ihr nicht in eine schmerzliche Episode verwickelt werdet, von der sehr viel abhängen könnte.«

Fast alle italienischen Zeitungen veröffentlichen den Brief, und kaum einer zweifelt, daß Cossiga tut, wie ihm von seinem Ziehvater geboten, auch was die Herstellung geheimer Kontakte »im Einvernehmen mit dem Ministerpräsidenten« angeht – Moro vermeidet es, Andreotti beim Namen zu nennen. Diese Geiselnahme wird so ausgehen, wie alle anderen vor und nach ihr, und Moro wird bald wieder ein freier Mann sein. Im Vergleich zu dieser Einschätzung enthält das am Nachmittag des 4. April bei der Mailänder Tageszeitung *la Repubblica* eingehende Schreiben bereits deutliche Anzeichen von Resignation. Es ist an Zaccagnini gerichtet:

»(...) Sollte es anders kommen, so habt Ihr es so gewollt, und (das sage ich ohne Feindschaft) dann werden die unvermeidlichen Folgen auf Euch und die Partei zurückfallen. Danach beginnt ein neuer und ebenso auswegloser Kreislauf. Ich halte es für nötig festzustellen, daß ich dies in völliger Klarheit sage und ohne dazu gezwungen worden zu sein, der Klarheit jedenfalls, über die einer verfügen kann, der sich seit 15 Tagen in einer Ausnahmesituation befindet, der niemanden hat, der ihn tröstet, und der weiß, was ihn erwartet. Und in Wahrheit fühle ich mich von Euch etwas aufgegeben. (...)«

Der Brief muß also nur wenige Tage nach dem Appell an Cossiga geschrieben worden sein, und doch wirkt er so, als ob schon alles verloren sei. Moro war klargeworden, daß mit seinen unablässig aus dem Gefängnis fließenden schriftlichen Zeugnissen etwas geschah und daß es keineswegs die Roten Brigaden waren, die diese Dokumente zensierten, kanalisierten oder ganz und gar unterdrückten. Er, der seine Partei besser als seine eigenen Schreibtischschubladen kannte, hatte den Ehrenwerten Zaccagnini als Sollbruchstelle ausersehen, um die Linie der Harten, der *intransigenza*, des Nichtverhandelns, zu sprengen, und Cossiga, um dieses dann auch gegenüber »dem Ministerpräsidenten« durchzusetzen.

Es war die einzig richtige Strategie, nur, ihre Ausformulierung gerät nicht in die Hände, in die sie gehört. Eleonora Moro veröffentlicht am 7. April in der Zeitung *il Giorno* einen verschlüsselten Brief an ihren Mann. Dieser antwortet postwendend und gibt dazu noch konkrete Ratschläge, wie die *linea di fermezza* gesprengt werden kann.

Das Ganze wird abgefangen, und die Öffentlichkeit erfährt kein Wort. Von den ersten Apriltagen an legt sich ein dichtes, lückenloses Netz über die Telefonanschlüsse, Hauseingänge und Briefkästen aller politischen und privaten Freunde und Bekannten der Familie Moro und überhaupt aller, die als Empfänger seiner Botschaften in Frage kommen. Der Staat läßt überwachen, und er bedient sich dabei genau jener geheimen Dienste, deren Demaskierung sich die Terroristen zum Ziel gesetzt hatten. Moro gibt sich, was die Reichweite dieser gigantischen Verhinderungsmaschinerie angeht, schon längst keinen Illusionen mehr hin. Wahrscheinlich ist er deshalb sogar überrascht gewesen, daß sein am Nachmittag des 10. April bei allen großen Zeitungen eingehendes Schreiben die Gefängnistore hat passieren können. Der letzte Satz in diesem Dokument lautet: »Gibt es vielleicht, um die Härte mir gegenüber durchzuhalten, amerikanische und deutsche Winke (im Original: *indicazione americana e tedesca*)?« Er bringt die Gerüchteküche draußen nicht nur zum Brodeln, sondern eigentlich schon zum Überlaufen. *Indicazione* kann »Wink«, es kann aber auch »Hinweis« oder sogar »Anweisung« bedeuten. Auf einmal waren die deutschen Kommandorufe, die bei der Geiselnahme in der Via Fani angeblich gehört worden waren, wieder in aller Munde; auf einmal war allen die enge Freundschaft zwischen Helmut Schmidt und Henry Kissinger (und deren unverhohlene Feindschaft gegenüber dem politischen Experiment am Tiber) wieder gegenwärtig, und längst schon war durchgesickert, daß sich den »Beratern« des Wiesbadener BKA in der Zwischenzeit Sicherheits- und Antiterrorspezialisten des Pullacher Bundesnachrichtendienstes und des Bonner Innenministeriums zugesellt hatten. Als nur wenige Tage später die Wohnung in der Via Gradoli aufflog und das Codewort bekannt wurde, unter das die *Brigate* das ganze Unternehmen Moro gestellt hatten (»Operation Fritz«), wurde dieses sofort heiß diskutiert und in neue Zusammenhänge gestellt. Auffällig genug war auch, daß Mike Seydenhower, der Repräsentant der CIA in Rom, der jahrelang eher durch Untätigkeit aufgefallen war, seit dem 16. März wie aus einem Tiefschlaf erwacht schien. In seinem engsten Umfeld bewegten sich Steve Pieczenik, ein aus Washington eigens herbeizitierter Krisenpsychologe, und der CIA-Mann Vernon Walters, dem eine ungemein empfindliche Nase für weltpolitische Umbrüche (bzw. deren Verhinderung) nachgesagt wurde. Walters wird in den mitteleuropäischen Revolutionsjahren 1989/90 Botschafter der Vereinigten Staaten in der Bundesrepublik Deutschland.

Aber in Moros fulminantem Fragesatz steckte noch mehr. Natürlich beinhaltete er auch ein »Ich gebe mich noch längst nicht auf, auch wenn einige von euch das wohl gern möchten«, aber auch das war noch nicht alles. Irgendwie muß sich dem Mann mit den tausend Antennen mitgeteilt haben, daß es auch in den Reihen seiner Bewacher Dissonanzen, ja Risse gab und damit Chancen, in diese Kerben hineinzuhauen. Der Brief vom 10. April fällt genau in die Phase, in der die Entführer – endlich – Forderungen für die Freilassung Moros stellen. Es beginnt die unendlich quälende Diskussion um einen Gefangenenaustausch. Ist es nicht denkbar, daß es der Präsident selbst war, der diesen ins Spiel brachte, weil er längst bemerkt hatte, daß Moretti so ziemlich der letzte war, der dies wollte, zum Schein aber darauf eingehen mußte, um nicht noch weitere Verdachtsmomente gegen sich zu nähren, die innerhalb der Roten Brigaden sowieso schon bestanden? Anders gesagt: Moro hatte in seinem ersten Versteck durchaus noch Macht und bestimmte teilweise sogar das Gesetz des Handelns, paradoxerweise weil er zu Linksterroristen wie Morucci, Faranda und anderen Kontakt hatte. Sie sorgten dafür, daß Briefe wie dieser das Licht der Öffentlichkeit erblicken konnten. Wenn sich hier etwas ändern sollte, mußte er ihrem Einfluß entzogen werden. Es naht der 18. April, der Tag, an dem die Wohnung in der Via Gradoli unter so merkwürdigen Umständen auffliegt und die Geisel an einen anderen Ort verlegt wird. Mit dem Diktat des »*Memoriale*«, jenes geheimnisumwitterten Testaments, dessen Abschrift erst nach Jahren und zunächst auch nur bruchstückweise bekannt und dessen Authentizität zumindest in Teilen immer wieder angezweifelt wurde, hatte der Gefangene schon in der ersten Aprilhälfte begonnen. Hier finden sich noch so zuversichtliche und hoffnungsvolle Sätze wie:

> »So ist die Lage, und ich möchte darauf hinweisen, daß ich den Roten Brigaden die Gnade der Rettung meines Lebens und die Rückgabe in die Freiheit verdanke. Dafür bin ich zutiefst dankbar.«[127]

So war die Lage schon wenige Tage später nicht mehr. Es muß sich in dieser Phase etwas Entscheidendes verändert haben, denn schon aus einem Brief vom 21. April an Zaccagnini klingt etwas, was diesem Mann ein Leben lang fremd war: Angst, und zwar eine Angst, die sich zusehends zur Mutlosigkeit, tiefen Resignation und schieren Verzweiflung steigert:

> »(...) Ist es möglich, daß Ihr Euch alle darin einig seid, meinen Tod zu wollen, um einer angeblichen Staatsräson willen, die irgend jemand Euch gehässiger-

weise einredet, gewissermaßen als Lösung für alle Probleme des Landes? Was ist das für eine Lösung der Probleme? Wenn dieses Verbrechen verübt werden sollte, würde sich eine schreckliche Spirale in Gang setzen, die Ihr nicht mehr beherrschen könntet. Ihr würdet davon überrollt werden. Die Folge wäre ein Riß zwischen Euch und den humanen Kräften, die es in diesem Lande noch gibt. Unüberwindlich, auch wenn es zunächst anders erscheinen sollte, wäre der Bruch in der Partei, den Ihr nicht heilen könntet. (…) Ich sage es ganz deutlich: Ich für meinen Teil werde niemandem verzeihen und niemanden rechtfertigen. (…) Beseitigt rasch den Eindruck, eine Partei zu sein, die ihre Einheit nur in einer tödlichen Entscheidung findet. (…) verhindert (…), daß ich hingerichtet werde; (…) Wenn Ihr nichts unternehmt, würde eine eiskalte Seite der italienischen Geschichte geschrieben werden. Mein Blut würde über Euch kommen, über die Partei und über das Land. (…)«

Was war geschehen? Was hatte die so unmittelbar nahe Freiheitserwartung binnen kurzem fast schon in die Gewißheit unabwendbaren Todes umschlagen lassen? Hierfür gibt es nur eine Erklärung, und die hängt einzig und allein mit seiner neuen Unterbringung, dem neuen Versteck zusammen, durch das er ganz offensichtlich seiner letzten Macht- und Einflußmöglichkeiten beraubt war. Womit abermals die entscheidende Frage aufgeworfen ist: Wo war Moro?

Zunächst, auch am neuen Ort schrieb er wie ein Besessener. Vier, fünf, oft ein halbes Dutzend Briefe pro Tag. Wieder bat er bei einigen um Vertraulichkeit, und diesmal wurde sie ihm von den *brigatisti*, genauer: von Moretti, auch gewährt. Auch sie machten nunmehr dabei mit, daß einiges dem Volk sehr wohl und bewußt verborgen bleiben sollte. Eines dieser Schreiben erreicht seinen Empfänger am 27. April 1978. Es muß also auf jeden Fall zu einem Zeitpunkt entstanden sein, als Moro sich mit der neuen Lokalität hinreichend vertraut gemacht hatte. Die Botschaft ist an einen Mann namens Erminio Pennacchini gerichtet, zu dem Zeitpunkt namenloser Hinterbänkler der DC-Fraktion im Parlament. Der Präsident der Christdemokraten erinnert ihn in seinen Zeilen an einen Vorfall, der auf das Jahr 1973 zurückgeht. Im Frühherbst jenes Jahres waren drei in Rom lebende Palästinenser verhaftet worden, weil sie in der Nähe des Leonardo-da-Vinci-Flughafens eine gut getarnte, raketenähnliche Abschußbasis errichtet hatten, um zum nächstmöglichen Zeitpunkt eine sich im Anflug auf Rom befindliche israelische Linienflugmaschine vom Himmel zu holen. Zwar wurden die drei zu langjährigen Gefängnisstrafen verurteilt, aber schon ein Jahr später wieder ins Ausland abgeschoben, weil ein in Beirut stationierter Oberst des italienischen Auslandsgeheimdienstes von einem Mitglied der palästinensischen Terrororganisation »Schwarzer September« kontaktiert worden war. Dieser hatte dem Italiener klipp und klar eröffnet, daß, wenn seine »Kameraden« nicht bald freigelassen würden, die Apenninhalbinsel sich von Anschlägen heimgesucht sähe, gegen die die Morde an den israelischen Sportlern im Münchener Olympiadorf 1972 nur eine Anfängerübung waren. Der italienische Außenminister 1973 und Ministerpräsident 1974 – beide Male Aldo Moro – handelte schnell. Die ganze Aktion wurde über einen subaltern erscheinenden Mittelsmann, den Unterstaatssekretär im Justizministerium, abgewickelt, sein Name: Erminio Pennacchini. Nun, ein halbes Jahrzehnt später, bittet Moro ihn darum, »nur einfach die Wahrheit zu sagen«, ja, hinsichtlich seines Beiruter Geheimdienstobersten schreibt er sogar: »Ich würde es sehr begrüßen, wenn er sich jetzt auf der Szene zeigen würde.«

Was sollte das alles? Was hatte das mit seiner gegenwärtigen elendiglichen Lage zu tun? Erst viel später wurde bekannt, daß der Palästinenserführer Jassir L. Arafat, der in eben jenen Wochen öffentlich bekannt hatte: »Die Entführung Moros ist auch ein Angriff auf die Palästinenser«[128], über George Habasch und den extremistischen Flügel seiner PLO fast schon verzweifelt versucht hatte, Untergrundkontakte mit den Roten Brigaden aufzunehmen, mit dem Ziel, das Leben des Gefangenen zu retten. Er hatte nicht vergessen, daß Italien bis dahin das einzige EG-Land gewesen war, das palästinensische Terroristen freigelassen hatte, und er hatte nicht vergessen, welcher Regierungschef dafür verantwortlich zeichnete. Mit anderen Worten: In den Briefen, die ab Mitte April die Gefängnistore passierten (und passieren durften, weil Moros Bewacher wieder einmal nicht verstanden, welche Botschaft der Vollblutpolitiker nach draußen sandte), ging es gar nicht um die Freilassung an sich, die die Brigadisten offensichtlich als intendierte Analogie oder Parallele zu seiner Situation deuteten, sondern vielmehr darum, daß er sich mit seiner Aktion von 1973 und 1974 einen erbitterten Feind geschaffen hatte: den Staat Israel. Damit war die äußerste Grenze dessen erreicht, was er an Andeutungen geben konnte, und Moro muß sich mehr als einmal verzweifelt gefragt haben: »Was soll ich denn noch schreiben, damit ihr endlich begreift (…)«[129] – wo ich mich befinde.

Daß andere dieses sehr wohl und sehr schnell begriffen, ist hinreichend durch die Tatsache belegt, daß alle Briefe, in denen derartige Andeutungen enthalten waren, lückenlos abgefangen und beiseite geschafft wurden, auch wenn es sich um private Zeugnisse an seine Familie handelte. Wenn Moro geahnt hätte, welch ungeheuerliches Ausfilterungssystem hier wirksam war, hätte er sich wahrscheinlich von Anfang an aufgegeben: Niemand anderer als Licio Gelli erhielt vorab, das heißt vor der Weitergabe an die Presse, die Familie oder andere durch Moro bezeichnete Empfänger eine Kopie aller seiner Schreiben aus dem »Volksgefängnis«. Die todbringende Liaison zwischen dem Linksterrorismus und den Zentren der rechtstotalitären Macht, die (spätestens) am 16. März in der Via Fani begonnen hatte, sie blieb in den 55 Tagen mit unverminderter Effizienz wirksam. Und da der gesamte Fahndungsapparat mit P2-Leuten durchsetzt war, vollzog sich in eben diesem Zeitraum ein genauso verlogenes wie grausames Schauspiel: Während in der ganzen Stadt kein Stein auf dem anderen blieb, wurde nur dort nicht gesucht, wo Moro den eigenen Hinweisen nach sein konnte, sein mußte. Und da, was Gelli wußte, auch bestimmten Kreisen in der DC, den Diensten und dem Regierungsapparat dieses nicht lange verborgen blieb, ließen sie alle die Scheinfahndung wider besseres Wissen ins Leere laufen. Das »Volksgefängnis« genoß das, was alle Volksvertreter auf dieser Welt genießen: strikte Immunität. Nicht einmal der erste Untersuchungsausschuß und die später über die Mörder zu Gericht sitzenden Staatsanwälte haben sich auch nur mit einem Sterbenswörtchen an diesen schlichtweg unglaublichen Sachverhalt herangetraut, weil er für die Unabhängigkeit und Souveränität einer Nation, ihre Ehre und ihren Stolz einfach zu entwürdigend war, nämlich daß ihr langjähriger Ministerpräsident in den Kellern der israelischen Botschaft in der Via Michele Mercati lag, daß alle Entscheidenden »da oben« es wußten und keiner etwas tat. Wohl aber befragt der Ausschuß Marcello Coppetti, den Intimus Gellis, warum der »Staatsapparat und Geheimdienste während der Entführung aktiv waren, um zu vermeiden, daß das Gefängnis Moros entdeckt werde«, woraufhin Coppetti genauso vielsagend wie eindeutig antwortet, daß »es hinter all dem jemanden sehr viel größeren gab«.[130] Wer war das? Andreotti? Kissinger? Der Zustand nationaler Ohnmacht, den Moro mit dem Historischen Kompromiß begraben wollte, er wurde zu seinem eigenen Verhängnis.

In der Zwischenzeit setzt Andreotti die Maschinerie der »Gegenaufklärung« in Gang. Am 25. April vollzieht sich in der Parteizentrale der Christdemokraten an der Piazza del Gesù ein gespenstisches Schauspiel. Etwa fünfzig DC-Politiker, »Freunde seit langen Zeiten«, wie sie sich selbst nennen (und tatsächlich dürften unter ihnen auch echte und nicht nur Parteifreunde gewesen sein), verteilen an Journalisten ein Papier, in dem auf die Briefe »an Zaccagnini« eingegangen wird. Hierzu heißt es: »Das ist nicht der Mann, den wir kennen, (...) der seinen Beitrag zur Ausgestaltung der republikanischen Verfassung geleistet hat.« Die Absicht ist klar. Mit dem Segen und quasi höchster parteilicher Autorität soll festgestellt werden, daß Moro nicht mehr Moro ist und seine Briefe entsprechend zu behandeln sind. Der Mann ist, wie es in der Sprache der Mafia heißt, »in den Herzen seiner Freunde schon tot«. Ein letzter großer Schlagabtausch zwischen allen Beteiligten beginnt. Schon am nächsten Tag veröffentlichen Eleonora Moro und die Kinder in der Zeitung *il Giorno* den folgenden Brief:

>»Lieber Papa,
>
>wir fühlen nach so vielen Tagen die Notwendigkeit, Dir diese wenigen Zeilen als ein Zeichen unserer Zuneigung zu senden.
>
>Wir denken jeden Moment an Dich mit neuer Liebe und einer Bewußtheit, die von Tag zu Tag wächst: was Du für uns jetzt und immer gewesen bist, und nicht nur für uns. (...) In dieser Tragödie haben wir, jeder auf seine eigene Art und Weise, erkannt, daß Du uns völlig unvermutete Quellen moralischer Kraft und Liebe gegeben hast. Und das ist der Grund, weshalb wir sogar jetzt, wo wir uns so schwach fühlen, ungemein stark und vereinigt sind. In uns wächst, mit Gebeten und Taten, die Hoffnung, Dich wieder bei uns, in unseren Armen, zu haben. (...) Wir lieben Dich innig.
>
> Deine Familie«

Die Antwort erfolgt postwendend. Der Gefangene spricht von einem zärtlichen Zeichen der Liebe, von seiner Frau, seinen Kindern, dem geliebten Enkelsohn und von demjenigen, »den ich nie sehen werde«. Seine Tochter Anna, das Problemkind, war inzwischen im achten Monat schwanger. Bereits am Abend des 27. April geht bei einer römischen Zeitung ein Schreiben ein, in dem Moro vor allem auf die folgende Feststellung Wert legt: »Es stimmt: Ich bin ein Gefangener und nicht gerade in erfreulichem Geisteszustand. Aber ich bin keinem Zwang unterworfen, ich erhalte keine Drogen (...)« Daraufhin formuliert die Familie eine Erklärung, die sie der Presse übergibt. Sie erscheint am 1. Mai:

>»Nach so vielen Tagen angstvollen Wartens richtet die Familie Aldo Moros einen dringenden Aufruf an die DC, sich mutig der eigenen Verantwortung für die Freilassung ihres Präsidenten zu stellen. (...) Die christdemokratische Führung und die Ehrenwerten Zaccagnini, Piccoli (...) müssen wissen, daß sie mit ihrer

unbeweglichen Haltung und der Zurückweisung aller Initiativen verschiedener Parteien das Todesurteil gegen Aldo Moro unterschreiben. (...)

Angesichts der harten Haltung der DC kann unser Gewissen nicht länger schweigen. Wir glauben, mit diesem Aufruf auch den Willen unseres Vaters zu erfüllen. Er kann sich nicht mehr unmittelbar äußern, ohne für völlig verrückt erklärt zu werden (...)«

Aber auch Andreotti ist in der Zwischenzeit nicht untätig gewesen. Wohl wissend, daß dieser sich vor den Augen der Nation vollziehende Dialog der Familie mit ihrem Vater und der Partei die Forderung nach einem Gefangenenaustausch, überhaupt die Bereitschaft zum Nachgeben und ein Klima des Mitleids ungemein nähren wird, hatte er schon am 28. April im ersten Fernsehprogramm zur besten Sendezeit die folgende Ansprache gehalten:

»Was wäre die Reaktion der Carabinieri, Polizisten und Schutzpolizisten, wenn die Regierung hinter ihrem Rücken unter Verletzung der Gesetze mit denjenigen verhandeln würde, die mit dem Gesetz Schindluder getrieben haben? Und was würden die Witwen, die Waisen und die Mütter derjenigen sagen, die in Erfüllung ihrer Pflicht gefallen sind?«[131]

Moro hat zu dem Zeitpunkt, da diese raffinierte Rede in die Wohnungen vom Alpenrand bis zur Gegenküste Afrikas flimmert, wieder eine Serie von zum Teil gleichlautenden Briefen fertiggestellt: an Staatspräsident Leone, den KPI-Spitzenpolitiker Ingrao, den Sozialistenchef Craxi, das DC-Vorstandsmitglied Piccoli, den christdemokratischen Abgeordneten Misasi, das alte Schlachtroß Fanfani und auch einen an Andreotti, den er lediglich um »faire Verhandlungen« bittet. Allerdings fügt er hinzu: »Ich weiß sehr wohl, daß das Problem jetzt in Deinen Händen liegt«, und gerade deshalb weist er Andreotti noch einmal ausdrücklich darauf hin, daß er, Moro, es war, der ihm das Amt des Ministerpräsidenten in der ersten Regierung des Historischen Kompromisses – gegen den Willen der Kommunisten – verschafft hat. Aber auch das weckt bei dem eiskalten Machiavellisten nicht den Hauch eines Skrupels, die Wirkung verpufft, und Moro dürfte es nicht anders erwartet haben. Die eigentliche Überraschung in dieser Serie von Briefen ist das Schreiben an Riccardo Misasi. Nicht nur der Inhalt, auch der Vorgang an sich gibt Rätsel auf. Misasi war kein Mann der Macht, nicht an der Spitze der DC-Hierarchie, ohne herausragendes Amt, eher ein Hinterbänkler, kein ausdrücklicher Freund Moros und schon gar kein *Moroteo*. Was also soll das jetzt? Moro lanciert ihn sogar in die eigentliche Schlüsselposition, indem er an ihn appelliert: »Wenn Du die Legalisten am Kragen packst, dann wirst Du gewinnen!« Hier spricht die alte Kämpfernatur, hier spricht einer, der sich noch nicht aufgegeben hat. Die »Legalisten« sind diejenigen, die sich mit verfassungsrechtlichen Argumenten gegen jede Verhandlung mit den Terroristen aussprechen, also fast alle, bis auf Craxi und ein paar Ultralinke jenseits von der KPI. Und was ist Misasi? Welche Rolle spielt der stockkonservative Süditaliener, beziehungsweise welche soll er für Moro spielen?

Die Spur führt zurück in die Via Fani. Und sie führt zurück zur 'Ndrangheta, dem kalabresischen Zweig der Mafia, dessen professioneller Scharfschütze Antonio Nirta, soeben (oder extra deshalb?) aus der Haft entlassen, das Unternehmen vom 16. März fast im Alleingang entschied. Aber Nirta war nicht nur Mafioso. Er war als Spitzel in die Reihen der Roten Brigaden eingeschleust worden, und zwar von dem Carabinieri-General Francesco Delfino. Dessen Familie unterhielt gute Beziehungen nach Kalabrien, insbesondere zu einem dortigen DC-Abgeordneten – Riccardo Misasi. Der Kreis schließt sich. Es ist ein Teufelskreis. Moro zieht mit Misasi seine letzte Karte. Erst jetzt wird klar, warum er in seinem Brief vom 26. April, dem letzten Schreiben an seine Partei, in dem er die sofortige Einberufung des DC-Nationalrats zur Entscheidung über sein Schicksal verlangt, Misasi den Vorsitz und damit seine präsidentielle Funktion überträgt. Erst jetzt wird klar, weshalb er in dem nur einen oder wenige Tage später verfaßten Brief an seine Frau vom »Staatsmassaker« spricht. Was wußte Moro von dem grausigen Spiel, das in der Via Fani gespielt worden war? Was wußte er von der Beteiligung der Mafia, der Instrumentalisierung der Roten Brigaden und der Rolle des Staates? Hatten sich die *brigatisti*, gar Moretti selbst, ihm mitgeteilt? Francesco Cossiga, zum Zeitpunkt der Entführung Innenminister und von 1985 bis 1992 Staatspräsident, ruft, als 1993 die Enthüllungen um Nirta und Delfino publik werden, erschüttert aus:

> »Wenn das wahr ist, muß die Geschichte Italiens neu geschrieben werden. Denn man könnte dann eine Verwicklung des Staates in die Entführung Moros und die Auslöschung seiner Eskorte annehmen. Das wäre kein Staatsverbrechen, sondern etwas noch sehr viel Verachtenswerteres, ein Staat im Dienste der 'Ndrangheta oder der Camorra.«[131]

Es ist wahr, nur: Die Rolle der Camorra war eine ganz andere. »Der Staat sieht dabei allerdings nicht besser aus.«[133] Diejenigen, die wirklich Moros Freiheit wollen, gehen spätestens von den letzten Apriltagen an eigene Wege, außerhalb und gegen den Staat. Zu deutlich war geworden, daß es in der *linea di fermezza* keine Bewegung geben würde, daß man auf die Forderung nach Terroristenfreilassung nicht eingehen würde, schon deshalb, weil das Verhandeln mit den *Brigate Rosse* von der Öffentlichkeit wie deren Anerkennung als politische Partei aufgefaßt werden konnte, und dies zu verhindern war ihnen wichtiger, als Moros Leben zu retten. Und nicht zuletzt schossen bei den Betroffenen auch die Verdachtsmomente ins Kraut, daß der Staat seine Befreiung nicht wirklich wolle. So hatte Eleonora Moro Anfang des Monats ihren Vertrauten Sereno Freato nach Genf zu dem im Falle der Schleyer-Entführung erfahrenen Schweizer Anwalt Denis Payot gesandt. Unmittelbar nach dieser Kontaktaufnahme erreichte Payot eine offizielle Intervention von Cossigas Unterstaatssekretär Nicola Lettieri, er möge sich aus der Sache raushalten. Mit anderen Worten: Freato war nicht unbeobachtet nach Genf geflogen. Die Observierung der Betroffenen funktionierte besser als die Fahndung nach den Tätern.

Auch Bettino Craxi beauftragte einen Anwalt, alle nur denkbaren legalen oder illegalen Kanäle zu erkunden: Giannino Guiso, einen in Terrorismusfragen ausgewiesenen Mann und als Verteidiger Curcios in dem zeitgleich laufenden Prozeß gegen die »erste Generation« von staatlicher Warte aus gesehen die eigentliche juristische Reizfigur während der 55 Tage. Raffaele Cutolo, der Chef der neapolitanischen Camorra, berichtet später, ein Rechtsanwalt sei seinerzeit zu ihm gekommen und habe ihn unter Tränen um die Befreiung Moros gebeten. War das Guiso? Cutolo gibt den Namen nicht preis, jedoch auf die Nachfrage, wieso der Rechtsanwalt ausgerechnet zu ihm gekommen sei, erklärt der Mafioso gleichermaßen tönend wie überheblich, daß einer seiner Freunde von der Magliana-Bande (zu der eben jener Toni Chicchiarelli, der Fälscher des berühmt-berüchtigten *comunicato no.* 7 gehört) durch Zufall, »ohne es zu wollen«, sozusagen wie eine Trouvaille auf einem Spaziergang, das Gefängnis Moros entdeckt und daß er, Cutolo, dies »verschiedene politische Persönlichkeiten« habe wissen lassen. Diese hätten ihm jedoch unumwunden zu verstehen gegeben, er möge sich um seine eigenen Angelegenheiten kümmern. Und hinsichtlich der Motive, die ihn veranlaßten, sich gegenüber dem Ansinnen des Anwalts entgegenkommend zu zeigen, hat der hartgesottene Kriminelle dann die folgende Antwort parat: »Ich denke, Moro war einer der größten Staatsmänner Italiens, ein ehrlicher Mann.« [134]

Wenn irgend etwas nicht ursächlich und maßgeblich für Cutolos Bereitschaft einzugreifen war, dann dieses. Trotzdem steht fest, daß es von mafioser Seite Versuche und Angebote zur Befreiung Moros gegeben hat, daß es aber konkrete materielle und ideelle Gründe waren, die sie diese nicht weiter verfolgen ließen. Ganz offensichtlich wurde ihnen nicht genug geboten, und außerdem: Moro wollte die KPI über kurz oder lang in die Regierung holen, war also kommunistenfreundlich, vielleicht gar eine Art »Philokommunist«. Warum sollten ausgerechnet sie ihm helfen? So blieb die »ehrenwerte Gesellschaft« hin- und hergerissen, und der Vielzahl der Paradoxien in diesen 55 Tagen wurde eine weitere hinzugefügt: Der kalabresische Arm der Mafia war entscheidend an der Entführung Moros beteiligt, und der neapolitanische war – nach eigenen Bekundungen – bereit, an seiner Befreiung mitzuwirken. In dieser Tragödie war wirklich nichts verrückt genug, als daß es sich nicht hätte ereignen können. Und auch damit noch nicht genug, denn auch die »klassische« sizilianische Mafia, die *Cosa Nostra*, war involviert. Tommaso Buscetta, der lange Jahre als gefürchteter Boß in der Unterwelt der Insel agierte, bevor er sich – aus Rache, nicht aus Reue – zum vielbefragten Kronzeugen wandelte, hat es expressis verbis bestätigt: »Ich hatte von der *Cosa Nostra* den klaren Auftrag, mich für die Befreiung von Moro einzusetzen. Doch dann wurde mir von einem Mittelsmann aus Rom am Telefon erklärt, daß Moros Befreiung absolut nicht gewünscht wird.« So ganz einfach wäre das auch nicht gewesen, denn Buscetta saß zu diesem Zeitpunkt im piemontesischen Cuneo hinter Gittern. Dort nahm ein Mailänder Unterweltler namens Ugo Bossi mit ihm Kontakt auf, ob er bereit sei, sich bei den Roten Brigaden für die Rettung Moros einzusetzen. Er bejahte dies, nur wäre dafür seine Verlegung ins Turiner Gefängnis nötig, wo die wichtigsten Vertreter der »ersten Generation« inhaftiert waren. Gleichzeitig erfuhr er aber auch, daß die sizilianische Mafia hinsichtlich des Schicksals von Moro in heillose Zerstrittenheit geriet. Der später ermordete Stefano Bontate wollte ihn retten, sein Gegenspieler Toto Riina war kategorisch dagegen. Es kam darüber zu heftigen Auseinandersetzungen, und als Bontate kurz davor war, sich durchzusetzen, schrie Pippo Calo, ein Mann Riinas, den Widersacher an: »Stefano, hast Du immer noch nicht kapiert, daß Spitzenpolitiker Deiner Partei Moros Befreiung verhindern wollen? Sie wünschen seinen Tod.«[135] Das grenzt schon ans Unfaßbare: Das eindeutige Verhalten der DC-Mächtigen dient den Hardlinern in der *Cosa Nostra* als Argument, um potentielle Lebensretter unter den Mafiosi auszumanövrieren. Mit den »Politikern Deiner Partei« war im übrigen der tiefergebene sizilianische Statthalter Andreottis, der

Christdemokrat Salvatore (»Salvo«) Lima gemeint, und die Verlegung Buscettas von Cuneo in das nur wenige Kilometer entfernte Turin kam nicht zustande, weil ein Mann dies verhinderte: der Carabinieri-General Carlo Alberto Dalla Chiesa. Kannte er den Hintergrund?

Ob sich Moro von diesem mafiosen Streit um ihn etwas mitgeteilt hat, weiß man nicht. Daß seine Misasi-Aktion scheiterte, konnte er den Zeitungen entnehmen, die die *brigatisti* ihm am nächsten Tag reichten. Mehr denn je wurde ihm klar, daß er auf sich selbst zurückgeworfen war, auf sich ganz allein, und daß, um seine Haut zu retten, nur noch eines in Frage kam, ein erfolgreicher Gefangenenaustausch nämlich – den Moretti gar nicht wollte, auf den er aber, um das Ganze als linksterroristische Tat drapieren zu können, zum Schein hatte eingehen müssen. Moro hat dies mit ziemlicher Sicherheit durchschaut, hier den Keil angesetzt und ihn fast ganz durch die Reihen seiner Peiniger getrieben. Er ganz allein in seiner ohnmächtigen Lage kann es bewirken, daß ihre ursprüngliche Maximalforderung immer weiter reduziert wird und sie sich schließlich mit einem Austausch »einer gegen einen« einverstanden erklären. Schon in seinem Schreiben vom 29. April deutet er dies an, und Craxi geht sofort darauf ein. Auch von anderer Seite gab es positive Zeichen. Fünf Tage zuvor war in der KPI-Tageszeitung *l'Unità* ein Artikel erschienen, in dem dringend davor gewarnt wurde, daß sich die Nation in »Humanitäre« auf der einen und in »Stalinisten« beziehungsweise »Preußen« auf der anderen Seite spalte. Das war eine Warnung an die Harten, zu denen auch der eigene Parteivorsitzende gehörte. Zuletzt verlangten die *Brigate* nur noch die Freilassung eines Terroristen, der nicht einmal ihrem engeren Umfeld, geschweige denn dem harten Kern, zuzurechnen und der zudem schwerkrank war: des in der Nähe von Neapel inhaftierten Alberto Buonconto. Diesen Mann im Austausch für Moro zu verlangen, das war schon mehr als ein Entgegenkommen, das war im Grunde nur noch die Bitte um ein symbolisches Zeichen von seiten des Staates an die Staatsfeinde. Moro hatte, wie so oft in seinem Leben, in schier ausweglöser Situation perfekte Überzeugungsarbeit geleistet, aber die *intransigenza*-Front von Berlinguer bis Andreotti bewegte sich nicht.

Am Sonntagnachmittag, dem 30. April, geht um 16.32 Uhr in der Via del Forte Trionfale das Telefon. Die Hausherrin hebt ab. Am anderen Ende ist ein Rotbrigadist:

»Hallo (...), ich bin einer von denen, die etwas mit Eurem Vater zu tun haben.

(...) Wir machen dieses letzte Telefongespräch, weil wir Skrupel haben. (...) Was wir verlangen, ist nur dies: eine sofortige und klare Antwort in diesem Sinne, wenn möglich von Zaccagnini. (...) wissen Sie, ein Todesurteil ist nichts, was auf die leichte Schulter genommen werden kann, nicht einmal von uns. (...) Wir haben unsere Entscheidung schon gefällt. In den kommenden Stunden wird sich das Unvermeidliche ereignen. Wir haben keine andere Wahl. Ich habe Ihnen nichts mehr zu sagen.« [136]

Er legt auf. Sofort ist Giovanni Moro am Apparat. Er wählt die Nummer von Zaccagnini und fordert ultimativ: »Tun Sie was, sonst töten sie ihn!« Als Antwort vernimmt er ein Wortgemurmel, aus dem nur ein »Noch ist nicht alles verloren« herauszuhören ist. Eine Stunde später bricht die Familie Moro mit der christdemokratischen Partei Italiens. Einer, der allerdings nicht daran denkt aufzugeben, ist Sozialistenchef Craxi. Am Abend dieses Tages trifft er sich am Rande einer Konferenz in Madrid mit François Mitterrand und unterrichtet ihn in radikaler Offenheit über die Verhandlungs- und Blockadepolitik zu Moro, woraufhin Mitterrand tieferschüttert in sein Tagebuch notiert: »Wenn er zurückkehrt, wird einer zuviel da sein.« [137] Das war es, das war die grausam-entsetzliche Wahrheit, die auch dem Mann in seinem Kellerverlies unweigerlich dämmerte, daß ihn nicht wenige und unter diesen die entscheidenden Leute in seiner Partei gar nicht zurückhaben wollten, ja daß sie insgeheim auch noch darüber froh waren, ihn »so« losgeworden zu sein. Natürlich hatte auch Craxi dies längst durchschaut, und sein großes Verdienst bestand und besteht darin, daß er es wagte und unternahm, als einziger namhafter Politiker gegen die DC-Gewaltigen auf den Plan zu treten, und zwar nicht aus christlicher Barmherzigkeit und aus Nächstenliebe zu Moro, sondern weil er endlich die Chance gekommen sah, sich und seine kleine Partei zwischen den beiden großen zu profilieren. Hilfe aus Machtkalkül. Dies läßt er durch einen seiner Genossen auch relativ unverblümt artikulieren: »Unsere Entscheidung war zugleich instinktiv und wohlüberlegt. Wenn wir uns im Falle Moro gegen die Allgemeinheit stemmten, so war das nicht nur eine sakrosankte Tat, sondern sie verhalf uns auch in allerkürzester Zeit zu dem Image einer eigenständigen Partei, was voll und ganz unseren Absichten entsprach.« [138] Dennoch, sein Opportunismus änderte nichts an der Ernsthaftigkeit von Craxis Vorgehen, auch gegen Widerstände in der eigenen Partei, die offiziell weiter für die *linea di fermezza* eintrat, so als ihre Resistenza-Autorität Sandro Pertini, der kurz darauf zum Staatspräsidenten gewählt werden sollte, am 3. Mai erklärte: »Ich habe nicht die leiseste Absicht, zum zweiten Mal bei der Beerdigung der Demokratie dabei zu sein.«[139] Craxi indes stellte unbeirrt (über den Rechtsanwalt Guiso) den Kontakt zu den Rotbrigadisten her und erbat sich von ihnen eine Fotografie des Gefangenen, auf der die Worte »Maß für Maß« ständen. Er wollte sich zunächst versichern, ob Moro wirklich noch am Leben war. Sie taten, wie ihnen geheißen. Dann, einen Tag vor Pertinis pathetischer Erklärung, sucht er Berlinguer auf. Schon auf dem Weg dorthin wird ihm von einem KPI-Offiziellen der Ausspruch gesteckt, daß Moro wohl die Lektion des Sokrates vergessen habe. Craxi macht ein Gesicht, als ob man ihm selbst den Giftbecher in die Hand gedrückt habe, verhandelt ergebnislos mit dem skrupulösen Sarden und verläßt dessen Hauptquartier an der Via delle Botteghe Oscure. Für den Abend, um halb acht, ist eine Sitzung mit den Spitzen seiner Partei und der DC an der Piazza del Gesù anberaumt. Sie wird bis weit nach Mitternacht dauern. Erst als Flaminio Piccoli die Frage stellt, woher Craxi denn bitte wissen wolle, daß Moros Leben gerettet sei, wenn die Christdemokraten nachgeben, sammelt der Sozialistenchef seine Papiere zusammen, geleitet seine Delegation zur Tür und sagt im Hinausgehen: »Diese Leute sind verrückt geworden. Wie kann man ihnen überhaupt noch trauen?«[140] Dies jedenfalls ist die christdemokratische Version vom Ende und Scheitern der Verhandlungen. Es gibt aber auch noch eine sozialistische. Nach dieser hatte Piccolis Frage einen ganz anderen Wortlaut, nämlich: »Was Ihr wollt, das sind Verhandlungen (mit den Terroristen). Aber was gebt Ihr uns dafür?« Das Leben des eigenen Präsidenten sozusagen als Geschäftsgrundlage im Koalitions- und sonstigen Poker. Moro als Deal, als Ware. Und da ist Craxi lauthals mit der wütenden Anklage aufgesprungen: »Es gibt hier jemanden im Raum, der Moros Tod will, und ich gehe jetzt raus und schreie das in die Straßen!«[141]

Immerhin stapeln sich im Keller der DC-Zentrale, dem Schauplatz dieser Szene, seit Wochen die fertig gedruckten Plakate und Transparente, auf denen Beileid und Entsetzen über die Ermordung von Aldo Moro zum Ausdruck gebracht werden. Immerhin hat die römische Staatsanwaltschaft inzwischen zwei Pläne entwickelt, »Moro Mike« und »Moro Viktor«. Der erste gilt für den Fall, daß er tot, der zweite für den, daß er lebendig gefunden wird. Dann sollte er sofort in einer Klinik isoliert und nur mit Cossiga, zwei Richtern und seiner Familie in Kontakt kommen. Das Bett stand schon bereit. Immerhin ist sechs Monate später in Pecorellis *Osservatore politico* zu lesen, daß ein hoher Carabiniere, wahrscheinlich Dalla Chiesa, bei Cossiga war, um ihm zu sagen, daß man Moro sehr wohl finden könne, doch der Minister habe geantwortet, er müsse sich erst »weiter oben« absichern. »Wie weit oben«, fragt Pecorelli, »bei der Loge Christus vielleicht?« Cossiga während der 55 Tage: »Wir haben Angst einzuschreiten. Wenn Moro dabei von einem Schuß getötet wird oder die Terroristen ihn töten, wer wird dann die Verantwortung übernehmen?«[142] Fünfzehn Jahre später hört sich das anders an. Cossiga 1993: »Ich war einer der unnachgiebigsten. Ich wußte, daß Moro sterben würde. Das war meine persönliche Tragödie. Ich wußte, daß unsere Unnachgiebigkeit zur Ermordung Moros führen mußte. (...) Es war mir völlig klar, daß die Roten Brigaden uns Moro niemals lebendig zurückgegeben hätten. Meine einzige Hoffnung war, das Gefängnis zu finden.«[143]

Am 3. Mai trifft sich auf der Piazza Barberini, nur einen Steinwurf vom Quirinalspalast, dem Sitz des Staatspräsidenten, entfernt, der harte Kern der *colonna romana*. Moretti gibt die Entscheidung des »Exekutivkomitees« der *Brigate Rosse*, das heißt aller Kolonnenführer in Italien (wenn es denn wirklich deren Entscheidung war), bekannt, Moro hinzurichten. Morucci hält sofort dagegen: »Wenn wir Moro töten, dann hauen wir der Bewegung die Beine weg!«[144] Moretti schneidet ihm das Wort ab und spricht von einer »Bewegung, die niemals einen bewaffneten Kampf führen wird«. Eine merkwürdige Argumentation für jemanden, der sich im Krieg mit dem Staat wähnt. Die Entscheidung wird dem Gefangenen mitgeteilt, und Moro gibt auf. Der Mann, der sein Leben lang gekämpft, der sein Leben als Kampf verstanden hatte, gibt sich auf. Die Wortgewalt ist der Waffengewalt erlegen. Ganz auf sich allein gestellt, von allen außer seiner Familie verlassen, gibt es keinen Ausweg mehr. Was beginnt, ist eine Zeremonie des Abschieds, die in ihrer Größe und Gnadenlosigkeit, ihrer Überlegung und Überlegenheit in der Weltgeschichte ihresgleichen sucht. Der Christenmensch wird nicht ein Wort der Gnade, Güte und Barmherzigkeit finden, keinen Hauch von Verzeihung, Verständnis oder Nachsicht walten lassen, und er wird keinen ausnehmen und verschonen, weder die Kommunisten, mit denen er das neue, saubere Italien gestalten wollte, noch die *Morotei*, seine Freunde in der eigenen Partei, und zum Schluß macht der Katholik auch vor dem Oberhaupt der katholischen Christenheit nicht halt. Ein Abschied als Abrechnung, *cum ira et studio*, ein Blick zurück im Zorn, aber bis zum letzten Wort kontrolliert und kalkuliert. Wer irrationale

Wutausbrüche sucht, der sucht vergebens. Der Meister der Vieldeutigkeit, der sibyllinischen Formulierung, wie man ihn zeit seines Lebens genannt hatte, zeigt, daß er sehr wohl in der Lage ist, Klartext zu sprechen, und zwar bis ins letzte Jota. Jetzt, wo nichts mehr zu verlieren ist, gibt es für ihn auch keine Grenze mehr, die nicht überschritten werden darf, er kennt kein Tabu und kein Pardon. Der Staatsmann löst sich vom Staat, pfeift auf die Staatsräson und gibt Staatsgeheimnisse preis. Natürlich wußten diejenigen, die es anging, daß dieser Moment kommen würde, und sie waren auf ihn vorbereitet. Gellis Geisterhände sichten, sortieren, selektieren, unterschlagen, mauern ein und vernichten, was aus dem »Volksgefängnis« kommt, schlimmer als die Kardinalskrallen in der mittelalterlichen Inquisition. Moro selbst weiß nur zu gut um dieses Schicksal seiner Zeugnisse – und bleibt gelassen. Denn er weiß, daß seine Zeit kommen wird, über den Tod hinaus, und er sollte sich nicht täuschen. Noch einmal schreibt er wie besessen, Tag und Nacht, jede Sekunde nutzend, bevor sich die Mörderhände ausstrecken. Allein der kleine Luca, sein zweijähriger Enkel, erhält abermals zwei Briefe. Er schreibt privat und vertraulich, was respektiert und nicht zensiert wird, und er schreibt an die Männer der Macht, was verändert oder ganz und gar unterdrückt wird. Er setzt die Arbeit an seinem Gefängnistagebuch fort, das der Öffentlichkeit lange vorenthalten bleiben wird, und es entsteht jenes Dokument, das mit Fug und Recht als eines der geheimnisvollsten in der italienischen Nachkriegsgeschichte bezeichnet werden kann. Nicht einmal eine sichere Bezeichnung hat sich für diese Quelle eingebürgert. Grundlage ist das Verhör, das die *brigatisti* mit ihm im Kerker führten. Die Antworten auf ihre Fragen hat Moro per Mikrophon auf ein Tonband diktiert, das seither verschwunden und wahrscheinlich vernichtet worden ist, wohl weil es durch Neben- und Begleitgeräusche Hinweise auf Ort und Charakter des Verstecks enthält. Vorher ließ Moretti von diesem Band aber eine vollständige maschinenschriftliche Abschrift anfertigen, die gleichfalls als verschollen gilt. Sie muß jedoch, zumindest teilweise, fotokopiert worden sein, denn Bruchstücke wurden 1978 bei der Durchsuchung einer Mailänder Terroristenwohnung gefunden. Aus diesen Ablichtungen ist alles staatlich Sensible entfernt. Erst 1990, nach dem Ende des Ost-West-Konflikts, als die Bollwerkfunktion der DC gegenüber der KPI und dem Vormarsch des Kommunismus in Westeuropa obsolet geworden war, fanden Bauarbeiter in derselben Wohnung, die vor zwölf Jahren schon einmal Zentimeter um Zentimeter abgeklopft worden war, eingemauert in eine Wand durch »Zufall« die restlichen Seiten. *Habent fata sua libelli.* Sie enthalten die schwersten Anklagen gegen den Andreotti-Clan, die jemals formuliert worden sind. Moros Arm erwies sich als lang und reichte weit. Sein Text, der als sein eigentliches Testament und Vermächtnis gilt, wird, wie bereits erwähnt, als das »*Memoriale*« bezeichnet. Hierin heißt es:

> »Eine Epoche ist zu Ende, in der der Wille der Kommunisten nach Klarheit und Sauberkeit nicht mehr durch die christdemokratische Partei blockiert werden kann. Die Partei steht mit dem Rücken zur Wand. Das Regime korrumpiert sich mehr und mehr und frißt sich selbst auf.«

Spricht hier ein Mitglied der KPI? Auch auf die geheime Reservearmee kommt er zu sprechen, wenngleich es ihm sein Verantwortungsgefühl selbst jetzt verbietet, den Namen »Gladio« über Gebühr herauszustellen. Er macht aber Andeutungen über eine »zur Nato parallele Struktur« in allen westeuropäischen Staaten, und er macht auch Andeutungen über die Art und Weise, wie sich die DC die Macht jahrelang sicherte:

> »Was die ›Strategie der Spannung‹ angeht, die Italien über Jahre mit Blut (...) überzogen hat, so werden sich Nachsicht und stillschweigende Duldung durch Staatsorgane und einige Sektoren der Christdemokratischen Partei, neben außerhalb Italiens liegenden Verantwortlichkeiten, erweisen. (...) Man kann annehmen, daß mit unserer Politik eng verbundene Länder, die an einer gewissen Richtung der Dinge interessiert sind, auf bestimmte Weise mit ihren Geheimdiensten aktiv sind.«

Deutlicher ging es eigentlich nicht mehr. Jetzt spricht er schonungslos und offen über den Staatsstreichversuch von 1964, das Attentat an der Piazza Fontana, die illegalen Zahlungen der CIA an die Christdemokraten und Andreottis Beziehungen zum Mafia-Bankier Michele Sindona.

Aber Abrechnung und Abschied beginnen nicht erst mit dem »*Memoriale*«. Schon in seinem Schreiben vom 26. April, in dem er die Einberufung des DC-Nationalrats mit Misasi an der Spitze verfügt, liegen Überlebenswille und Selbstaufgabe eng beieinander:

> »Ich sterbe, wenn meine Partei es so beschließt, in der Fülle meines christlichen Glaubens und meiner unendlichen Liebe zu meiner Familie, die ich anbete und die ich von den Höhen des Himmels aus zu sehen hoffe (...) Dieses Blutbad wird weder Zaccagnini, noch Andreotti, noch der DC, noch dem Land gut bekommen. Jeder wird seine Verantwortung zu tragen haben. Ich wiederhole, daß ich die Machtmenschen nicht um mich haben möchte. Ich möchte jene bei mir haben, die mich wirklich geliebt haben und mich weiterhin lieben und für mich be-

ten. Wenn dies alles geschehen sollte, dann durch den Willen Gottes. Aber keiner der Verantwortlichen soll sich hinter der Erfüllung einer angeblichen Pflicht verstecken. Die Dinge werden sich klären – schon bald.«[145]

Gleiches, zum Teil noch schärfer und akzentuierter, vermittelt ein Brief an Zaccagnini, der bereits zwei Tage früher publik wird:

>»Die DC soll nicht glauben, ihre Probleme zu lösen, indem sie Moro liquidiert. Ich werde dableiben als unbeugsames Zeichen des Widerspruches und der Alternative, um zu verhindern, daß aus der DC das gemacht wird, was man heute aus ihr macht. Aus diesem Grunde (…) verlange ich, daß an meiner Beerdigung weder Vertreter des Staates noch Parteipolitiker teilnehmen sollen. Ich bitte von den wenigen begleitet zu werden, die es wirklich gut mit mir gemeint haben und es deshalb wert sind, mich mit ihrem Gebet und mit ihrer Liebe zu begleiten.«[146]

Zu den »Männern der Macht« hatte er bis zum 16. März, 8.55 Uhr, bekanntlich selbst gehört. Von ihnen sagt er sich jetzt los, nicht aber von seinem Staat, dem Land und seinen Menschen. In einem Brief aus der ersten Aprilhälfte, als er noch freizukommen glaubte, bedankt er sich ausdrücklich bei den Roten Brigaden, verzeiht ihnen und erklärt, daß er als erste Amtshandlung »draußen« aus der Partei austreten werde. Von Zaccagnini, seinem treuesten christdemokratischen Gehilfen beim Zusammenzimmern des Historischen Kompromisses, verabschiedet er sich mit dem denkbar schwersten Vorwurf: »Eigentlich müßtest Du hier sitzen!« Daß der Katholik auch von Rachegedanken nicht frei ist, zeigt der Brief, der in den letzten Apriltagen bei seiner Frau eingeht: »Und Zaccagnini? Wie kann er ruhig auf seinem Posten bleiben? Und Cossiga, der sich keine Verteidigung hat vorstellen können? Mein Blut wird über sie kommen.« Längst hat er erkannt, daß nicht der erstere, sondern der letztere das eigentliche *missing link* gewesen ist, das rechtzeitig umgedreht worden ist und seine Rettung damit verhindert hat. Im 1990 bekanntgewordenen Teil des »*Memoriale*« schreibt Moro deshalb über Cossiga:

>»In dieser Affäre scheint er mir wie hypnotisiert. Seine Position schien mir nie wirklich seine eigene zu sein. Sie ist ihm nahegelegt, in gewissem Sinne aufgezwungen worden (…) Das Handeln Cossigas wird durch raffinierte Personen eingeengt.«

Wer war damit gemeint? Was den Hypnotiseur angeht, so ist es der Mann, von dem er sich jetzt tief enttäuscht abwendet, der kommunistische Cousin des christdemokratischen Innenministers:

>»Alles Gute auch an den Abgeordneten Berlinguer, er wird bei jeder Art von Politik einen gewandten Partner von großem Wert haben. Möge er daran denken, daß er für nur einen geringen Gegenwert Gefahr gelaufen ist, eine neue politi-

sche Phase einzuleiten, indem er jenen Strategen dem Tod ausliefert, der sich
(Jahre voraus) der Kommunistischen Partei zugewandt hatte, der als einziger das
Verständnis zwischen Christdemokraten und Kommunisten realisiert hat, welches zur anerkannten und vertraglichen parlamentarischen Mehrheit geführt
hat.« [147]

Der Wortlaut wird bereits 1978 bekannt. Bei dem »gewandten Partner« handelt es sich um Andreotti. Noch während der 55 Tage muß
sich Berlinguer, wirklich der letzte, dem man fehlende Mitleidens-
fähigkeit nachsagen konnte und für den immerhin auch ein in Gene-
rationen, seit Gramsci und Togliatti aufgebautes Lebenswerk auf
dem Spiel stand, den vernichtenden Satz, die eigentliche Schuldzu-
weisung, vorhalten lassen, die Moro in einem Brief an seinen persönlichen Mitarbeiter Tullio Ancora formuliert:

> »Ich empfange als Lohn von den Kommunisten nach einem langen Marsch das
> Todesurteil.«

Keinerlei Schonung erfährt auch der Vatikan, aus dem sich noch vor
wenigen Monaten der Kardinal Poletti den palästinensischen Terroristen als Geisel zur Verfügung gestellt hatte, um die Menschen der in
Mogadischu gelandeten Lufthansamaschine zu retten, der sich jetzt
aber in die Front der Verhandlungsverweigerer einreihte:

> »Damit modifiziert der Heilige Stuhl (...) frühere Positionen, verleugnet seine
> gesamte humanistische Tradition und verurteilt heute mich und morgen harm-
> lose Kinder, nur um der Erpressung nicht stattzugeben. Das ist schrecklich und
> des Heiligen Stuhles unwürdig.« [148]

Dann nimmt er sich Andreotti vor. Seine sich zum geschlossenen
Charakterbild fügenden Worte bedürfen keiner weiteren Kommen-
tierung:

> »Nun zu Ihnen, Herr Abgeordneter Andreotti, der zu unserem Unglück oder
> zum Unglück des Landes (...) an der Spitze der Regierung steht. Ich habe nicht
> die Absicht, hier Ihre düstere Karriere ins Gedächtnis zu rufen. Darin besteht die
> Schuld nicht. Man kann düster sein, aber ehrenhaft; düster, aber gut; düster, aber
> voller Leidenschaft. Gerade das aber, Herr Abgeordneter Andreotti, fehlt Ihnen.
> (...) Ihnen fehlt dieses Insgesamt an Güte, Weisheit, Beweglichkeit, Klarheit, das
> ohne jegliche Einschränkung die wenigen christlichen Demokraten dieser Welt
> ausmacht. Sie gehören nicht dazu. (...) Ich wünsche Ihnen gute Arbeit, Herr Ab-
> geordneter Andreotti, mit Ihrer unnachahmlichen Herrschaftsgruppe; und möge
> Gott Ihnen eine Erfahrung wie die meinige ersparen.«

Das steht immerhin schon im 1978er Teil des »*Memoriale*«, weit Bri-
santeres aber ist entfernt; so Moros Hinweis auf Andreottis Beziehungen zu Sindona und auf dessen Mitwisserschaft an dem Terroran-

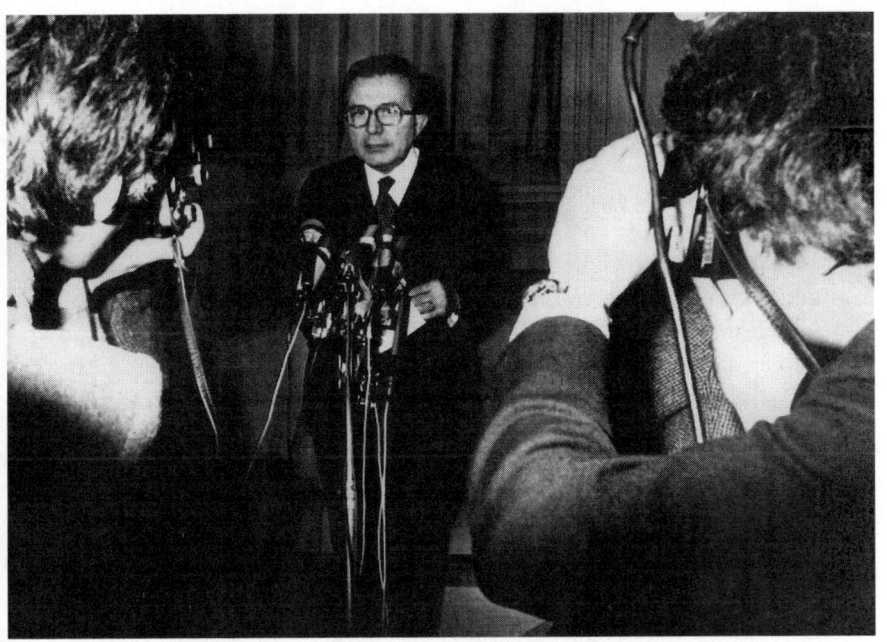

Pressekonferenz des zurückgetretenen Ministerpräsidenten Giulio Andreotti am 19. Januar 1978. Die Geheimgespräche zwischen Moro und dem KPI-Vorsitzenden Enrico Berlinguer beginnen.

schlag auf eine Gewerkschafterdemonstration 1974 in Brescia. Moro wörtlich:

>»Ein kalter Regisseur, undurchdringlich, ohne Zweifel an seinem Tun, ohne Herz, ohne jemals einen Funken menschlichen Mitleids: das ist der Ehrenwerte Andreotti, dem gegenüber die anderen nur gehorsame Ausführende seiner Befehle waren (...) Was bedeutet der Schmerz einer langjährigen Ehefrau, die Zerstörung einer Familie, die unabwendbare Gegenreaktion der Christdemokraten für diesen Mann, der die Macht erobert hat, um Böses zu tun, so wie er immer in seinem Leben Böses getan hat. Nichts bedeutet das für Andreotti (...)«

Schließlich läßt er auch die letzten Bedenken fallen und stellt ihm zudem eine Prognose, die anderthalb Jahrzehnte später von der Geschichte eingelöst wird:

>»Sie werden sich eine Weile halten können, dann etwas weniger und schließlich werden Sie in den traurigen Teil der Geschichte eingehen. Von dem Ehrenwerten Andreotti kann man sagen, daß er am längsten die Geheimdienste leitete und über beste Beziehungen zur CIA verfügte. (...)«[149]

Moro hat mit sich und der Welt abgeschlossen. Voller Bitterkeit, Unbarmherzigkeit und Zynismus, wie aus dem Jenseits oder von den Höhen eines fernen Olymps, ruft er allen, Freund wie Feind, zu:

>Es bereitet mir die größte Freude, daß ich Euch verloren habe, und ich wünsche mir, es mögen Euch alle mit derselben Freude verlieren, mit der ich Euch verloren habe.« [150]

Am 2. Mai setzt er sich hin und schreibt Abschiedsbriefe. Teile davon werden fünf Tage später bekannt und lösen neue, letzte Initiativen aus. Wahrscheinlich hat Moretti ihm das »Ergebnis« des Treffens an der Piazza Barberini mitgeteilt. Moro stellt jedenfalls keinerlei politische Forderungen mehr. Er hat sich aufgegeben. So nicht jedoch die Seinen in der Via del Forte Trionfale. Nachdem sie den ersten Abschiedsbrief erhalten hat, geht Eleonora Moro ans Telefon und zitiert Amintore Fanfani zu sich. Er kommt. Ein letzter Austausch »einer gegen einen« wird versucht. Fanfani macht eine Terroristin namens Paola Besuschio ausfindig, ähnlich hinfällig und krank wie Alberto Buonconto, der kurz darauf an ihre Stelle treten wird. In der Szene sind sie beide kleine, unbedeutende Lichter; der Austausch als symbolischer Akt. Staatspräsident Leone telegraphiert schon im Fall der Besuschio an Frau Moro: »Donna Eleonora, ich habe den Federhalter in meiner Hand.«[151] Auf wessen Plazet wartet er noch? Auch Fanfani handelt (wie Craxi) nicht nur aus menschlichem Mitleid. Er macht sich Hoffnung, nach einer erfolgreichen Befreiung Moros von diesem im Herbst zum Nachfolger Leones gekürt zu werden. Der Gefangene bleibt bis zu seinem letzten Atemzug ein Spielball der Macht und der Mächtigen. Die Polizei hat inzwischen jedweden Zugang zur Via del Forte Trionfale Nr. 79 großräumig abgesperrt. Erste Zeitungen erscheinen, in denen von Aldo Moro – unbewußt? – in der Vergangenheitsform die Rede ist. Auch was Indro Montanelli, Moro-Gegner und die konservative Autorität des italienischen Journalismus, in diesen Tagen schreibt, kommt im Grunde einer Vorverurteilung zum Tode gleich:

>Niemand kann wissen, was uns erwartet. Viel hängt von der Lösung des Falles Moro ab. Wenn Moro nach Hause zurückkehren sollte und seine politische Aktivität mit der Aureole des Märtyrers wieder aufnimmt, dann steuern wir auf eine Regierung mit den Kommunisten zu, dem folgt dann später der Austritt Italiens aus der Nato [den Berlinguer längst nicht mehr forderte! – K. K.] und eine Aufstellung als Dritte Kraft, wie Jugoslawien.« [152]

Und noch ein anderer Artikel erscheint, von William F. Buckley in der *New York Post* vom 6. Mai 1978. Dort wird der Papst aufgefordert, an Moro zu appellieren, »mit Anstand zu sterben«, woraus die kaum noch verhüllte Aufforderung zum Selbstmord herausgelesen werden mußte. Daß Moro selbst Hand an sich legte, wäre sicherlich vielen uneingestanden und unausgesprochen die bequemste Lösung des Falles gewesen. Nicht unwesentliche Vertreter der Christdemokraten, der Kommunisten, der Massenmedien und der katholischen Kirche gehörten zu dieser sich unsichtbar formierenden Fraktion, aber Moro dachte nicht daran, ihnen diesen »Gefallen« zu tun, und er tat nur zu gut daran, ihnen nicht den Märtyrer zu spielen. »Er war kein Held und auf das Heldentum nicht vorbereitet. Er wollte *jenen* Tod nicht sterben und hat versucht, ihn von sich fernzuhalten.«[153]

Die Tatsache, daß ihn die entscheidenden politischen Kräfte gar nicht zurückhaben wollten, ja, daß es etlichen von ihnen am besten in den Kram paßte, wenn Moro im Freitod von dieser Welt ginge, zwingt zu einer letzten Frage: Warum ließen ihn die Terroristen dann nicht frei? Wenn das wirklich ihre Gegner waren, dann konnte ihr eigentliches Erpressungspotential, ihre Stärke und ihre Macht doch nur in der Drohung bestehen, den DC-Präsidenten wieder ungehindert auf eben diese loszulassen – und Andreotti wäre Hören und Sehen vergangen. Daß sie es nicht taten, wirft den vielleicht dunkelsten Schatten auf die Affäre Moro, denn was sie zuletzt taten, hätten sie ja auch gleich am 16. März tun können. Noch einmal führt die Spur zurück in die Via Fani. Warum eigentlich nicht ein »einfaches« Attentat, wenn dieser störende, unbequeme Mann sowieso beseitigt werden sollte? Warum ließ man ihn nicht gleich dort zurück, im Tode vereint mit den fünf Getreuen seiner Eskorte? Die Antwort ist ungeheuerlich: Das Ganze, auch die Entführung, hatte lediglich Scheinfunktion zur Irreführung der Öffentlichkeit – und eines Teils der ideologisch überzeugten und besessenen Rotbrigadisten, die letztlich anderen als nützliche Idioten bei der Planung und Ausführung der Tat dienten. Je länger sie Moro inhaftiert und konkret mit ihm zu tun hatten, um so mehr durchschauten sie das Spiel: daß Moretti und *seine* Leute nie und zu keinem Zeitpunkt die Absicht hatten, den Gefangenen am Leben zu lassen. Der »Volksprozeß« war die – auch medial – raffinierte Inszenierung einer Gegenjustiz, die in der Öffentlichkeit den Eindruck eines linksterroristischen Kapitalverbrechens erwecken sollte. Auch und gerade deshalb ist die Affäre Moro nicht mit der Affäre Schleyer, dem »Prozeß« für den Richter Mario Sossi, den Morden an Buback, Ponto, Beckurts und vielen anderen zu vergleichen. »Draußen« sank das Verständnis für die harte Linie des Staates von Tag zu Tag. Dort wollte man keineswegs Moros (Frei-)Tod, sondern der gemeine Mann wollte ihn zurück, lebendig, frei und ohne daß ihm ein Härchen gekrümmt wäre. Keiner Italienerin und keinem Italiener zwischen Mantua und Catania war noch ernsthaft klarzumachen, daß der Staat auch nur einen Millimeter Sicherheit preisgeben würde, wenn er den Nobody Alberto Buonconto gegen seinen langjährigen Ministerpräsidenten eintauschte. Die Zeit arbeitete gegen Moretti und seine Hintermänner, innerhalb und außerhalb der linksterroristischen Szene. Wie lange würde er die Hinrichtung noch kraft seiner Autorität als römischer Kolonnenführer verfügen können? Sein Urteil von der Piazza Barberini stand – und das Gegenvotum dazu auch.

Am 7. Mai findet in der Nähe von Mailand ein konspiratives Treffen der *Brigate Rosse*-Führung statt. Die deutsche Terroristin Brigitte Mohnhaupt behauptet, von seiten der RAF hieran (stimmberechtigt?) teilgenommen zu haben. Die Information ist mit äußerster Vorsicht zu behandeln. Es kann sich auch um Anmaßung, ja um reine Wichtigtuerei handeln. Selbst Ort und Zeitpunkt des Treffens sind nicht mit letzter Sicherheit belegbar. Hier aber soll, und zwar mit der denkbar knappsten Mehrheit, die endgültige Entscheidung für den Mord gefallen, gleichzeitig aber um 48 Stunden ausgesetzt worden sein, um Fanfani Zeit für seine Initiativen zu geben. Noch hatte Moretti nicht gewonnen. Fanfani spricht von »Bewegung in der Sache«, und Leone versichert Frau Moro abermals, daß er für die Begnadigung Buoncontos bereitsteht. Alles hängt von einer Unterredung zwischen dem Staats- und dem Ministerpräsidenten am 8. Mai ab. In dieser gibt Leone gegenüber Andreotti klein bei. Er buckelt vor dem Buckligen. Die Würfel sind gefallen. Immerhin wird bekanntgegeben, daß die Führungsgremien der Partei am Vormittag des nächsten Tages über die Einberufung des DC-Nationalrats befinden werden, so wie Moro es in einem seit Wochen eingegangenen Brief verlangt hatte. Der Tanker bewegt sich langsam, aber er bewegt sich. In diese schüchternen und ungewissen Zeichen der sich auflockernden harten Linie wird der Mordbefehl gegeben und durch die Botschaft »*Il mandarino è marcio*« (»Der Mandarin ist verfault«) angekündigt.[154] Zum konkreten Tatablauf hat Tina Anselmi, die Vorsitzende des ersten Untersuchungsausschusses zu Moro, in einem Interview mit dem Hamburger Nachrichtenmagazin *Der Spiegel* gesagt: »Wer den Befehl zu seiner Erschießung gegeben hat (…), wer den Mord anordnete, darüber haben die geständigen Terroristen bisher nichts ausgesagt.« Woraufhin *Der Spiegel* erwiderte: »Vielleicht wußten sie es nicht. (…) Vielleicht wissen die Chefs der Nachrichtendienste, die für die Großfahndung nach den Moro-Mördern verantwortlich und alle eingeschriebene Mitglieder der Loge waren, darüber Genaueres?«[155]

Inzwischen, keine 48 Stunden vor dem Mord, hat Eleonora Moro das letzte Lebenszeichen erhalten. Ein Mann, der einmal ein Mann der Macht war, nimmt Abschied, ganz zärtlich und privat:

>»Ein Kuß und eine Liebkosung für jeden von Euch, Gesicht an Gesicht, Auge in Auge, Haar an Haar. Sei stark, meine Liebste, in dieser absurden und unbegreiflichen Schicksalsprüfung. So sind nun einmal die Wege des Herrn. Nichts ist möglich, wenn keine Tür mehr geöffnet werden darf.«[156]

Von irgendwelchen politischen Forderungen ist nicht mehr die Rede. Dafür macht Moro im allerletzten Satz dieses unvollendeten Briefes auch vor seinem einstigen Jugendfreund, dem Pontifex Maximus der katholischen Christenheit, nicht mehr halt, auch wenn Kritik und Enttäuschung noch maßvoll, fast zurückhaltend und bescheiden klingen, wenn er klagt: »Der Papst hat wenig getan. Vielleicht hatte er Skrupel.«

»Männer der Roten Brigaden (…),
ich flehe Euch auf Knien an:
Gebt Aldo Moro frei, ohne Bedingungen!«

Papst Paul VI.

DER MORD

Rom, 9. Mai 1978. Primavera. Das heißt, in Wirklichkeit ist der Sommer bereits seit Tagen in der Luft. Schon auf der Höhe des Vormittags ist es warm, wenn nicht drückend. Kein Touristentip. An den Stränden werden die ersten Bäder genommen, und die auch in der Stadt üppige Vegetation steht in voller Pracht. Zypressen, Zedern und Pinien lechzen vor lauter Sonne schon wieder nach Wasser, und zahllose Blütenblätter in den zahllosen Vorgärten, Innenhöfen und Plätzen, die im März so saftig und hoffnungsvoll gesprossen waren, liegen längst welk und vertrocknet am Boden.

Alltag in der Via Michelangelo Caetani. Das Leben beginnt früh, frisch, quirlig und geschäftig, denn die Straße liegt mitten im Zentrum der Stadt, Parlament, Pantheon und Forum Romanum, die Stätten antiker und aktueller Macht, sind zu Fuß zu erreichen. Daher wundert es auch nicht, daß die Straße schon am frühen Morgen restlos zugeparkt ist, legal und illegal, längsseits und quer. Das war an diesem Dienstag nicht anders als an allen anderen Tagen vorher und nachher. Deshalb fiel auch jenes Fahrzeug nicht auf, das nun schon einige Tage und Nächte unbewegt gegenüber dem wuchtigen Palazzo Mattei, einem Renaissancepalast, stand, der im vorigen Jahrhundert dem Adligen Michelangelo Caetani gehört hatte, eben jenem, nach dem die Straße seither benannt war. Auffälliger war da schon ein anderes Manöver, mit dem der Wagen schließlich doch, am Morgen dieses Tages, ausparkte: Sofort besetzte ein Motorradfahrer die freie Stelle, beide verständigten sich kurz mit Blick und Geste, sie mußten sich kennen, ja abgesprochen haben.[157] Dabei war der Parkplatz alles andere als attraktiv. Er war nicht mal legal. Am anliegenden Haus wurde gerade die Wand frisch verputzt, und das Baugerüst schob sich fast um eine Autolänge in die Straße hinein, so daß sich die (um nicht einen Meter unterbrochene) Reihe parkender Fahrzeuge auf dieser Höhe im absoluten Halteverbot befand, aber das stört in Rom kaum jemanden. Da ausgerechnet diese Stelle blockiert, quasi reserviert war, mußte es irgend etwas mit ihr auf sich haben. Wer sie von zwei Fixpunkten aus anläuft, wird feststellen, daß er praktisch die gleiche Anzahl an Schritten benötigt, um sie zu erreichen, und zwar sowohl von der Parteizentrale der Christdemokraten, zwei Ecken weiter, an der Piazza del Gesù, als auch vom Hauptquartier der Kommunisten in der Via delle Botteghe Oscure, der nächsten Querstraße. Der Parkplatz, auf dem noch immer der Motorradfahrer stand, lag gewissermaßen auf halber Höhe, in gleichem Abstand zu beiden. Berlinguer konnte einen Teil der Via Caetani sogar vom rückwärtigen Balkon seines Büros im ersten Stock einsehen. Das Viertel, in dem sich die Headquarters der beiden größten Parteien befinden, gehört zu den bestbewachten in der ganzen Hauptstadt. An der Piazza del Gesù steht eine Armada von Wagen des Überfallkommandos in ständiger Bereitschaft, und um den KPI-Sitz in der Via delle Botteghe Oscure, im Volksmund scherzhaft Revolutionsministerium genannt, kreist Tag und Nacht ein elektronischer Schirm, der die Umgebung auf Verdächtige und Verdächtiges abtastet. Überhaupt wimmelt es auf Schritt und Tritt von Polizisten. Die Roten Brigaden inszenierten den letzten Akt berechnend, höhnisch und verächtlich mitten in der Höhle des Löwen.

Es ist kurz nach acht Uhr. Aldo Moro ist aufgestanden. Er duscht und wäscht sich. Er rasiert sich nicht, schon seit Tagen nicht mehr. Er ißt nichts. Er trinkt ein bißchen Tee. Sie geben ihm in einer Plastiktüte alle Kleidungsstücke wieder, die er am Tag seiner Entführung getragen hatte, frisch gewaschen, gesäubert und gebügelt. Er weiß, was das bedeutet. Er hat eine letzte Bitte. Er möchte, wenn alles vorbei ist, daß seine Frau unter den ersten ist, die es erfährt, und er möchte nicht, daß sie es aus dem Radio oder durch eine verstellte Stimme am Telefon erfährt, sondern von einem guten Freund. Die Bitte wird ihm gewährt. Er möchte nicht, daß sein Körper in die Hände des Staates fällt. Er zieht sich an. Er streift sich zwei Paar Unterwäsche über, das äußere dicker und länger als das innere. Er zieht sich azurblaue Socken an. Das weißblau gestreifte Oberhemd ist von Ninarelli in Bologna. Es trägt die Initialen A. M. Er ist akkurat, bis zum Schluß. Das Einstellen der Rasur ist das einzige äußere Zeichen von Selbstaufgabe, das er sich gewährt, möglicherweise ist es aber auch von den Terroristen verfügt, weil sie die Parallele zu den Bildern von Schleyer wollen. Er legt die Manschettenknöpfe an und eine weißblaue Krawatte. Er bindet den Knoten sauber, korrekt und gekonnt wie immer, so, als ob es ins Parlament oder zu einem auswärti-

Die Leiche Aldo Moros im Kofferraum eines roten Renault 4,
unmittelbar nach der Entdeckung des Fahrzeugs am 9. Mai 1978
in der Via Caetani, mitten im Zentrum Roms

gen Staatsbesuch geht. Er zieht einen dunkelblauen Anzug an, die
Hosen werden von weißen Trägern gehalten. Er hat zweiundzwanzig
Pfund Gewicht verloren. Weste und Jackett sind passend zur Hose.
Er schließt alle Knöpfe, es sind über zwanzig. Er schlüpft in dunkle
Mokassins. Alles paßt, auch wenn es etwas schlaff am Körper sitzt und
Wintergarderobe ist, so, wie man sie in Rom Mitte März trägt. Alles
ist so, wie es sein soll, und nur ein falscher Handgriff deutet auf die
ungeheuere Spannung, unter der er steht: Moro hat sich die Socken
falsch herum angezogen, das Innere nach außen. Nur sein Portemon-
naie, seine Uhr und ein Armband, Dinge von materiellem und per-
sönlichem Wert, trägt er nicht bei sich. Sie bleiben in der Plastiktüte,
sein Nachlaß, jedenfalls für die Verbrecher. Er steht auf und verläßt
das »Volksgefängnis«. Es ist der fünfundfünfzigste Tag seiner Gefangenschaft. Die Plastiktüte wird von einem Brigadisten getragen. Er
muß in einen Strohkorb steigen. Stimmt es wirklich, daß beim Raus-
tragen eine Anwohnerin vorbeikommt?[158] Warum ruft er denn nicht?

Warum schreit er nicht mehr um sein Leben? Draußen wartet ein gestohlener roter Renault 4. Ein Mann und eine Frau tragen den Korb. Sie öffnen die Heckklappe des Wagens. Drinnen liegt eine orangefarbene Decke. Der Raum zwischen Rücksitz und Hecktür ist nur halb so groß wie er selbst. Sie zwingen ihn, sich da reinzuzwängen, und er fügt sich. Dann fahren sie los.

Es ist kurz vor zehn. An der Piazza del Gesù werden die Vorbereitungen für eine Sitzung getroffen. Einziger Tagesordnungspunkt: Moro. Das Treffen ist für 10.00 Uhr anberaumt, aber das nimmt in der romanisch-mediterranen Welt niemand so genau. Rom ist nicht das preußische Berlin. Der Zeiger geht schon auf halb, als sich alle Teilnehmer im ersten Stock der DC-Zentrale eingefunden haben. Eine lange Rednerliste wird eröffnet. Für die weiche Linie und gegen die *intransigenza* von Christdemokraten (und Kommunisten) sprechen nur zwei: Riccardo Misasi und Amintore Fanfani. Letzterer wird als ältester in der Runde das letzte Wort haben. Dann fangen sie an. Sie reden und reden und reden.

Es ist kurz vor zehn. Der rote Renault biegt in eine der zahlreichen Tiefgaragen, die im Zentrum der Stadt in den geschichtsträchtigen Boden gegraben worden sind. Am Steuer sitzen Adriana Faranda und Valerio Morucci, die »Fahrschülerin« und der »Fahrlehrer«, wie damals in der Via Fani. Faranda hat den Wagen vor zehn Wochen etwa drei Kilometer von der Via Caetani entfernt gestohlen. Seither ist er ganze fünfzehn Kilometer gefahren worden. Moros Versteck muß also mitten in der Innenstadt gelegen haben. Was sich in den folgenden Minuten ereignet, liegt seither wie eine dunkle Hypothek auf der italienischen Nachkriegsgeschichte, und damit nicht genug, wie es sich ereignete, liegt weitestgehend im Dunkel der Geschichte. Tat und Täterschaft sind nicht vollständig zu rekonstruieren. Es ist nicht auszuschließen, daß die Uneinigkeit unter den Brigadisten bis zu Moros letztem Atemzug dauerte, wenn sie es denn überhaupt (allein) waren, die ihn umbrachten. Mario Moretti und Prospero Gallinari sind später als seine Mörder verurteilt worden, aber zumindest an den letzteren glaubt inzwischen keiner mehr so richtig. 1993 bezeichnet Adriana Faranda nach dramatischer Einvernahme im Gefängnis ihren Exgenossen Germano Maccari als den lange gesuchten »vierten Mann«, der die Tat zusammen mit Moretti ausführte.[159] Wer war dann der dritte, und wer der zweite, wenn nicht Gallinari? Hat es auch hier, wie in der Via Fani, »Helfer« von außerhalb gegeben, Mafiosi, V-Leute, Vertraute Gellis oder gedungene Killer? Immerhin, Maccari gesteht 1996 nach fünfstündigem Verhör, einer der Moro-Mörder zu sein. Daß die Exekution drängte, war Moretti nur zu klar, denn die Verhandlungsbereitschaft der anderen Seite wuchs von Tag zu Tag. Gerade jetzt erläuterte Fanfani, welch wirklich nur noch symbolischen Preis der arme kranke Schlucker Alberto Buonconto darstelle. Auch der Widerstand in den eigenen Reihen wuchs. In den Taschen Moros findet sich der berühmte Geldbetrag, der ausreicht, um ein Taxi zu bestellen und es zu bezahlen. Was sollte das? »Ist Moro von den einen befreit und von den anderen umgebracht worden?«[160] Oder war das die Täuschung eines Todgeweihten? Warum eigentlich leisteten Faranda und Morucci, wenn sie doch gegen die Tat waren, immer wieder die entscheidende logistische Hilfe, von der Via Fani bis zur Via Caetani? Ballistische Untersuchungen haben ergeben, daß neun Kugeln aus einer der beiden Mordwaffen von einer schwankenden, schwachen Hand abgefeuert worden sind. Der einer Frau? War sie der »dritte Mann«? Oder war das jener Enrico Bianco, der erst zwanzig Jahre später in Griechenland aufgespürt und verhaftet wird? – Spekulation. Moretti wußte, daß die Zeit gegen ihn arbeitete, und deshalb ordnete er die Hinrichtung an, zur Überraschung der gesamten »Bewegung« in Rom, aber mit der Rückendeckung des »Mehrheitsvotums« der Kolonnenführersitzung in der Nähe von Mailand. Der scheinheilige »Fahrlehrer« und seine nicht weniger scheinheilige »Fahrschülerin« übergaben das Opfer in der Tiefgarage seinen Mördern. Moro selbst muß sie noch für einen kurzen Moment gesehen haben, als sie die Heckklappe des Renault 4 hochrissen. Instinktiv hob er die rechte Hand, um mit ihr seinen Körper zu schützen.

Die erste Kugel trifft den Daumen dieser Hand, reißt den Fingernagel heraus und bohrt sich in den linken Lungenflügel. Blut schießt aus der Wunde. Dann folgen die neun Schüsse der »schwachen Hand«, abgefeuert aus einer 32kalibrigen Maschinenpistole der Marke Skorpio mit aufgesetztem Schalldämpfer. Keine Zehntelsekunde später beginnt eine erneute Serie aus einer 9-Millimeter-Pistole, wahrscheinlich einer Beretta. Es sind zwei Menschen, die schießen. Alle Kugeln treffen Moro dort, wo er den Mördern seine ausgestreckte Hand hinhielt, in die Lunge. Das Herz, das nicht nur für die Verbrecher das Herz des Staates, seines Staates, war, bleibt unverletzt. Drei Kugeln durchstoßen den Körper und graben sich in die Seitenverkleidung des R 4 ein, sieben bleiben in der Lunge stecken und eine unter dem linken Schlüsselbein. Aldo Moro stirbt kurz vor zehn Uhr an einem schweren Blutsturz. Die Mörder legen über die

Wunden vier große Taschentücher, die das Blut aufsaugen sollen. Sie stellen die Plastiktüte neben die Leiche, ziehen die orangefarbene Decke über sie und werfen einen Mantel oben drüber. Adriana Faranda übernimmt den Wagen, fährt ihn in die Via Caetani, verständigt sich kurz mit dem wartenden Motorradfahrer, parkt ein und verläßt die Straße. Volle zwei Stunden bleibt das Auto dort unbeachtet und unbewacht stehen. Dutzende von Passanten laufen vorbei. Was besagen schon ein Mantel und eine Decke, die sich wegen irgend etwas darunter ausbauchen? Nur wer wirklich genau reingeschaut hätte, hätte wahrgenommen, daß an einer Stelle ein Büschel grauer Haare herauslugte. Schon vier Tage zuvor hatten die Roten Brigaden in ihrem letzten, dem neunten Kommuniqué von »der Schlacht, die hiermit endet«, gesprochen. »Es ist das Eingeständnis einer Niederlage.«[161] Mochten sie noch so fern- und fremdgelenkt sein, das Maß an ideologischer Besessenheit und Verblendung lädt ihnen, und nicht nur ihren Hintermännern, die Schuld an Moros entsetzlichem Ende auf. Wer das abscheuliche Niederknallen eines Wehrlosen in der Anonymität einer Tiefgarage als »Schlacht« bezeichnet, versteht sich nicht als Werkzeug in den Händen anderer. Das also sollte die ruhmreiche Tat sein, mit der sie sich vor der deutschen RAF an die Spitze des europäischen Terrorismus morden wollten! Das also sollte das Einlösen des hochgesteckten Plans sein, den Moretti an jenem Septembertag des Jahres 1977 unter dem Eindruck der Schleyer-Entführung in dem römischen Vorstadtkaff Velletri vorgegeben hatte? Die Wirklichkeit sah anders aus. Die Schüsse in der Tiefgarage, diese denkbar feigste Form von »Volkskampf«, markieren den Höhe- und Umschlagpunkt des Terrorismus in Europa. Tatsächlich wähnten sich die *Brigate Rosse* in den folgenden Wochen und Monaten auch außerhalb Italiens in der Führungsrolle, und eben so führten sie sich in ihrer Kontaktnahme mit RAF, *Action Directe* und dem terroristischen Flügel der PLO auch auf. Aber die Basis in Arbeiter- und Studentenschaft, soweit es sie denn wirklich gab, schwand von nun an rapide, und wer sich bis dahin noch als Sympathiesant verstanden hatte, wendete sich jetzt angewidert ab. »Das Phänomen des Linksterrorismus als tendenzieller Massenbewegung fand damit seinen Abschluß (…)«[162]

Rom, Hauptbahnhof, 9. Mai 1978. Es ist Punkt zwölf Uhr. Dr. Nikolai eilt behenden, aber keineswegs besorgten Schrittes auf das große Gebäude zu. Gelbe Taxen drängeln sich vom Vorplatz in den fließenden Verkehr, Busse hupen, Fußgänger hasten und fluchen. Ein ständiges Kommen und Gehen, und vor allem: überall Polizei. Sie kümmert sich nicht um die schrägen Typen, die ungeniert eingeschmuggelte Zigaretten, Kofferradios und anderes Zeug von dubioser Qualität feilbieten. Und Dr. Nikolai kümmert sich nicht um die Polizei. Von der Telefonkabine, die er soeben aufgesucht hat, kann er sogar direkt in die Diensträume sehen, die sie im Bahnhof belegt. Er wirft ein paar Münzen in den Schlitz, wählt eine Nummer und wartet. Um exakt zehn nach zwölf erhält er Verbindung. Er weiß, daß das Gespräch abgehört wird, und er weiß, daß er maximal drei Minuten Zeit hat, um den Bahnhof sicheren Schrittes wieder zu verlassen – als Valerio Morucci und nicht als Dr. Nikolai, der er zu sein vorgibt. Danach ist er lokalisiert und das Einsatzkommando unterwegs.

»Hallo, ist da Professor Franco Tritto?«[163]

»Wer spricht?«

»Doktor Nikolai.«

»Was für ein Nikolai?«

»Sind Sie Professor Franco Tritto?«

»Ja, das bin ich.«

»Eben, ich hatte den Eindruck, die Stimme zu kennen. Hören Sie, abgesehen davon, daß Ihr Telefon abgehört wird, müssen Sie der Familie eine letzte Nachricht überbringen.«

»Ja, aber wer sind Sie?« Tritto stellt die Frage, obwohl er die Stimme sofort wiedererkannt hat. Der Mann am anderen Ende der Leitung hat ihn in den letzten Wochen mehrfach angerufen.

»Sind Sie denn wirklich Professor Franco Tritto?«

»Ja, aber ich möchte wissen, wer spricht!«

»Dr. Nikolai« antwortet gereizt:

»Rote Brigaden. Verstanden?«

»Ja.«

»Gut. Ich kann nicht lange telefonieren. Sie müssen also der Familie etwas ausrichten. Sie müssen persönlich hingehen, auch wenn Ihr Telefon abgehört wird, macht nichts; sie müssen persönlich hingehen und ihnen dies sagen: Wir respektieren den letzten Willen des Präsidenten und teilen der Familie mit, wo sie den Körper des Ehrenwerten Aldo Moro finden kann.«

Tritto findet für Sekunden keine Worte.

»Aber was soll ich denn machen?«

»Hören Sie mich?«

Zuggeräusche übertönen das Gespräch. »Dr. Nikolai« wird zusehends nervöser.

»Nein, wenn Sie wiederholen könnten, bitte!«

»Nein, ich kann nicht wiederholen. Also, sehn Sie, Sie sollen der Familie mitteilen, daß sie den Körper des Ehrenwerten Aldo Moro in der Via Caetani finden. Das ist die zweite Querstraße nach rechts von der Via delle Botteghe Oscure. Haben Sie das verstanden?«

»Ja.« Trittos Antwort klingt matt.

»Da steht ein roter Renault 4. Die ersten beiden Nummern auf dem Kennzeichen sind N 5.«

»N 5?« Tritto beginnt zu weinen.

»Soll ich anrufen?«

»Nein, Sie sollen hingehen, persönlich!« »Dr. Nikolai« spricht langsam, als wolle er Tritto Mut zureden.

»Ich kann nicht!« Tritto weint hemmungslos.

»Sie können nicht? Sie müssen!«

»Ja, natürlich, ja.«

»Es tut mir leid, nur, wenn Sie telefonieren, dann würden Sie nicht, dann würde das nicht vollständig der Bitte entsprechen, die der Präsident uns ausdrücklich aufgetragen hat (…)«

Tritto ist am Ende seiner Kraft. Mit tränenerstickter Stimme sagt er nur noch:

»Sprechen Sie mit meinem Vater! Ich bitte Sie!«

»Ja, gut.« Der Terrorist willigt ein, obwohl ihm die Zeit davonrennt. Er kann sich an allen fünf Fingern abzählen, daß er jetzt geortet und das Einsatzkommando in Marsch gesetzt sein muß. Trittos Vater kommt ans Telefon.

»Hallo? Was wollen Sie mir sagen?«

»Sie müssen zur Familie des Ehrenwerten Moro gehen oder Ihren Sohn hinschicken oder notfalls telefonieren.«

»Ja.«

»Es reicht, wenn Sie es machen. Die Nachricht habe ich Ihrem Sohn schon gesagt. In Ordnung?«

»Kann ich nicht selber hingehen?«

»Sie? Ja, Sie können hingehen.« Die Stimme von »Dr. Nikolai« wird jetzt heftig und scharf.

»Weil es meinem Sohn nicht gutgeht.«

»Sie können auch gehen. Das ist genauso gut, natürlich. Aber beeilen Sie sich, weil der Wille, der letzte Wille des Präsidenten war, daß seine Familie benachrichtigt wird, wissen Sie, weil seine Familie seinen Körper zurückhaben soll. In Ordnung? Auf Wiedersehen.«

Er hängt ein, volle dreißig Sekunden über der Zeit. Obwohl ihm der

Boden unter den Füßen brennt, bleibt er geduldig, kühl und respektvoll. Moro nennt er den Ehrenwerten oder den Präsidenten. Franco Trittos Vater macht sich unverzüglich auf in die Via del Forte Trionfale, zu Fuß, in der schwersten und schlimmsten Mission seines Lebens. Er findet die Familie fast vollständig versammelt, auch Luca. Nur die älteste Tochter ist zu einer Behandlung im Krankenhaus. Wenn Eleonora Moro irgendwann in ihrem Leben gefaßt war, dann in diesem Moment. Es gibt keine Trauer, kein lähmendes Entsetzen und keine Resignation. Eleonora beginnt ihren letzten Kampf, den Kampf um den Leichnam ihres Mannes, mutig, beherzt und siegesgewiß.

Piazza del Gesù, gegen ein Uhr. Fanfani spricht. Er wirft sein volles Gewicht gegen die harte Linie. Andreotti hört eher gelangweilt als pflichtergeben zu. Nebenan wird das Mittagessen vorbereitet, aber den hohen Herren ist der Appetit in den letzten Wochen vergangen. Heute wird ihnen jeder Bissen im Halse steckenbleiben. Draußen schrillt ein Martinshorn. Nichts Besonderes um diese oder jede andere Zeit. Im Stockwerk über dem Sitzungszimmer, in Zaccagninis Büro, geht das Telefon. Umberto Cavina, sein Pressesprecher, geht ran. Der Anruf kommt aus der Einsatzzentrale der Polizei. Eine verlegen stotternde Stimme sagt: »Wissen Sie, ich glaube, sie haben ihn gefunden, ganz in Ihrer Nähe.« Draußen gehen jetzt Sirenen, zur Mittagszeit, mehrere gleichzeitig, von nahen und von fernen Dächern. Cavina ruft Cossiga. Der wartet zwei Minuten, dann ruft er bei der Zentrale zurück. Die Bestätigung. Der Pressesprecher geht runter in den Sitzungssaal. Fanfani spricht. Cavina schleicht sich zu Zaccagnini und flüstert ihm etwas ins Ohr. Andreotti sitzt daneben. Zaccagnini unterbricht Fanfani, geht raus und spricht mit Cossiga. Als er wieder reinkommt, bleibt er stehen. Unaufgefordert stehen auch alle anderen auf. Drinnen ist Totenstille, draußen kreischen Sirenen, Martinshörner, Stimmen und Hupen in unerträglicher Dissonanz. Es ist eine Stimmung wie bei der Eröffnung des Jüngsten Gerichts. »Der Mord ist geschehen. Alles, was wir unternommen haben, um das Leben von unserem Freund Aldo Moro zu retten, war umsonst. Der Körper von Aldo Moro ist nur ein paar Meter von uns entfernt.« Nach diesen Worten legt Zaccagnini sich der Länge nach auf den Fußboden. Sekundenlanges Entsetzen. Dann rennen einige raus zur Via Caetani, um mit eigenen Augen zu sehen, ob das Unglaubliche wahr ist.

Berlinguer sitzt in seinem Büro. Draußen ist es lauter als sonst, erheblich, aber auch auf den Fluren ist jetzt ein andauerndes Geraune und Gerenne. Unten in der Telefonzentrale geht ein Anruf ein. Ein aufsässiger Reporter will wissen, ob es wirklich stimmt, daß die Leiche Aldo Moros den Kommunisten vor die Haustür gelegt worden ist. Er wird abgewimmelt. Zwei Minuten später. Wieder ein Anrufer mit der gleichen Frage. Irgend etwas davon dringt auch zu Berlinguer in den zweiten Stock. Er steht auf, geht zum Balkonfenster und schaut auf die verstopfte Durchgangsstraße unter sich. Zur Linken kann er in die Via Caetani hineinsehen. Sie wird gerade von der Polizei abgesperrt. Ganze Menschenknäuel haben sich inzwischen gebildet. Berlinguer wendet sich schweigend ab. Er weiß schon. Er geht runter zum Pförtner und ordnet an, die rote Hammer-und-Sichel-Flagge auf halbmast zu senken. Automatisch senken sich, auch ohne jede Anweisung, die Fahnen auf allen öffentlichen Gebäuden der Stadt auf halbmast, mit einer einzigen Ausnahme: dem Ministerpräsidentenpalais Giulio Andreottis.

Die Via Caetani ist jetzt zu beiden Seiten abgesperrt, aber sie ist längst voller Menschen. Die Polizei gibt strikte Anweisung, das Auto nicht zu berühren. Das Öffnen könnte eine Bombenzündung auslösen. Das Entsicherungskommando wird jeden Moment erwartet. Einem Schaulustigen dauert das zu lange. Im Gewimmel öffnet er die rechte Vordertür, greift nach hinten und zieht die orangefarbene Decke runter. Kein Zweifel, da liegt Moro. Cossiga kommt, eine Wand von Menschen vor sich. Er stellt sich auf die Zehenspitzen und schiebt zusammen mit Polizisten und anderen hohen Herren, auch von der KPI, die Menge vor sich her. Endlich sind sie nahe genug herangekommen. Der Mann liegt zusammengekrümmt auf der Decke. Neben ihm zwei rostige Schneeketten. Seine Jacke ist offen. Seine zerschossene rechte Hand liegt halb geschlossen über der Hosentasche, der Kopf ist auf die linke Schulter gesunken. Seine Wangen sind eingefallen, seine Augen zu drei Vierteln geschlossen. Er sieht weiß Gott nicht so aus, als ob er schläft. Cossiga fährt sich immer wieder mit den Mittelfingern durchs Haar. Das Entsicherungskommando hat die Hecktür gerade geöffnet. Ein Priester bahnt sich den Weg. Er sagt, daß er den Toten gut kannte. Er kommt von der Jesuitenkirche an der Piazza del Gesù. Er gibt dem gläubigen Katholiken die letzte Absolution.

Via Caetani, zwanzig nach drei. Eleonora Moro und die Kinder treffen ein. Auch hier fließen keine Tränen, nur Anna seufzt still in sich hinein. Minutenlang starrt die Familie wortlos auf ihren Vater, dann kehren sie in die Via del Forte Trionfale zurück. Dort geht Frau Moro ins Schlafzimmer. Sie nimmt ein kleines Kreuz ab, das über dem Ehebett hängt, und sagt zu ihren Kindern: »Jetzt bleibt uns nur noch das Gebet, um unserem Vater nahe zu sein.«[164] Dann diktiert sie eine Erklärung, die zusammen mit der Nachricht vom Mord sofort von allen großen Zeitungen publiziert wird:

> »Die Familie wünscht, daß der Wille Aldo Moros vom Staat und den Parteien respektiert wird. Das bedeutet: keine öffentliche Veranstaltung, noch Zeremonien oder Reden; keine Staatstrauer, kein Staatsbegräbnis und keine Gedenkmedaille. Die Familie verschließt sich im Schweigen und erbittet Schweigen. Über Leben und Tod Aldo Moros mag die Geschichte urteilen.«[165]

Einige von ganz oben sollten sich noch wundern, wie sehr dieser letzte Wille in die Tat umgesetzt werden sollte, denn eine Minute nach dem Auffinden der Leiche setzte bereits die Wieder-Heiligsprechung eines Mannes ein, der 55 Tage lang gefangen, erpreßt, verwirrt und gefoltert war, der so merkwürdige, unbarmherzige Briefe und Worte von sich gegeben hatte und den es nun wieder ins rechte Licht zu rücken galt, je schneller, desto besser – und ungefährlicher. Der tote Moro mutierte zu einer Lichtgestalt, die es im wirklichen Leben nie gegeben hatte. Die meisten hätten ob der Lobeshymnen, die sie nun vor laufenden Kameras von sich geben, eigentlich vor Scham im Erdboden versinken müssen. Keiner nimmt ihnen auch nur ein Wort ab, im Gegenteil, erste Zwischenrufe unterbrechen die Männer der Macht (»Lügner«, »Mörder«), drohende Fäuste werden geschüttelt, einige spucken aus. Als die Leiche zur Autopsie überführt und die Sperrung der Straße aufgehoben wird, rotten sich die Menschen zusammen und ziehen zur Piazza del Gesù. Wütende Worte, Beschimpfungen, Flüche, nicht nur gegen die Christdemokraten. Berlinguer nennen sie einen Henker, und für den einsitzenden Terroristenchef Curcio fordern sie die Todesstrafe. Wann fliegen die ersten Steine? Der Sozialdemokrat Giuseppe Saragat, Vorgänger Leones im Amt des Staatspräsidenten, spricht im Angesicht des Ermordeten das aus, was sich als gnadenlose Prophezeiung bewahrheiten soll: »Neben der Leiche des Präsidenten der Christlichen Demokratie liegt die Leiche der ersten Republik (...)«[166]

Eleonora Moro ist alles andere als gelähmt. Nach Hause zurückgekehrt, entfaltet sie eine genauso hektische wie umsichtige Aktivität. Nach dem Kampf um das Leben ihres Mannes beginnt jetzt der Kampf um seinen Leichnam. Sie führt ihn wie den vorangegangenen zielstrebig und beherzt, und sie führt ihn allein, nur mit ihren Kindern und Vertrauten, gegen die Männer der Macht, gegen den Staat. Sie beauftragt den Rechtsanwalt Giuliano Vassalli, einen Sozialisten, alle erforderlichen Schritte einzuleiten, um die Rechte (an ihrem Mann) zu garantieren. Dieser informiert sofort die Regierung und die beiden großen Parteien über den Willen und die Absicht der Witwe. Man ist schockiert. Staatstrauer ist bereits angeordnet. Das Staatsbegräbnis soll am Samstag zelebriert werden. Alle Großen dieser Welt werden eingeladen, Helmut Schmidt, Jimmy Carter, Leonid Breshnjew, Giscard d'Estaing, König Juan Carlos, Josip Broz Tito, Indira Gandhi, Olof Palme, Erich Honecker, Anwar el Sadat, Nicolae Ceausescu und all die Häupter und Mächte. Sollen sie vor einem leeren Sarg sitzen? Gespenstisch.

Unten an der Wohnung der Moros geht die Klingel. Kardinal Poletti ist aus dem Vatikan herübergekommen, allein und ohne Gefolge. Er beschwört Eleonora. Er gibt zu, in offizieller Mission des Papstes, der DC und der Kommunisten (!) zu ihr zu kommen. Das, was sie vorhat, wäre eine Entwürdigung, ja Blamage, wie es sie noch bei keinem Staatsbegräbnis gegeben hat, und es wäre zudem ein zweiter Sieg für die Terroristen. Paul VI., der Freund von einst, am Ende seiner Kraft, und jetzt auch noch vor aller Welt bloßgestellt; ob sie das wolle? Die Frau, der wahrlich schon genug zugemutet worden ist, geht in sich – und läßt den Gottesmann unverrichteter Dinge wieder abziehen. Es ist Abend geworden. Auf der Piazza San Giovanni haben sich inzwischen 400 000 Menschen in stillem, lautlosem Protest versammelt. Die Stimmung droht längst nicht mehr in Gewalt umzuschlagen. Hier wird kein Bürgerkrieg heraufbeschworen. Schweigen, Trauer, Ohnmacht und tiefer Schmerz beherrschen die Menschen. Viele weinen still in sich hinein. Dann wird es Nacht über der Stadt.

10. Mai. Überall gibt es nur ein Thema, auf den Straßen, in den Cafés, in Presse, Funk und Fernsehen. Das Programm ist umgestellt, leichte Muse, Kriminalfilme und Frivoles sind abgesetzt. Aus allen Lautsprechern klingt ernste Musik. Schon seit den frühen Morgenstunden wird praktisch nur über Moro berichtet: seine Kindheit, sein politischer Werdegang, seine Gläubigkeit, sein unersetzlicher Verlust für das Land, seine ganze Biographie, das heißt: Nur über die letzten 55 Tage seines Lebens wird mit Anstand und Höflichkeit hinweggegangen. Der großen Verlogenheit zweiter Teil hat begonnen. So geht das den ganzen Tag. Obwohl beim Tod von Politikern immer eine Frist von zehn, zwanzig oder mehr Jahren eingehalten wird, kommt aus den ersten Dörfern und Städten in der Provinz die Nachricht, daß

Rathäuser und Gemeindeparlamente – und dies zumeist unisono – die Benennung von Aldo-Moro-Straßen und Aldo-Moro-Plätzen verfügt haben, und wer die sülzig-salbungsvollen Politikerreden in den Medien verfolgt, der muß zu der Einschätzung gelangen, daß die Umbenennung Roms in Aldo-Moro-Stadt noch für den gleichen Tag ansteht.[167] Am dreistesten treibt es, wieder einmal und wer sonst, Andreotti, respektlos, gottlos und eiskalt. Er macht auf der Leiche Moros Politik, und zwar gegen dessen Lebenswerk, den Historischen Kompromiß. Auf einem Tisch im Parteipräsidium der DC ist inzwischen das Kondolenzbuch ausgelegt. Andreotti veranlaßt, daß eine Fahne dazugestellt wird, an der (angeblich) das Blut von Christdemokraten klebt, die in einem den Kommunisten zugeschriebenen Hinterhalt während der Klassenauseinandersetzungen im Zweiten Weltkrieg getötet worden sind. Das sind Knüppel zwischen die Beine der KPI, des Partners in der Regierung der nationalen Solidarität, das ist die Instrumentalisierung eines Ermordeten. Die Kommunisten Berlinguers sollen den Kommunisten der Roten Brigaden an die Seite gestellt werden.

Eleonora Moro hat das Haus verlassen. Wohl wissend, daß ihre Leitung nach wie vor abgehört wird, telefoniert sie von Telefonzellen in Nebenstraßen, vor allem immer wieder mit dem Bürgermeister, dem Pfarrer und dem Schulrektor eines 700-Seelen-Dörfchens nördlich von Rom, direkt am Tiber. Sie bittet diese drei, »alles Nötige« zu veranlassen. Der kleine Flecken trägt den Namen Torrita Tiberina, nach den steinernen Türmen aus dem Mittelalter, die schon von weitem zu sehen sind. Die Moros haben eine besondere Beziehung zu dem Ort. 1953 hatten sie hier für umgerechnet 5 000 Dollar ein Haus erworben, es mit schlichter Eleganz ausgestattet und immer wieder als Refugium genutzt, um dem Trubel der Hauptstadt zu entfliehen. Hier, auf dem Dorffriedhof, wollten sie eines Tages auch begraben sein. Erste Überlegungen, dort ein Familienmausoleum zu errichten, waren auch schon angestellt, aber noch nicht weit gediehen. Bei ihrer nicht asketischen, aber genausowenig ausschweifenden oder opulenten Lebensweise erschien es dem Schicksal gegenüber nicht anmaßend, die Gruft so um das Jahr 2000 herum fertiggestellt zu haben. Noch war kein Spatenstich getan, noch nicht einmal der erforderliche Grund und Boden auf dem Friedhof erworben.

Es ist Mittag. Unten an der Tür geht die Klingel. Kardinal Poletti ist aus dem Vatikan herübergekommen, allein und ohne Gefolge. Papst Paul, der Freund von einst, bittet um Aldo Moros Rosenkranz.

Eleonora ist gerührt. Ein paar Schritte mögen sie wohl auch Richtung Schlafzimmer und Nachtschrank ihres Mannes getragen haben; dann dreht sie sich um – und läßt den Gottesmann mit leeren Händen abziehen. Diesmal weiß er, daß er nicht mehr wiederzukommen braucht. Kurz zuvor hatte Zaccagnini angerufen und um einen Besuch gebeten. Als er abgewiesen wird, läßt er per Boten einen Brief übermitteln. Eleonora möge sich das mit dem Begräbnis noch mal überlegen. Sie würdigt ihn keiner Antwort. Schon wieder geht das Telefon: Das Ergebnis der Autopsie liegt vor. Eine ungeheure Pressemeute hat sich versammelt, begierig auf den Befund. Er ist für alle diejenigen, die in den letzten 55 Tagen die Parole »Moro ist nicht Moro« herausgegeben hatten, niederschmetternd: Der Mann war, den Umständen entsprechend, in bester körperlicher und geistiger Verfassung. Er ist zu keinem Zeitpunkt gefesselt, geknebelt, gefoltert oder unter Drogen gesetzt worden. Alles, was er gesagt und geschrieben hat, war Ausdruck einer ungetrübten Wahrnehmung und eines klaren Verstands. Die Autopsie ist eine Bestätigung für Eleonora Moro in *ihrer* harten Linie. Jeder rechnet damit, daß sie den Leichnam jetzt zur Aufbahrung freigeben wird, damit die Bevölkerung Abschied nehmen kann, im Vatikan, im Parlament oder zu Hause, wie bei verstorbenen Staatsoberhäuptern üblich. Aber es kommt anders. Unten vor der Wohnung lungert nach wie vor der Pressetroß. Eleonora schickt einen Sprecher hinunter. Er erklärt, daß es unsinnig sei, zu warten, weil noch nichts entschieden sei und das Begräbnis nicht vor morgen stattfinden werde. Die Reihen lichten sich, aber einige hartgesottene Paparazzi bleiben. Sie sehen, daß der Chauffeur zum Auftanken fährt. Zwischendurch ein letztes, verstohlenes Telefonat, durch den Hinterausgang, aus einer Seitenstraßenzelle, jenseits von Presse, Staat und Wanzen. Die Bestätigung: In Torrita Tiberina ist alles bereit. Mit rasantem Tempo geht die Fahrt zunächst zum Leichenschauhaus. Dort erteilt Eleonora alle erforderlichen Anweisungen; niemand widerspricht. Und dann stiehlt sich eine Familie mit dem Leichenwagen und ganzen drei Autos, voll besetzt mit den engsten Verwandten und Freunden, aus der Stadt, um ihren Vater zu begraben. Irgendein Vertreter des Staates ist nicht dabei. Es ist kurz nach vier. Sicherheitskräfte und Offizielle im Leichenschauhaus haben noch in letzter Minute Wind davon bekommen, welch sensibler Konvoi sich hier seinen Weg bahnt. Sie lassen bei Frau Moro anfragen, ob sie eine Polizeieskorte benötige und werden von ihr nur mit einem spitzen »Nein, jetzt nicht mehr« beschieden.

In Torrita ist alles auf den Beinen, was laufen kann. Der Rektor hat den Kindern schulfrei gegeben. Das ganze Dorf wird hergerichtet, und alle helfen mit. Der Fußboden der winzigen Dorfkirche wird geschrubbt, die Heiligenfiguren werden entstaubt, die zwanzig handgeschnitzten Kirchenstühle poliert, und ein purpurroter Teppich wird im Chorgang ausgerollt, so, als ob hoher Besucht käme. Auch eine provisorische letzte Ruhestätte ist gefunden: eine leerstehende Gruft, die eigentlich für einen älteren Freund der Familie errichtet worden war. Alles ist bereit, als der Troß eintrifft. Das Begräbnis ist so wie der letzte Weg eines einfachen, gemeinen Mannes. Den Rosenkranz hatte Eleonora in Aldos Hände gelegt, bevor der schwere Eichensarg verschlossen wurde. Jetzt wird er auf breiten, kräftigen Bauernschultern getragen. Keine Orgelmusik ertönt, denn es gibt gar keine Orgel, kein Chorgesang erschallt, denn es gibt gar keinen Chor, keine Glocke läutet, denn in dem schmalen Kampanile des heiligen Apostels Thomas hängt gar keine Glocke. Der alte Gemeindepfarrer hält eine kurze, würdige Predigt, in der er Moro »einen von uns« nennt. Dunkle Wolken ballen sich über den Sabiner Bergen zusammen, Nebeldunst steigt aus dem nahen Tibertal herauf, und dann fängt es an zu regnen, dicke, große Tropfen. Augenblicklich wird aus der Friedhofserde tiefer, schwerer Matsch, in den die Menschen bis zu den Knöcheln einsinken. Und damit nicht genug, die Regentropfen verwandeln sich in harte Hagelkörner, die wie unbarmherzige Geschosse vom Himmel herunterprasseln. Eine merkwürdige, seltene Erscheinung im Mai. Fast hat man Angst, daß der Sarg den in allen Wettern erprobten Landmännern von der Schulter gleitet, und als sie ihn wirklich zu Boden lassen sollen, stellt sich heraus, daß die Behelfsgruft zu klein ist. So lassen sie ihn halb drinnen, halb draußen stehen. Nein, ein Staatsbegräbnis war das nicht. Die Kirche ist über und über mit Ginster geschmückt, der frei und wild wachsenden Blume der einfachen Menschen auf dem Lande. Eleonora Moro vergießt auch hier keine Träne. Sie spricht zu keinem, nicht ein Wort, und nur diejenigen, die ihr ganz nahe standen, hörten, als sie sich nach stillem, lautlosem Gebet vom Sarg abwandte, ein ganz leise geseufztes »Addio, Aldo«. In vierzig Minuten ist alles vorbei. Es war so, wie es sich der Gefangene in einem seiner letzten Briefe gewünscht hatte. Der Staat hatte ihn nicht zurückbekommen, aber seine Menschen.

11. Mai. Renato Curcio verliest im Turiner Gerichtssaal eine Erklärung, nach der der Mord an Moro die höchste Form des proletarischen Klassenkampfs darstellt. Die Wellen der Empörung schlagen

171

hoch. Mochte der Vergleich bis dahin noch hinken, so gilt Curcio für viele jetzt als der italienische Andreas Baader. An der Alleintäterschaft der Roten Brigaden wird in der Öffentlichkeit auf Jahre hin nicht gezweifelt, und wer anderes mutmaßt, hält sich bedeckt.

Innenminister Francesco Cossiga bittet zur Pressekonferenz und erklärt als erster italienischer Minister der Nachkriegszeit von sich aus seinen Rücktritt, wegen erwiesener Unfähigkeit, wie es in späteren Kommentaren heißt.[168] In einem Brief an Andreotti übernimmt er »die volle politische und moralische Verantwortung« für alles, was geschehen ist, und für die Augen und Ohren der Öffentlichkeit fügt er hinzu: »Betrachtet mich von heute an als politisch tot!« Ein Jahr später läßt er sich zum Minister- und sieben Jahre später zum Staatspräsidenten wählen. Was eines Mannes Wort so wert ist, zumal wenn es sich um das eines Politikers handelt!

13. Mai, Samstag. Totenmesse in der Basilika *San Giovanni in Laterano*. Unter dem Vorsitz von Paul VI. zelebriert Kardinal Poletti das Requiem. Der Papst hat Eleonora und ihre Familie inständig hinzugebeten. Sie dankt ihm in einer öffentlichen Erklärung für seine Güte und bleibt zu Haus. Alle Männer der Macht sind versammelt. Die meiste Zeit über halten sie ihre Gesichter tief in den Händen vergraben. Paul VI. ist nicht mehr in der Lage, alleine zu stehen. Fast vertraulich und privat spricht er von der Zeit, in der er als Giovanni Battista Montini Freundschaft mit Moro geschlossen hatte, der eine geistlicher Assistent des katholischen Studentenverbandes, der andere dessen Vorstandsmitglied. Dann ruft er aus: »Du, o Herr, hast unser Flehen nicht erhört. Unser Flehen um Schutz für Aldo Moro, für diesen guten, edlen, weisen und unschuldigen Menschen, für diesen Freund; aber Du, o Herr, hast seine Seele nicht verlassen. (…) Für ihn, für ihn, Herr, erhöre uns!«[169]

Trotz aller Würde und Pracht des Vatikans war die Szenerie gespenstisch. Es war eine Totenmesse ohne Leichnam und Sarg. Über Satelliten-TV wurde sie in aller Herren Länder übertragen, in Wirklichkeit aber wurde die Weltöffentlichkeit um eine kaum geringere Peinlichkeit betrogen: Die riesige Basilika war bis auf die erste Reihe leer. Kein Kameraobjektiv schwenkte auch nur für einen Moment in die Weite des Kirchenschiffs, weil verborgen bleiben sollte, worauf der Fluch des Toten lag. Der schwankende Stellvertreter Gottes auf Erden predigte vor fast leeren Bänken, und wer genau hinsah, konnte entdecken, daß sogar in der ersten Reihe einer fehlte: Franceso Cossiga. Wenigstens ihn hatte das schlechte Gewissen in dieser Stunde

*Begräbnis Moros am 10. Mai 1978 in dem Dorf Torrita Tiberina,
fünfzig Kilometer nördlich von Rom*

herausgetrieben nach Torrita Tiberina, um an der Behelfskrypta
Buße zu tun. Noch einmal, wie am Tage der Entführung und des
Mordes, kommt es zu spontanen Demonstrationen, noch einmal be-
kunden Hunderttausende in Stadt und Land ihre Anteilnahme, noch
einmal vereinigen sich die roten Fahnen der Kommunisten mit den
weißen der Christdemokraten zum gelebten Historischen Kompromiß. Es ist richtig, daß nicht alle an der Staatstrauer teilnahmen, und
es ist genauso richtig, daß viele in den Straßencafés und Restaurants
Gleichgültigkeit, wenn nicht bewußte Abkehr zur Schau trugen. Abgesehen davon, daß es natürlich in jedem Staat unpolitische Menschen gibt und geben muß, sind Abneigung und Haß gegenüber »denen da oben« in Italien eher größer als anderswo, und wer von diesen
politisch orientiert war, der dürfte am ehesten dem orthodox-kom-
munistischen Flügel der KPI und dem orthodox-katholischen der DC
zuzuordnen gewesen sein. Moro wird auf den Zuspruch der einen wie
auch der anderen gern verzichtet haben.

Wie wirklich gläubig seine eigene Familie war, bewies sie am achten Todestag. Einem alten katholischen Ritus folgend, zelebrierte sie eine Woche, nachdem ihr Vater verstorben war, eine Messe, ihre eigene Messe. Sie wurde zu einem Gottesdienst ausgestattet, wie er gegensätzlicher zu dem gespenstischen Schauspiel in der Lateransbasilika nicht gedacht werden konnte. Schon äußerlich stellt die postmoderne, architektonisch nur schwer klassifizierbare Christus-König-Kirche, gewissermaßen der Haustempel der Moros nahe der Via del Forte Trionfale, das in Beton gegossene Gegenstück zu den Sakralbauten im Vatikan dar. Aber der Kontrast beschränkte sich an diesem Tag nicht nur auf das Äußere. Tausend Menschen waren eingeladen, nicht schriftlich, sondern von Mund zu Mund, vor allem junge. Sie kamen auf Fahrrädern, Vespas und in Fiat-Cinquecentos, gekleidet in Jeans und mit offenem Oberhemd. Giovanni Moro und Giancarlo Quaranta, die Häupter der Pfadfinderbewegung vom Februar 1974, hatten die Feier organisiert. Das Wort ist nicht falsch gewählt, denn es sollte nicht nur um Trauer, sondern auch um Freude, ja Ausgelassenheit gehen. Viele Jugendliche hatten Gitarren, Flöten, Holzblasinstrumente und afrikanische Bongotrommeln unter dem Arm. Am Kircheneingang waren bärtige, breitschultrige Typen postiert, die als Türsteher vor Diskotheken schon so manche Erfahrung gesammelt haben mußten. Heute sollten sie nur eine einzige Spezies von der Schwelle weisen: die Männer der Macht. Eingelassen wurden von diesen nur zwei, die sich wirklich (aus welchen Gründen auch immer) für Moros Leben eingesetzt hatten, nämlich Fanfani und Craxi. Sie passierten mit sichtlichem Stolz die draußen wartende Menge, denn auch der stattlich versammelten Pressemeute wurde kein Einlaß gewährt. Drinnen nahm man zwanglos Platz. Eleonora hatte den kleinen Luca auf dem Schoß. Sie saß inmitten der jungen Witwen, deren Männer Moros Eskorte gebildet hatten und 55 Tage vor ihm erschossen worden waren. Auf ihr Zeichen hin tritt absolute Stille ein. Eine Saite wird angeschlagen, ein Fagott ertönt, Flöten werden geblasen, und die Bongotrommeln beginnen zu sprechen. Man fühlt sich nicht wie in Rom, sondern glaubt, am Kongo oder Sambesi zu sein. Genau das ist beabsichtigt. Der Abschied, den die Jugend des neuen und anderen Italiens Moro bereitet, ist eine Messe, die katholische Missionare aus Afrika mitgebracht haben: Die »Luba«. Einfache, ursprüngliche, natürliche Laute erfüllen den Raum. Auf dem Höhepunkt des Gottesdienstes, der Wandlung, erhebt sich der Pfarrer und liest mit langsamer, klarer Stimme ein Gebet, das Eleonora in der Trauerwoche verfaßt hat. Es ist die ausgestreckte Hand einer Frau, der das

Schlimmste zugemutet worden ist, was irdische Mächte einem Menschen zumuten können, es ist die Hand zu Versöhnung, Barmherzigkeit und christlicher Nächstenliebe:

>Lasset uns beten, für die, die dieses schreckliche Verbrechen angeordnet, ausgeführt und unterstützt haben; für die, die durch ihren Argwohn, ihre Feigheit, Furcht oder Dummheit das Todesurteil an einem unschuldigen Mann bestätigt haben; und für mich und meine Kinder, damit das Gefühl der Verzweiflung und des Zorns, das wir haben, in Tränen der Versöhnung verwandelt wird.«[170]

»Aldo Moro aus dem politischen Leben
zu eliminieren hieß,
den wichtigsten Bezugspunkt dieser Zeit auszuschalten.
Danach war nichts mehr wie vorher.«

Tina Anselmi

DIE TÄTER HINTER DEN TÄTERN

Der Schock saß tief. Noch nach Wochen und Monaten legten sich Ohnmacht, Abscheu und Entsetzen auf die Gesichter, wann immer man in den Straßencafés, auf den Plätzen, in Fernsehdiskussionen und im gesamten öffentlichen Leben auf das Verbrechen zu sprechen kam. Alles schien wie gelähmt, nicht zuletzt und ganz besonders natürlich im Getriebe der großen Politik. Nun also arbeitete die erste Regierung des Historischen Kompromisses – ohne ihren Stifter. Enrico Berlinguer, der tief gelitten hatte und litt, verknüpfte gleichwohl geradezu euphorische Hoffnungen mit der neuen Regierungsformel, wollte er nun doch den Lohn dafür ernten, daß er sich während der 55 Tage ohne Wenn und Aber auf die Seite Andreottis gestellt hatte. Wann würden Mitglieder der kommunistischen Partei, wann würde er selbst am Kabinettstisch Platz nehmen? Die (nur langsam reifende) Erkenntnis, daß mit Aldo Moro auch der Historische Kompromiß zu Grabe getragen worden war, muß zu den ernüchterndsten Erfahrungen gehört haben, die der adlige Sarde in seinem Leben gemacht hat. Und damit nicht genug: Praktisch lief der Prozeß seines Zurückdrängens in die Opposition mit demjenigen seiner fortschreitenden Emanzipation von der Sowjetunion parallel.[171] Im Herbst des vergangenen Jahres war er erstmalig von einem KPdSU-Parteitag ausgeladen worden. Für den eigenen, im Frühling des nächsten Jahres anberaumten Parteitag ließ er dagegen auf die Tagesordnung setzen, daß die Verpflichtung auf den Marxismus-Leninismus als verbindliche Weltanschauung aus den Statuten getilgt werden sollte, und so geschah es. Außerdem wurde auf dem Kongreß ein neuerliches Bekenntnis zur Nato abgelegt und die »allmähliche Überwindung der Teilung Europas« verlangt, fünf Jahre bevor Andreotti seinen berühmt gewordenen Satz aussprach: »Zwei deutsche Staaten sind es, und zwei sollen es auch bleiben.« Die KPI war auf ihrem langen Marsch von Moskau nach Bad Godesberg längst im Vorhof der Sozialdemokratie angekommen, als sie in Rom den Vorhof der Macht wieder verlassen mußte. Berlinguer zog die Konsequenzen und kündigte der Regierung Andreotti im Januar 1979 das Vertrauen auf. Die Ära des Historischen Kompromisses, der seine endgültige Gestaltung nie gefunden hatte, war vorbei, bevor sie überhaupt richtig begonnen hatte. In den vorgezogenen Neuwahlen vom Juni des Jahres stabilisierte sich die DC, immer noch vom Leiden und Tod ihres einstigen Vorsitzenden profitierend, während die Kommunisten zum ersten Mal seit dem Kriegsende Stimmenprozente verloren. Die achtziger Jahre standen wieder im Zeichen jener Regierungsformel, die Aldo Moro bereits am Anfang der sechziger Jahre entwickelt hatte: Des *Centro sinistra*, allerdings unter veränderten Vorzeichen. Saßen den ersten Kabinetten, in die die Sozialisten nach sechsjähriger Abstinenz zurückgekehrt waren, mit Cossiga und Forlani wie üblich noch Christdemokraten vor, so bildete der Liberale Giovanni Spadolini am 28. Juni 1981 erstmals seit 1945 eine Regierung, in der die DC nicht den Ministerpräsidenten stellte. 1983 ergriff Craxi das Ruder und wurde zur beherrschenden Gestalt des Jahrzehnts. Erst als die Korruptionsvorwürfe gegen ihn so erdrückend wurden, daß sie seinen Rückzug vom Amt erzwangen, kam es mit Fanfani, Goria und De Mita wieder zu Kabinetten unter christdemokratischer Leitung, bis schließlich in dem Jahr, in dem das Ende der deutschen und der europäischen Teilung sowie der gesamten Ost-West-Konfrontation und damit auch der Präsenz der Amerikaner auf dem Alten Kontinent eingeleitet wird, ein alter Bekannter die Macht im Palazzo Chigi ergreift: Am 22. Juli 1989 wird Giulio Andreotti zum siebenten Mal Ministerpräsident. Die KPI verharrt während dieses gesamten Zeitraums strikt in der Opposition, auch weil es ihr nicht gelingt, der DC den Rang als stärkste Partei Italiens abzulaufen. Mit einer einzigen Ausnahme: Anfang Juni 1984 sinkt Enrico Berlinguer, auf einer Kundgebung in Padua von einem Gehirnschlag getroffen, in sich zusammen und stirbt wenige Tage später. Bei den darauffolgenden Wahlen zum Europäischen Parlament tritt das ein, worauf der eine Teil Italiens mit Hoffnung und der andere mit Schrecken gewartet hatte. Die Kommunisten ziehen an den Christdemokraten vorbei und werden zur stärksten politischen Kraft im Lande. Aber der Erfolg ist ein vorübergehender, und mit Berlinguer war Moros großer Geistesverwandter im Historischen Kompromiß dahingegangen.

Am 9. Mai 1978, unmittelbar nach dem Auffinden der Leiche, hatte die kriminalistische Spurensicherung begonnen. Der Staat, der sich bei der Fahndung nach den Entführern bis auf die Knochen blamiert hatte, wollte sich bei der Fahndung nach den Mördern keine zweite Blöße geben. Dennoch blieben die Erfolge dürftig, und zu den Indizien, die schon in der Via Fani unlösbare Rätsel aufgegeben hatten, kamen in der Via Caetani noch weitere hinzu. Waren es dort 39 der 97, also fast die Hälfte der abgeschossenen, mit einem Speziallack überzogenen Patronenhülsen gewesen, deren Herkunft nicht geklärt werden konnte, so war es jetzt der Moro regelrecht an den Schuhsohlen klebende Sand, der nur von seinen Entführern und Mördern stammen konnte.

Aber nicht nur die Ermittler trugen schwer an der grausamen Last, die die Via Fani und die Via Caetani der Nachwelt hinterlassen hatten. Auch auf dem Vatikan und dem Quirinalspalast lag sie wie eine erdrückende Bürde. Am 15. Juni 1978 tritt Staatspräsident Giovanni Leone zurück, von den Kommunisten ultimativ dazu aufgefordert, unter schwerstem Verdacht im Lockheed-Bestechungsskandal und nach Moros Tod menschlich und politisch resigniert. Es war bislang noch nie vorgekommen, daß jemand diesen hohen Sessel vorzeitig geräumt hatte, und auf Leone folgt mit dem Sozialisten Sandro Pertini der erste nicht christdemokratische Präsident seit Saragat, im 16. Wahlgang mit 83 Prozent der Stimmen, also auch denen der KPI, gewählt. In den ersten Wahlgängen hatte auf etlichen Stimmzetteln noch der Name »Eleonora Moro« gestanden, und der 82jährige neue Amtsinhaber, der sich wahrlich nicht für Moros Leben eingesetzt hatte, besaß immerhin die Größe, in seiner Antrittsrede wie selbstverständlich darauf zu verweisen, daß, »wenn er nicht grausam ermordet worden wäre, er und nicht ich heute von diesem Stuhl zu Euch sprechen würde«.

Wer sich am 5. August 1978, einem Samstag, ins Nachtleben gestürzt und in der Nähe eines der großen katholischen Dome dieser Welt von Köln bis Rio de Janeiro erst spät in die Federn gefunden hatte, in dem festen Glauben, am Sonntagmorgen ausschlafen zu können, wurde unsanft aus Morpheus Armen geholt. Was da von den Dächern und Türmen klang, war mehr als der Ruf zur Frühmesse. Das schwere, schier endlose Geläut verkündete den Tod des obersten Priesters der Christenheit. Papst Paul VI., eh schon gebeugt und schwach, starb in Gram und mit gebrochenem Herzen. Erst Jahrzehnte später sollte bekannt werden, daß sich der Mann, der sich als Giovanni Battista Montini in den Zeiten des katholischen Studentenverbandes nie richtig zwischen dessen beiden aufstrebenden Führungsmitgliedern Aldo Moro und Giulio Andreotti hatte entscheiden können, als Pontifex Maximus in den 55 Tagen die entwürdigende Demütigung gefallen lassen mußte, daß Andreotti ihm in seine an die Terroristen gerichtete Botschaft reinredigierte, indem er die Bitte um Moros Freilassung mit dem Zusatz »ohne Bedingungen« versehen ließ und sie dadurch genauso illusorisch wie wertlos machte.[172] Wer übte hier die eigentliche Macht im Vatikan aus? Die Frage wurde noch brennender, ja nachgerade legendenumwoben, als Pauls Nachfolger, der neue Mann auf dem Stuhl Petri, der sich sibyllinisch Johannes Paul I. nannte, am 28. September 1978 starb. Er war nicht einmal so lange Papst, wie Moro gefangen gewesen war. Der britische Historiker David Yallop heftete sich an die Spuren dieses für ihn unnatürlichen, mysteriösen Todes. Die Ergebnisse seiner Recherchen faßte er in einem Buch zusammen, das als Longseller über Jahre die Verkaufslisten in Europa anführte: »Im Namen Gottes«. Yallops Resümee ist gleichzeitig ein Angriff auf die orthodoxen Kräfte in der DC und den Andreotti-Clan, denen Albino Luciani, wie Johannes Paul I. mit bürgerlichem Namen hieß, als zu nachgiebig und weich in Fragen der Reinheit der theologischen Lehre und Praxis galt, als ein neuer Johannes XXIII., der wieder das Gespräch und die Verständigung mit der kommunistischen Partei im Lande suchen würde und der womöglich gar ein stiller Befürworter des Historischen Kompromisses war. Deshalb, um diesen gefährlichen Mann auszuschalten, sei er von seinen Ärzten langsam mit dem Beruhigungsmittel Digitalis vergiftet worden, und, so Yallop: »Der Anstifter und Drahtzieher dieses Mordanschlags war Licio Gelli.«[173] Eine gewagte These, in der Tat. Aber so ganz von der Hand zu weisen ist sie nicht, denn der *Maestro Venerabile* hatte ein Motiv. Ende 1997 leitet die Staatsanwaltschaft Rom Ermittlungen zu dem Todesfall ein. Dabei geht es insbesondere um das Dokument, mit dem in den Händen der Verstorbene aufgefunden worden war. Wenn es sich bewahrheiten sollte, daß dies wirklich eine Liste der P2-Mitglieder unter den Vatikanangestellten war, die der Reformpapst allesamt zu feuern beabsichtigte[174], dann ging es doch auch hier, wie in der Via Fani, darum, etwas »rechtzeitig« zu verhindern. Schließlich fand das Drei-Päpste-Jahr durch einen neuerlichen Paukenschlag seinen Abschluß. Das Konklave wählte mit dem Polen Karol Wojtyla erstmals seit dem Tode Hadrians VI. im Jahre 1523 einen Nichtitaliener zum Stellvertreter Gottes auf Erden. Er, der sich Johannes Paul II. nannte, bot Gewähr für all das, was im italienischen Episkopat offensichtlich nicht mehr so konsensfähig und *papabile* war, nämlich unbeirrbares Festhalten an Unfehlbarkeit, Zölibat und nur dem Mann vorbehaltenem Priesteramt.

Ob Gellis Geisterhände auch im Vatikan, bei der Inthronisierung und Eliminierung von Amtsinhabern, ihre diabolische Regie geführt haben, muß trotzdem offenbleiben. Wahrscheinlicher ist seine Einflußnahme aber an anderer Stelle. Am 21. Juni 1978 wird der Polizeikommissar Antonio Esposito, Mitglied der P2, in Genua erschossen. Er war der Verbindungsmann Gellis in der römischen Einsatzzentrale während der Fahndung nach den Entführern. Wiederum, wie in der Via Fani, treten die Roten Brigaden als Täter in Erscheinung, aber die eigentlichen Hintermänner bleiben im dunkeln. Der Mord wird nie gänzlich aufgeklärt, und er bleibt kein Einzelfall. Mitwisser werden beseitigt, Spuren verwischt und Aufklärung unmöglich gemacht. Noch Anfang September, vier Monate nach dem Tod des christdemokratischen Präsidenten, stehen die Behörden praktisch mit leeren Händen da. Nichts ist ermittelt, niemand und nichts ist gefunden. In der Öffentlichkeit werden Witze gerissen. In Presse und Medien ergießen sich Hohn und Spott über die Ohnmacht und Impotenz des Staates. Die *Brigate Rosse* schießen, überfallen und morden weiter, rechtsradikale, okkulte und mafiose Seilschaften werden von Tag zu Tag mächtiger. In dieser Stunde absoluter Not und abgrundtiefer Blamage erinnert man sich eines Mannes, der im Januar 1978, »rechtzeitig« bevor das Projekt der Moro-Entführung in seine heiße Phase trat, von allen seinen Ämtern und Funktionen entbunden worden war: des Carabinieri-Generals Carlo Alberto Dalla Chiesa. Am 10. September erhält er zunächst auf ein, dann auf zwei Jahre befristet alle erforderlichen Sondervollmachten zur Terrorismusbekämpfung. Zwar hatte es diese in Form des Geheimplans »Paters« auch vorher schon gegeben, Andreotti persönlich aber hatte zehn Tage nach der Entführung angeordnet, den Plan zu vernichten und der Öffentlichkeit gegenüber zu leugnen, daß es ihn jemals gegeben habe.[175] Jetzt sind Dalla Chiesas mobile Einsatzkommandos keine drei Wochen aktiv, als sie ihren ersten kapitalen Fund präsentieren können.

Am 1. Oktober stoßen sie in der Mailänder Via Monte Venoso auf eine konspirative Wohnung mit hochbrisantem Material. Neun Brigadisten werden festgenommen. Die Durchsuchung fördert einen ganzen Packen an Dokumenten und vieles von dem, was Moro in seiner Gefangenschaft geschrieben hatte, zutage, darunter unbekannte, nie abgesandte Briefe und vor allem das der Öffentlichkeit bis dahin (und in seinen entscheidenden Teilen auch weiterhin) verborgen gebliebene »*Memoriale*«, die Abrechnung mit Andreotti und Berlinguer.

Dalla Chiesa, insoweit staatstreu und loyal, überstellt die sensiblen Quellen der Regierung, kann sich aber an allen fünf Fingern abzählen, was damit geschieht, und in der Tat dementiert Andreotti den Fund zunächst ganz; erst nach massivem parlamentarischem und öffentlichem Druck macht er ihn – auszugsweise – publik. Alle Stellen, in denen er als Oberteufel auftaucht, sind entfernt. Da der Carabinieri-General sich aber nicht nur als beflissenen Staatsdiener, sondern mindestens ebensosehr als um Enthüllung und Aufklärung bemühten Kriminalkommissar verstand, muß er sich neben dem in den Palazzo auch andere Wege gesucht haben, und einer von diesen muß ihn in die Arme von Mino Pecorelli geführt haben. Der Skandaljournalist jedenfalls ließ in seinem *Osservatore politico* jetzt mit geradezu auftrumpfender Süffisanz und nur für Outsider verschlüsselt durchblicken, daß und von wem er über alle Dokumente und Details des Falles Moro in Kenntnis gesetzt worden war: Der Name »Dalla Chiesa«, auf deutsch »Kirche«, kam in seinen Artikeln immer nur als »Amen« vor. Auffällig war auch, daß in der Via Monte Nevoso fast ausschließlich Fotokopien und Abschriften gefunden wurden. Wo waren die Originale? Wer hatte sie? Nur sie waren beweiskräftig oder konnten als Erpressermaterial dienen. Es bleibt deshalb kein anderer Schluß, als daß schon vor Dalla Chiesa jemand in der Via Monte Nevoso gewesen sein und Belastendes an sich genommen haben muß, Dokumente, von denen es keine Ablichtungen und Abschriften gab und die, wären sie bekannt geworden, Andreottis Karriere auf der Stelle ruiniert hätten. Und auch hiervon muß Pecorelli gewußt haben.

Es geht um jene bereits erwähnte, druckfertige Titelstory »Die Schecks des Präsidenten«, in der enthüllt werden sollte, daß Michele Sindona, der Bankier der *Cosa Nostra*, eine Milliarde Lire an Andreotti gezahlt hat. Eine weitere Milliarde ist an einen ehemaligen Sekretär und fünfzehn Milliarden sind direkt in die Parteikasse der DC geflossen, kurz: Der *corrente* der *andreottiani* bekam von der Mafia Geld, um sich politischen Anhang zu kaufen, Klientelismus auf italienisch. Der Hinweis, der zu den Schecks über diese Beträge führte, stammte aus jenem Teil von Moros Schriften, der verschwunden war, weshalb es auch so unwahrscheinlich nicht ist, daß es genau dieses Belastungsmaterial war, das Moro in seinen zwischenzeitlich verschwundenen Aktentaschen mit sich geführt hatte. Wie beweiskräftig und brisant diese Unterlagen sind, ist durch den Wortlaut des Antrags belegt, mit dem die Staatsanwaltschaft Rom Jahre später die Immunität des Abgeordneten Andreotti aufheben wird. In ihm ist von Barschecks die Rede, die »unmißverständlich in die Richtung einer massiven Investition von Kapital (führen), das von der sizilianischen Mafia stammte«.[176]

Aber einstweilen war es noch »König Giulio«, der das Gesetz des Handelns bestimmte. Moro war zwar tot, aber es war offensichtlich nicht gelungen, ihn auch mundtot zu machen. Pecorelli sprach jetzt an seiner Stelle. Andreotti beauftragt seinen Intimus Evangelisti, ihn ruhigzustellen. Erste Beträge fließen, aber der OP-Mann will nicht verstummen. Deshalb wird im Januar 1979 in dem römischen Nobelrestaurant *Famija Piemonteisa* in der Innenstadt eine als Arbeitssessen getarnte Krisensitzung anberaumt, an der neben Pecorelli und Evangelisti der Staatsanwalt Vitalone, der Richter Testi und der Finanzpolizeichef Lo Prete, Mitglied der P2, teilnehmen, hochrangige Staatsbeamte also. Vitalone ist zu dem Zeitpunkt sogar Ermittlungsbeamter an der römischen *Procura*, der Behörde, zu deren Aufgaben die strafrechtliche Verfolgung von Bestechungsfällen gehört (!) und die später auch mit dem Fall Pecorelli betraut wird.

Der Enthüllungsjournalist will mehr Geld. Nachdem er aufgefordert worden ist, seine Karten offenzulegen, präsentiert er Fotokopien von bereits durch DC-Leute eingelösten Schecks und nennt auch den Mann, der für ihre Deckung verantwortlich ist: Gaetano Caltagirone, einschlägig bekannter und mit besten Beziehungen nach Sizilien versehener Baulöwe in der Hauptstadt.[177] Pecorelli ist auf dem Höhepunkt seiner Macht. Er fühlt sich wie ein italienischer Augstein. Was er allerdings übersieht, ist, daß Augstein das Folgende nicht mit sich hätte machen lassen. Der OP-Mann erklärt sich für den Betrag von umgerechnet 50 000 Mark bereit zu schweigen. Der ihm ausgehändigte Scheck stammt von – Gaetano Caltagirone. Der Staat läßt mit dubiosem Privatkapital die Wahrheit unterdrücken.

Die Titelstory erscheint nicht, aber Pecorelli bleibt Geheimnisträger. Was er von Moros »Memoriale« weiß, kann ihm keiner nehmen. OP hält sich jetzt in Sachen Andreotti tatsächlich zurück, dafür eröffnet der Enthüllungsspezialist vom Januar an das Feuer auf Gelli. Noch in der Ausgabe vom 20. März 1979 deckt er auf, wo und bei wem die Geheimdienstdossiers über alle bedeutenden Personen der Republik, die sogenannten Sifar-Akten, gelandet sind. Am Abend des Tages sitzt er schon wieder, umtriebig und rastlos, am Steuer seines Wagens, um die nächste Nummer vorzubereiten. Die Mächtigen sollen vor ihm zittern. Es ist exakt 20.50 Uhr. Tagsüber war es mild und warm, so wie fast auf den Tag vor einem Jahr. Pecorelli hat die Scheiben halb heruntergedreht und sein Auto eingeparkt, um die Redaktionsräume in der römischen Via Tacito aufzusuchen. Doch dazu soll es nicht mehr kommen. Zwei Hände packen ihn von hinten und drücken ihn fest an den Fahrersitz, zwei weitere schieben den Lauf einer Pistole in seinen Mund. Der Killer drückt zweimal ab, Pecorelli ist auf der Stelle tot. »Den Mund schließen«, so lautet die eindeutig mafiose Strafformel für denjenigen, der zuviel weiß und dieses Wissen nicht für sich behalten kann. Was immer man Andreotti zum Moro-Mord noch nachweisen wird, vom Mord an Pecorelli führt die Spur direkt zu ihm. Wenige Minuten später sind nicht nur die Polizeieskorten am Tatort, sondern auch die Geheimdienste, eindeutig vorinformiert und wiederum wie von Geisterhand geführt, in Pecorellis Wohnung. Seine Schwester erinnert sich:

>»Ohne Hausdurchsuchungsbefehl sind sie in sein Büro eingedrungen, selbst in seine Wohnung. Alles, was sie finden konnten, haben sie mitgenommen. Sie haben uns den Zutritt verwehrt, auch als wir Kleider für die Beerdigung holen wollten. Sein Rechtsanwalt sagte uns, Mino sei im Besitz von etwas Hochexplosivem gewesen, das für seinen Tod verantwortlich war.«[178]

Was war das wohl? Beim Blättern in seinem Terminkalender stößt man unter den letzten Gesprächsterminen auf den folgenden Namen: »Dalla Chiesa«. Mit an Sicherheit grenzender Wahrscheinlichkeit kam vor allem das ins Sequester, was schon aus der Via Monte Nevoso entfernt worden war, bevor der Carabinieri-General das Versteck entdeckt hatte. Der reumütige Mafioso Tommaso Buscetta sagt später aus:

>»Der Mord an Pecorelli ist von der *Cosa Nostra* ausgeführt worden, ein politisches Verbrechen, bestellt von Andreotti. Es scheint, daß Pecorelli gerade dabei war, etwas auszuarbeiten, das in einer Beziehung zu Moro stand. Andreotti war beunruhigt, daß Geheimnisse ans Licht kämen, die die Entführung Moros betreffen und die auch General Dalla Chiesa kannte.«[179]

Inzwischen sind sogar die Täter relativ eindeutig identifiziert. Im Dezember 1994 wird Michelangelo La Barbera, einer der meistgesuchten sizilianischen Mafia-Bosse, in seinem Landhaus in der Nähe von Palermo im Schlaf überrascht. Zu den ihm zur Last gelegten zahlreichen Morden gehört auch der vom 20. März 1979. Als Ausführende fungierten der Rechtsterrorist Giusva Fioranvanti und der Neofaschist Massimo Carminati, zumindest der letztere erklärtes Mitglied der Magliana-Bande, die schon während der 55 Tage zu Kommuniquéfälschungen und anderen Dreckarbeiten herangezogen worden war. Doch das eigentlich Ungeheuerliche ist ihr Auftraggeber, als den die Staatsanwaltschaft von Perugia den Staatsanwalt Claudio Vitalone ermittelt hat, im Januar 1979 noch Tischgenosse Pecorellis im besagten römischen Luxusrestaurant.[180] Der Staat ließ morden, nicht nur in der Via Fani.

Die mobilen Einsatzkommandos von Dalla Chiesa suchten, fahndeten und ermittelten nach diesem neuerlichen Ohnmachtszeugnis wie verrückt. Ihm selbst muß spätestens seit der Lektüre der Unterlagen aus der Via Monte Nevoso klar gewesen sein, daß die Roten Brigaden längst nicht der einzige und möglicherweise gar nicht der eigentliche Gegner waren, dieser Eindruck aber nach außen hin aufrechterhalten wurde. Und zu verharmlosen war hier in der Tat nichts, denn auch sie schossen und mordeten weiter. Die Methode des Generals war die gleiche wie vor fünf Jahren, Einschleusen von V-Leuten und Spitzeln. Renato Longo, einer von ihnen, wunderte sich, daß sein »Examen« bei der Aufnahme in die Kolonnenführung lediglich im Herunterbeten von alten, abgedroschenen Formeln wie der von dem »siegreichen Proletariat« und ähnlichem bestand. War Moretti müde und nachlässig geworden, hatte resigniert? Eigentlich sollte jetzt, nach den »erfolgreich« abgeschlossenen Aktionen, die große Zeit der *Brigate* anbrechen, nicht nur in Italien, sondern europaweit.

Moretti fuhr im Herbst 1978 nach Paris. In einer konspirativen Wohnung traf er sich mit Vertretern der RAF, die ihm Kontakte zur PLO vermittelten. Das Netz wurde gesponnen. Arafat wußte von diesen Treffen nichts.[181] Fest steht aber auch, daß Moretti gleichzeitig fast unbeschränkten Waffennachschub just aus dem südlichen Teil des Libanon bekam, der vom israelischen Militär kontrolliert wurde. Was in der Pariser Wohnung besprochen und geplant wurde, darüber gibt es keine sicheren Aussagen. Auffällig ist nur, mit welch perfektionierter Grausamkeit das Projekt des Historischen Kompromisses, das politisch längst in den letzten Zügen lag, ausgelöscht wurde, wo immer es noch regional oder temporär aufflammte. Eine umfassende staatliche Gesundung durch das Zusammengehen von Reformkommunisten und linkem Bürgertum, so wie es sich in Italien nun einmal am weitesten konkretisiert hatte, sollte und durfte es nicht geben.

Am 9. März 1979 wird Michele Reina, der Parteichef der sizilianischen DC, in Palermo ermordet. Er hatte kurz zuvor auf dem regionalen Parteitag der Christdemokraten mehr oder minder direkt verlangt, die Politik des *Compromesso storico* wieder aufzunehmen. Im Oktober desselben Jahres reist Piersanti Mattarella, Regionalpräsident Siziliens und Parteifreund Reinas, ins Innenministerium nach Rom. Zurückgekehrt, weiht er seine Sekretärin ein, daß die Mafia der Insel in der römischen Regierung eine hochgestellte Referenzperson hat, und er fügt hinzu: »Wenn in Erfahrung gebracht wird, was ich dem Minister mitgeteilt habe, werden sie mich mit Sicherheit umbringen. (...)«[182] Auch Mattarella sieht inzwischen in einer Koalition mit der KPI die einzige Lösung, einige nennen ihn bereits den Aldo Moro des Mezzogiornio. Anfang 1980 steht er kurz vor der Bildung einer Regionaleregierung des Historischen Kompromisses. Trotzdem und gleichzeitig muß Mattarella aber über erhebliches Insiderwissen zur Mafia verfügt haben, weshalb die »ehrenwerte Gesellschaft« sein Verhalten als Ausstieg versteht. Auf einer *cupola*, einem Gipfel der verschiedenen Familienclans, den ein sogenannter *capo* leitet, wird deshalb seine Hinrichtung beschlossen. Es ist genau jener Gipfel, der in der Anklage gegen Andreotti in den neunziger Jahren eine entscheidende Rolle spielt, denn er soll der *cupola*, möglicherweise sogar selbst anwesend, den Mord empfohlen haben. Auf der Suche nach Beweisen durchstöbern Justizbeamte 1996 das Fotoarchiv von Letizia Battaglia, das die mit Abstand umfangreichste Bilddokumentation zur sizilianischen Mafia enthält, bis sie endlich finden, wonach sie suchen: eine Ablichtung, die Andreotti zusammen mit den Vettern Ignazio und Nino Salvo zeigt, *capi* der *Cosa Nostra*, die die Planung des Pecorelli-Mordes übernahmen. Es sollte nicht die einzige Begegnung sein. Die ältesten Fotos reichen tatsächlich bis ins Jahr 1979 zurück, jüngere zeigen ihn zusammen mit Stefano Bontate, den Mafioso, der Moro befreien wollte, aber auch mit Toto Riina, *capo di tutti i capi* und dessen großer Gegenspieler. Emanuele Macaluso schreibt in seiner Untersuchung »Giulio Andreotti zwischen Staat und Mafia«:

> »Wenn es diese Begegnungen gegeben hätte, dann würden sie eine außerordentliche kriminelle Fähigkeit Andreottis beweisen. Zuerst steckt er der Mafia-Kuppel den Frontwechsel Mattarellas, und danach trifft er dessen Mörder, um eine Erklärung zu bekommen. Und als diese Mörder, Bontate, Inzerillo usw., ebenfalls ermordet werden durch Riina, trifft Andreotti den neuen Mafiaboß und küßt ihn. Alles ist möglich.«[183]

Im Januar 1980 wird Piersanti Mattarella auf der Via Libertà, Palermos belebtester Straße, vor den Augen seiner Familie erschossen. Verwickelt in den Mord ist ein gewisser Professor Alberto Volo, der sich als Befehlshaber der palermitanischen Einheit einer geheimen militärischen Gegenarmee entpuppen soll. Ihr Name ist »Gladio«. Nota bene: Mit allen diesen Morden haben die Roten Brigaden nichts zu tun, wohl aber mit anderen, und dies zu einem Zeitpunkt, als sie fast schon für tot erklärt waren. Ende der achtziger Jahre wird der parteiunabhängige Bologneser Senator Roberto Ruffilli beauftragt, eine Verfassungsreform auszuarbeiten, die die Regierbarkeit des Landes endlich verbessern soll. Für ihn ist klar, daß eine derartige Reform ohne die KPI nicht machbar ist. Er hat bereits erste Gespräche mit deren neuem Vorsitzenden Achille Occhetto aufgenommen, als er Anfang 1988 von Terroristen des *Partito Comunista Combattente* erschossen wird – einer Nachfolgeorganisation der Roten Brigaden. Ihren Bekennerbrief legen sie, nicht ohne Sinn für Symbolik, ganz in der Nähe der Stelle ab, wo Moro in der Via Caetani gefunden worden war. Unmittelbar nach dem Bekanntwerden von Ruffillis gewaltsamem Ende melden sich anonyme Anrufer beim amtierenden Ministerpräsidenten Ciriaco De Mita mit der Warnung: »De Mita muß aufpassen, wohin er tritt (...)« Der Christdemokrat, innerparteilicher Gegenspieler Andreottis und *moroteo* bis in die Zehenspitzen, war der Initiator der Verfassungsreform. An der Bahre Ruffillis ruft er aus: »Roberto wurde als Symbol eines politischen Gedankens ermordet.« Ende Januar 1988 war er selbst nur mit Mühe einem Anschlag entgangen. Der gefaßte Attentäter schrie noch bei seiner Verhaftung: »Ich bin von den Roten Brigaden.«

Tatsächlich haben *Brigate Rosse* und RAF bis zu ihrer faktischen Selbstauflösung und Bedeutungslosigkeit immer wieder miteinander kooperiert. Als sich die italienischen Terroristen 1984 in die »Vereinigung kämpfender Kommunisten« und in die »Roten Brigaden – für den Aufbau der Kämpfenden Kommunistischen Partei«, eben den *Partito Comunista Combattente*, aufspalten, wendet sich der letztere den Deutschen zu und plant gemeinsame Attentate. Am 20. September 1988 schlägt der Versuch, den Staatssekretär und wichtigsten Berater des amtierenden Finanzministers Gerhard Stoltenberg, Hans Tietmeyer, im direkten Zusammenhang mit einer Tagung der Weltbank und des Internationalen Währungsfonds in Bonn zu ermorden, nur knapp fehl. Dem Selbstbezichtigungsschreiben ist – auf deutsch und italienisch – ein gemeinsames Kommuniqué von RAF und *Brigate Rosse* beigefügt. Bereits zwei Wochen zuvor waren in Rom Dokumente mit einem zweisprachigen Briefkopf beider terroristischer Organisationen aufgefunden worden. Schon am 15. Juni desselben Jahres hatte die Polizei bei der Durchsuchung einer konspirativen Wohnung in der Mailänder Via Dogali ein Protokoll über Gespräche zwischen RAF und der Rote-Brigaden-Nachfolgerin entdeckt, in dem es um die »Möglichkeit/Methode zur Panzerbrechung« von Fahrzeugen hochgestellter und damit besonders geschützter Personen geht. Am 30. November 1989 wird der Deutsche-Bank-Chef Alfred Herrhausen von einer in die Straße eingeschweißten Sprengladung regelrecht in die Luft gejagt.

Wie unumschränkt Moretti noch Jahre nach dem Moro-Verbrechen herrschte, zeigen drei weitere spektakuläre Aktionen. Im Dezember 1980 wird der Richter Giovanni D'Urso entführt und nach 34 Tagen wieder freigelassen. Die hierfür verlangte Gegenleistung war im Vergleich zur Leidenszeit 1978 geradezu lachhaft. Einige Zeitungen, darunter *il Messaggero*, mußten Dokumente von einsitzenden Terroristen über als unzumutbar empfundene Haftbedingungen veröffentlichen. Am 27. April 1981 entführen die *Brigate* den neapolitanischen Christdemokraten Ciro Cirillo und lassen ihn nach 89 Tagen wieder frei. Auch hier war alles so merkwürdig anders als bei Moro, denn ausgerechnet jener Camorra-Boß Raffaele Cutolo, dem von politisch höchster Seite »verboten« worden war, sich für das Leben Moros zu verwenden, durfte jetzt die Entscheidung zugunsten von Cirillo herbeiführen. Wiederum anders und zum Teil undurchschaubar ist die dritte Entführung, die Moretti der eher abseitigen Kolonne im Veneto regelrecht aufzwingt. Es ist seine letzte kriminelle Tat. Am 17. Dezember 1981 packt der amerikanische Nato-General James Lee Dozier in Verona seine Sachen. Es geht zurück in die Heimat. Er ist schon fast fertig, als es an der Tür klingelt und drei Klempner Einlaß begehren. Es sind getarnte *brigatisti*. Kaum im Flur, überwältigen und fesseln sie Frau Dozier und kidnappen ihren Mann. Dozier wird nach 41 Tagen befreit, das Frappierende ist nur, daß nach weiteren 39 Tagen schon der Prozeß gegen die gefaßten Entführer beginnt, immerhin 16 an der Zahl. Das Hamburger Nachrichtenmagazin *Der Spiegel* urteilt hierzu: »Solche Maßarbeit gehörte bislang nicht zu den Markenzeichen der italienischen Polizei und der italienischen Justiz.« Ein ausgestiegener Geheimdienstler, der seinen Namen nicht preisgeben mochte, enthüllte dreizehn Jahre später das Rätsel. Demnach war das Ganze ein abgekartetes Spiel zwischen Politik, Militär, Polizei, Geheimdiensten und Terroristen, die eine Verbindung zur RAF und eine internationale Verschwörung vortäuschen wollten. *Strategia della tensione*, anno 1981. Das Schicksal Moros jedenfalls teilte keines dieser Opfer.

Inzwischen hatten die Kontaktleute Dalla Chiesas ganze Arbeit geleistet, inzwischen war aber auch ein Gesetz wirksam geworden, das die *brigatisti* mit dem Versprechen von Strafnachlaß, ja Straffreiheit geradezu von sich aus der Staatsgewalt in die Arme trieb. Am 20. Dezember 1979 wird der maßgeblich von Francesco Cossiga ausgearbeitete Gesetzentwurf zur Kronzeugenregelung, der sogenannte *pentito*-Paragraph, bekannt und bald danach verabschiedet. Von diesem Moment an beginnen sich die Reihen der Terroristen zu lichten. Bereits vorher, am 29. März 1979, waren Adriana Faranda und Valerio Morucci verhaftet worden. In ihrem Waffenarsenal befand sich die Skorpio, mit der Moro ermordet worden war. Am 24. September folgt Prospero Gallinari, der bei seiner Festnahme schwer verletzt wird. Am 19. Februar 1980 wird das *pentito*-Gesetz erstmals in einem kapitalen Fall wirksam. Patrizio Peci, der amtierende *capo* der Turiner Kolonne, stellt sich der Polizei und verrät fast die gesamte Infrastruktur der *Brigate Rosse*. Peci, immerhin an wenigstens sieben Morden zumindest beteiligt, kommt dafür nach nicht einmal vier Jahren wieder auf freien Fuß. Zahlreiche *dissociati*, Aussteiger, folgen seinem Beispiel. Anfang 1981 ist praktisch die gesamte zweite Generation der Roten Brigaden hinter Gittern. Nur einer fehlt noch, der sich durch mysteriöse Hinweise und Tips, die nur von Insidern kommen können, immer wieder der Verhaftung entzieht: Mario Moretti. Ausgerechnet jener so mangelhaft »examinierte« Polizeispitzel Renato Longo liefert den entscheidenden Hinweis, der Ende 1981 zur Festsetzung des *inafferrabile*, des »Ungreifbaren«, führt. Der Angriff auf das »Herz des Staates« war beendet. Ob das wirklich so sein sollte, steht dahin. Obwohl das staatliche Fernsehen unmittelbar nach Morettis Verhaftung in Pavia sein Programm unterbricht, wird der die Aktion leitende Polizeikommissar nicht etwa befördert und ausgezeichnet, sondern seine Beamtenlaufbahn wird beendet.

Im Mai 1982 beginnt der erste Prozeß gegen 63 Mitglieder der Roten Brigaden, von denen 23 der Entführung und Ermordung Aldo Moros angeklagt werden. Er dauert kein ganzes Jahr und endet mit geradezu gigantischen Strafzuweisungen. Allein am 24. Januar 1983, dem Tag der Urteilsverkündung im zweiten von insgesamt vier Moro-Prozessen, werden 32mal lebenslänglich und über dreihundert Jahre Zuchthaus verhängt. Im 1988 folgenden dritten Verfahren erhalten 26 der 173 Angeklagten lebenslänglich. Mario Moretti, der rätselhafte Übervater der *anni del piombo*, der »bleiernen Jahre«, wird zwar dreimal zu lebenslänglich verurteilt, ihm werden aber immer wieder ausgesprochen lange und großzügige Hafturlaube gewährt. Seit 1995 ist er Freigänger des Gefängnisses »Opera« in Mailand. Valerio Morucci ist bald wieder ein freier Mann, und Adriana Faranda, wegen guter Führung vorzeitig entlassen, lebt heute als freiberufliche Fotografin in Rom. Zur entscheidenden Frage der Zusammenarbeit mit den »Diensten« schweigen sie alle, bis heute. Tatsächlich täuscht das Ausmaß der verfügten Strafen über die eigentliche Aufklärung des Verbrechens hinweg. In der allein 1415 Seiten umfassenden juristischen Begründungsschrift vom 3. Oktober 1983 zum Prozeß Moro II findet sich nichts, aber auch gar nichts, was auch nur irgendeinen Hinweis und Aufschluß über die Drahtzieher und Hintermänner, die Täter hinter den Tätern der Verbrechen in der Via Fani und der Via Caetani geben könnte. Damit kam den Gerichtsverfahren letztlich das gleiche Schicksal zu wie dem ersten Untersuchungsausschuß, der am 23. November 1979 gegen den ausdrücklichen Willen der DC und vor allem Cossigas eingerichtet worden war. Der entscheidende Satz des Urteils gegen Gallinari lautet:

> »Es gibt nicht einen Beweis, nicht ein einziges Indiz, nicht eine einzige Seite im gesamten Prozeß, die zur Hypothese berechtigen würde, beim Fall Moro handle es sich um eine Verschwörung des ›palazzo‹ (...) Das Regiebuch der Untaten im Fall Moro wurde von den *Brigate Rosse* angeordnet, und nichts kann andere Mutmaßungen rechtfertigen.«[184]

Das bewegt sich exakt auf der Erkenntnishöhe von dem, was auch der Untersuchungsausschuß verabschiedete – und ist der Stand von Vorvorgestern. Einer der Aufklärer sollte dies am eigenen Leibe erfahren.

Mit der Festsetzung Morettis war der italienische Linksterrorismus seiner Schlüsselfigur beraubt. Zwar lenkten auch seither noch selbsternannte Nachfolgeeinrichtungen der Roten Brigaden die Aufmerksamkeit auf sich, aber das Rückgrat war ihnen gebrochen. Als eigentliche Herausforderung des Staates rückte wieder jene Gegenmacht in den Blick, die immer, auch in den Hochzeiten der *Brigate Rosse*, präsent und potent gewesen war: die Mafia. Anfang der achtziger Jahre allerdings schwächt sie sich selbst durch einen blutigen, geradezu viehischen Ausrottungskrieg zwischen den einzelnen Clans, aus dem die Corleonese mit Toto Riina an der Spitze als Sieger hervorgehen. Allein aus Buscettas Familie dagegen werden über zwanzig Menschen umgebracht. Das Eingreifen des Staates ist überfällig, und immer wieder wird ein Name genannt, dem das Ausmisten des Augiasstalles auf Sizilien am ehesten zugetraut wird: Dalla Chiesa. Einzig Andreotti wehrt sich mit Händen und Füßen. Als der General im April

1982 mit den Vollmachten eines Präfekten nach Palermo entsandt wird, wo er schon als junger Offizier und von 1966 bis 1973 zur Bekämpfung der Mafia auf Posten gewesen war, schreibt Andreotti in seiner allwöchentlich in der Zeitschrift *L'Europeo* erscheinenden Kolumne »Bloc notes« am Ende der Passage, in der er die Ernennung Dalla Chiesas als »verfehlt« bezeichnet: »Viel Glück, Herr General«.[185] »Dieses Glückwünschen ist in mafiosem Verständnis genau die Chiffre, mit der man Todgeweihte entläßt.«[186]

Der neue Präfekt macht sich mit genau der Besessenheit und »fast preußischen Pflicht- und Staatsvorstellung«[187] an die Arbeit, mit der er in seinem Leben alle großen Herausforderungen angegangen war. Auch das Zutagefördern erster Ergebnisse läßt nicht lange auf sich warten. Stolz berichtet er im Familienkreis, daß Andreotti kreidebleich geworden sei, »als ich ihm all das sagte, was ich über seine Leute in Sizilien weiß«[188], dienstintern wird er noch deutlicher: »Bis zum Hals in der Scheiße«[189].

Der Carabinieri-General Carlo Alberto Dalla Chiesa wird am 3. September 1982 zusammen mit seiner jungen Ehefrau Emanuela (ein eher unmafioses Verhalten) mitten im Stoßverkehr Palermos von einem 24köpfigen Killerkommando mit mehreren Kalaschnikowsalven hingerichtet. »Es war wie im Krieg.«[190] Inzwischen steht auch durch das Geständnis des 1996 gefaßten Kommandoanführers Calogero Ganci fest, daß die Mafia den Präfekten in erster Linie deshalb tötete, um sich einen Verfolger vom Leibe zu schaffen, sondern um Andreotti zu Diensten zu sein, denn der General soll Belastendes in Händen gehalten haben, das mit dem Fund in der Via Monte Nevoso und den Morden in der Via Fani direkt zu tun hatte. Buscetta macht später die folgende Aussage:

> »Ich bekam den Auftrag, mit den *Brigate Rosse* zu sprechen, ob sie für einen Mord an Dalla Chiesa die Verantwortung übernehmen würden. Nein, sagten die *Brigate Rosse*, wir bekennen uns nur zu Morden, die wir selbst ausführen. Ich glaube, daß die höhere Stelle, die um einen Mord an Dalla Chiesa bat (…), ihn später deshalb nach Palermo schickt – bitte halten Sie mich nicht für verrückt –, damit ihn die Mafia dort aus dem Weg räumen kann. (…)«

Dalla Chiesas Sohn Nando faßt es kürzer, indem er von einer Art »Abschußfreigabe« seines Vaters durch die entsendenden Behörden und politischen Instanzen in Rom spricht. Als eben diese, vom Ministerpräsidenten über den Verteidigungs- bis zum Innenminister, herbeieilen, um am Begräbnis teilzunehmen, werden sie von der Bevölkerung angespuckt und mit Münzen beworfen, zum Zeichen der Korruptheit des *palazzo*. Einzelne »Mörder«-Rufe schallen ihnen aus der Menge entgegen. Weit enthüllender ist, was sich noch am Abend des Mordes ereignete. Da nämlich drang ausgerechnet der ehemalige Carabinieri-Gefreite und Vertraute des Generals, Pasquale Termini, in das Haus Dalla Chiesas ein und entwendete geheime Unterlagen aus dessen Safe. Es sollte schon mit dem Teufel zugehen, wenn dies nicht die (Original?-)Aufzeichnungen Moros waren, die nach ihrer Odyssee, ausgehend vom »Volksgefängnis«, über die Mailänder Via Monte Nevoso, den Zugriff Pecorellis in Rom und die Mitnahme Dalla Chiesas nach Palermo, nun endlich wieder in den »richtigen« Händen, denen Andreottis, landeten. Der junge Pasquale Termini im übrigen stirbt vierzehn Tage nach seinem Einbruch, an Leberversagen, wie es offiziell heißt.

Wer immer geglaubt hatte, daß die abscheuliche Blutspur, die Moro, Pecorelli, Dalla Chiesa und vielen, vielen anderen nachfolgte, irgendwann einmal ein Ende finden würde, sah sich bald eines Schlechteren belehrt. Rudolf Augstein hatte auf dem Höhepunkt eines der schmutzigsten Skandale, den die alte Bundesrepublik Deutschland erlebte, der sogenannten Barschel-Pfeiffer-Affäre, geschrieben, nachdem man den unter mysteriösen Umständen umgekommenen ehemaligen schleswig-holsteinischen Ministerpräsidenten in der Badewanne eines Genfer Luxushotels gefunden hatte:

>»Nichts, wie gesagt, wird sich ändern: die Politik nicht, die Politiker nicht, die Zeitungen und Zeitschriften nicht. Man wird Besserung geloben, aber mit schon gespanntem Knie für den nächsten Tritt.«[191]

Das war in Rom nicht anders als in Kiel, nur mit dem Unterschied, daß es am Tiber anders als an der Förde meist nicht bei den Tritten blieb. Die juristische Strafverfolgung auf dem Apennin allerdings erweist sich als genauso unerbittlich wie die zwischen Elbe und Rhein. Schon bald nach dem Mord kommt es zu Prozessen gegen die Mafia. Die Zeugenlisten verweisen auf Mitglieder anderer Geheimorganisationen und legen nahe, deren Spur wieder aufzunehmen. So erscheint auf ihnen der Name von Michele Sindona, dem bereits rechtskräftig verurteilten Bankiers Licio Gellis und der P2, dessen Geheimloge im direkten Zusammenhang mit dem Untersuchungsausschuß zu Sindona im Vorjahr aufgeflogen war. Die Ereignisse kulminieren jetzt an mehreren Fronten. Gelli hatte sich bereits seit längerem von Sindona gelöst und Roberto Calvi zu seinem Hausbankier gemacht, aber auch der gerät 1982 in schwere See. Überall beginnen die Dämme zu brechen. Calvi war seit 1971 Generaldirektor des Mailänder *Banco*

Ambrosiano, der größten italienischen Privatbank, an der der Vatikan nicht unerheblich beteiligt war, und zwar über sein »Institut für die religiösen Werke«, das *Istituto per le Opere Religiose* (IOR). Auf Drängen dieses Instituts, aber auch des polnischen Papstes, stürzt Calvi sich Anfang der achtziger Jahre in eine Reihe von gewagten Unternehmungen, insbesondere die Finanzierung der polnischen Solidaritätsbewegung. Er wird noch im selben Jahr wegen illegaler Devisengeschäfte zu vier Jahren Gefängnis verurteilt, kommt aber bald wieder frei und taucht sofort unter. Unmittelbar danach, im Juni 1982, bricht der *Banco Ambrosiano* mit einem Verlust von drei Milliarden Mark zusammen. Erst zehn Jahre später ist die Beweislast zusammengetragen, die es der Mailänder Staatsanwaltschaft erlaubt, die Strafanträge zu stellen. Sie fixiert Licio Gelli eindeutig als Hauptschuldigen für die Pleite, erläßt aber auch Haftbefehl gegen den Präsidenten des IOR, den aus dem amerikanischen Bankenparadies Illinois stammenden Titularbischof von Karthago, Paul Casimir Marcinkus. Als die römische Polizei die Verhaftung vornehmen will, entzieht sich ihr der Gottesmann, indem er wie ein Hundertmeter-Sprinter im vollen Ornat auf das Terrain des Vatikanstaats flüchtet. Dieser lehnt seine Auslieferung bis heute ab. Wohl aber wird bestätigt, daß der Heilige Stuhl der in Konkurs geratenen Bank über das IOR umgerechnet 1,4 Milliarden Dollar in Form von Garantieerklärungen hatte zufließen lassen, was einem Schuldeingeständnis gleichkommt. Als das IOR daraufhin selbst in die Bredouille gerät, begleicht der Vatikan die dort aufgelaufene Schuldensumme von 250 Millionen Dollar, um weiteren Nachforschungen zu entgehen. Auf Vermittlung des Kölner Kardinals Höffner wird der deutsche Starbankier Hermann Josef Abs eingeflogen, um endlich wieder Ordnung in die Kirchenfinanzen zu bringen. Die 1,4 Milliarden sind und bleiben in karibischen Briefkastenfirmen und Schweizer Safes verschwunden.

Calvi irrt im Sommer 1982 in verzweifelter Suche nach Hilfe durch Europa. In etlichen Bankmetropolen sucht er ehemalige »Geschäftspartner« auf und droht ihnen Enthüllungen an, falls sie ihn im Stich lassen. Keiner rührt einen Finger. Am 18. Juni landet er in London. Es ist bereits Nacht, als er hinunter zur Themse geht, unter die »Blackfriars Bridge«, die »Brücke der Schwarzen Mönche«, wie auch (zufällig?) der Name einer Freimaurerloge in Edinburgh lautet. Ob er dort allein war, weiß man nicht. Eine Schlinge um den Hals und schwere Ziegelsteine – ein Freimaurersymbol – in den Jackentaschen, turnt der nicht schwindelfreie Mann über ein wackeliges Stahlgerüst bis ans Ende der Stangen. Am anderen Morgen findet man ihn erhängt auf. Seine persönliche Sekretärin war am Tage zuvor aus einem Fenster im dritten Stock des Mailänder *Banco Ambrosiano* gefallen und gestorben. Selbstmord, so lautet die offizielle Version in beiden Fällen, »geselbstmordet«, so formuliert es die Presse wahrheitsgemäßer, und die Witwe Clara Calvi sagt aus: »Die Loge P2, Opus Dei und führende christdemokratische Politiker sind für den Tod meines Mannes verantwortlich.«[192] Kurze Zeit später fügt sie noch hinzu, daß ihr Ehemann von Giulio Andreotti als dem geheimen Oberhaupt der P2 gesprochen habe.[193] Auch Calvi führte eine Aktentasche mit brisanten Dokumenten über die Finanzierung der polnischen Solidaritätsgewerkschaft mit sich. Sie ist verschwunden und wird heute in einem Schweizer Schließfach vermutet.[194] Im Juni 1996 wird der Mafioso Francesco di Carlo in London festgenommen und angeklagt, der gedungene Killer Calvis zu sein. Ihm zur Seite standen Mitglieder der Magliana-Bande.

Die rituelle Hinrichtung Calvis wird vor allem als Signal und Warnung an einen Mann verstanden, der seit seiner Auslieferung von den USA 1984 im Hochsicherheittrakt von Voghera in der Lombardei auf sein Verfahren wartete und von dessen Aussage jetzt alles abhing: Michele Sindona. Er verbüßte dort eine langjährige Haftstrafe aufgrund des Schuldspruchs amerikanischer Gerichte. Außerdem lief ein Verfahren wegen eines Mordfalles, der – wie er sich ereignet hatte – auch in die schmierigste Al Capone-Verfilmung gepaßt hätte. So wie Calvi mit dem *Banco Ambrosiano* hatte Sindona mit der *Banca Privata Italiana* eine betrügerische Milliardenpleite verursacht, und zwar bereits 1974. Fünf Jahre später kommt es zur Eröffnung des Verfahrens. Zum Konkursverwalter war der Mailänder Rechtsanwalt Giorgio Ambrosoli bestellt worden, der am 11. Juli 1979, unmittelbar vor Beginn der Hauptverhandlung, in seiner Wohnung erschossen wird. Er hatte gerade einen umfassenden Bericht über sämtliche illegalen Geschäftspraktiken Sindonas fertiggestellt. In New York verhaftet die Polizei einen Mann, der in der Unterwelt als »Billy, der Ausrotter« bekannt ist. Dieser, mit bürgerlichem Namen William Joseph Arico, gesteht, Ambrosoli im Auftrag von Sindona für 50 000 Dollar umgebracht zu haben. Bevor er das abgelegte Geständnis unterschreiben kann, stürzt er bei einem »Fluchtversuch«, wie es später offiziell heißt, aus dem siebenten Stock eines New Yorker Gefängnisses und stirbt. Sindona wird am 18. März 1986 wegen Mordes zu lebenslänglicher Freiheitsstrafe verurteilt. Nach Calvis Tod waren die Sicherheitsvorkehrungen um seine Person fast bis zur Absurdität verstärkt worden: Fünf Beamte bewachen über Monitore seinen gesamten Tagesablauf in der Zelle, er kleidet sich unter den Augen von drei Fernsehkameras aus und an, sein Essen wird vorgekostet, in einen Stahlbehälter gestellt, versiegelt, mit einem Vorhängeschloß gesichert und erst dann dem Gefangenen zugeführt. Zwölf Carabinieri kontrollieren ihn ständig. In Palermo hatte gerade einer der ersten Maxiprozesse gegen die Mafia begonnen, und Sindonas Aussage als »Beteiligter an einer Mafia-Verschwörung«, also als Angeklagter, steht unmittelbar bevor. Dem bereits rechtskräftig Verurteilten bleibt eigentlich nur noch eins: die Flucht in die Wahrheit. Es ist der 20. März 1986, früher Morgen. Der Häftling bricht das Siegel auf und entfernt das Vorhängeschloß, um sein Frühstück einzunehmen. Alle Kameras sind auf Empfang. Sindona grüßt kurz in die Big Brothers, nimmt die Kaffeetasse und verschwindet im Bad, außerhalb der Reichweite der Kameras. Als er zurückkommt, ist es bereits zu spät. Er hatte nur einen Schluck genommen, torkelt, bäumt sich noch einmal auf und krümmt sich dann unter höllischen Schmerzen auf dem Zellenboden. Der Morgenkaffee enthielt statt Sahne und Zucker Zyankali. »Den Mund schließen«, diese mafiose Strafformel erreicht auch den Mitwisser Michele, wenn auch anders als bei Pecorelli. »Sindonas Kopf«, so heißt es bald landläufig, »war einfach zu entscheidend, als daß er noch länger auf seinen Schultern ruhen durfte.« »Man hat mich vergiftet«[195], sollen angeblich seine letzten Worte gewesen sein, 48 Stunden später ist er tot. Sein Lebenslänglich hatte nicht einmal vier Tage gedauert. »Selbstmord« lautet die offizielle Version. Trotz dichtester personeller Präsenz ergeht die Mitteilung an die Justizbehörden erst fünf Stunden nach seinem Zusammenbruch – Zeit genug für eine Flurbereinigung in der Zelle und anderswo. Trotz dieser Spurenverwischung kommt der Mailänder Staatsanwalt Guido Viola später zu folgendem Ergebnis: »Ohne Andreotti und seinen Schutz für Sindona (...) hätte es kein Verbrechen an Ambrosoli gegeben.«[196] Viola stößt bei der Auswertung von in der Wohnung des Rechtsanwalts gefundenen Unterlagen aber noch auf etwas anderes, und zwar auf ein Tonband, das Andreottis Involvierung auf einem justitiablen Dokument festhält. Ambrosoli hatte auf diesem Tonträger ein Telefongespräch aufgezeichnet, das sein Mörder William Joseph Arico unmittelbar nach seiner Ankunft in Italien mit ihm geführt haben muß. Es hat den folgenden Wortlaut:

»Arico: Sie zeigen mit dem Finger auf Dich. Ich bin in Rom, und sie deuten auf Dich, weil Du nicht kooperierst (...)

Ambrosoli: Aber wer sind ›sie‹?

Arico: Der große Boß.

Ambrosoli: Wer ist der große Boß?

Arico: Du verstehst mich. Der große Boß und der kleine Boß, alle geben sie Dir die Schuld. (...) Du bist ein netter Kerl, es täte mir leid. (...) Der große, verstehst Du? Ja oder nein?

Ambrosoli: Ich denke mir, der große ist Sindona.

Arico: Nein, es ist Andreotti!

Ambrosoli: Wer? Andreotti?

Arico: Genau. Er rief an und hat gesagt, er hätte sich um alles gekümmert, aber Du seist an allem schuld. (...) Also nimm Dich in acht.«[197]

In dem festen Bewußtsein, daß alle Mitwisser, Spuren und Belegmaterialien beseitigt waren, die über die Hintergründe und Hintermänner des zentralen Verbrechens vom 16. März 1978 Auskunft geben konnten, muß Andreotti sich (spätestens) in den achtziger Jahren der Mafia angenähert haben. Die Ursprünge dieser Kooperation hingegen liegen weit zurück, und sie sind untrennbar mit dem Namen von Salvatore (»Salvo«) Lima, dem mächtigen Vorsitzenden der palermitanischen Christdemokraten, verbunden. Dieser stand eines Tages im Jahre 1968 vor Andreotti und eröffnete ihm, daß er sich mit seiner regionalen DC künftig nicht mehr dem *corrente* der *fanfaniani*, sondern der *andreottiani* zugehörig fühle. Andreotti, kaum fünfzig Jahre jung und machthungrig, erklärte sich einverstanden, obwohl ihm Polizeiberichte bekannt sein mußten, in denen Lima schon 1963 als »Freund und Mitkämpfer der Mafia« bezeichnet worden war.[198] Allerdings ist Andreotti lange Zeit klug genug, auf Distanz zu achten und Lima als eine Art Statthalter auf der Insel fungieren zu lassen, bis zu jenem 20. September 1987, dem Austauschen des Bruderkusses mit Salvatore (»Toto«) Riina, dem Boß der Bosse, in Palermo. Geständige Mafiosi berichteten, daß Andreotti zu dem Zeitpunkt im Milieu längst »der Onkel« genannt wurde.[199]

Der wiedergeborene Machiavelli hätte all dies kaum getan, wenn er sich nicht vor Entdeckung absolut sicher gewußt hätte, denn das Wissen um diese Verbrüderungsszenen und Telefonate, um alle direkten und indirekten Kooperationen, stammt erst aus den neunziger Jahren. Einstweilen schaltete und waltete er noch nach Belieben, zumal sein einziger innerparteilicher Widersacher von Rang, sein großer Kontrolleur und Antipode, Aldo Moro, nicht mehr lebte. Mit einem toten Moro aber ließ »sich der Staat munter weiterzerfleddern«.[200] Einzig der Linksterrorismus erschien als besiegt, Rechtsterrorismus, klandestine Mächte und mafiose Gegenkultur entfalteten sich nahezu ungehemmt. Wirtschaftlich steuerte das Land immer mehr in Zahlungsunfähigkeit und Bankrott, wozu die Milliardenpleiten eines Calvi und Sindona das ihrige beitrugen. Politisch wurde die erste Republik immer weniger regierungsfähig –wie sollte sie auch, wenn derjenige, der sich 1989 nach langer Pause wieder anschickte, den Ministerpräsidentensessel zu besetzen, mit den antidemokratischen Kräften zusehends gemeinsame Sache machte. Nein, er fühlte sich sicher in seiner Haut, denn er war und blieb das Bollwerk gegen den Kommunismus, der Mann der Amerikaner (und der CIA) und der Garant für die Kontinuität der in Jalta geschaffenen Ordnung. Wieviel Dreck an den Händen von »König Giulio« klebte, wollte deshalb lieber keiner wissen, weder in Rom noch in Bonn, Tokio oder Washington. Auch an der Aufklärung des alle anderen auslösenden, wenn nicht verursachenden Verbrechens, der Entführung und Ermordung Moros, bestand lediglich ein kriminalistisches, aber kein (welt)politisches Interesse, und das wirkte beruhigend. Deshalb war es auch genauso logisch, daß Andreottis Thron erst wankte und fiel, als sich die weltpolitische Lage grundlegend änderte. Und, was keiner mehr zu glauben gewagt hatte, damit wurden auf einmal auch die für unauflös- und unentwirrbar gehaltenen Rätsel im Falle Moro einer fast vollständigen Aufklärung zugeführt. Der entscheidende Anstoß hierzu kam paradoxerweise gar nicht aus Italien, sondern von weiter weg, von jenseits der Alpen, und man glaubte lange Zeit gar nicht, daß er überhaupt etwas mit Italien und den italienischen Verhältnissen zu tun hatte. Das letzte Kapitel dieser Geschichte nahm seinen Ausgang nicht am Tiber, sondern am grünen Strand der Spree.

»Ich werde dableiben als unbeugsames Zeichen
des Widerspruchs und der Alternative (…)«

Aldo Moro, Brief aus dem Gefängnis

EPILOG

*Aldo Moro, das Ende der Teilung
Europas und das moderne Italien*

Am 9. November 1989 fällt die Mauer in Berlin: Auftakt zur Auflösung der DDR, zur Wiedervereinigung Deutschlands, der Implosion des marxistisch-leninistischen Imperiums von Wismar bis Wladiwostok und der Demokratisierung Osteuropas, zur Revolution gegen den Totalitarismus, dem Ende der Sowjetunion, zu Re-Nationalisierung und Rückfall in Kleinstaaterei, zum Zerfall Jugoslawiens – all dies läßt sich ohne Umwege auf jene Nacht zurückführen, in der sich in Seid-umschlungen-Millionen-Seligkeit Menschen in den Armen lagen, wo sie bis dato Welten, Mächte und Systeme trennten. Niemand kam auch nur anflugweise auf die Idee, daß die Auswirkungen bis auf die Halbinsel am Apennin reichen würden, ja, »daß der Zerfall der Berliner Mauer und das Ende der sowjetischen Bedrohung auf Italien eine fast ebenso große Auswirkung gehabt haben wie auf Deutschland (...)«[201]

Achille Occhetto, seines Zeichens Vorsitzender der größten kommunistischen Partei außerhalb des Moskauer Machtbereichs, beschließt in besagter Nacht, den Führungsgremien der KPI vorzuschlagen, das Attribut »kommunistisch« aus dem Parteinamen zu streichen, wohl wissend, daß das, was zur gleichen Stunde in Berlin vor sich geht, der Geschäftsgrundlage von Jalta endgültig den Boden entzieht. Zwar dauert es noch, bis der Tanker sich bewegt, aber der Parteitag im Februar 1991 wird Schlußpunkt und Anfang zugleich. Auf ihm wird der *Partito Democratico della Sinistra*, abgekürzt PDS, aus der Taufe gehoben, der jedweden leninistischen Ballast über Bord wirft. Die Partei ist (sozial)demokratischer als ihre postkommunistische Namensschwester in Ostberlin, die nunmehr auch unter dem Kürzel PDS firmierende ehemalige SED. Einzig im Parteiemblem der italienischen PDS, einer von Hammer und Sichel überwölbten Eiche, zeigt sich noch ein Stück Vergangenheit.

Die Auflösung der alten KPI ist das Signal zu einer totalen Neuformierung des Parteiensystems, an deren Endpunkt praktisch nichts mehr so ist, wie es einmal war. Die großen Parteien auf der Rechten wie auf der Linken, die Christdemokraten wie auch die Kommunisten, sind gespalten, dezimiert oder verschwunden, die kleinen liberalen und sozialdemokratischen Parteien der Mitte sind völlig bedeutungslos oder eliminiert, und die einst so aufstrebenden Sozialisten sind gleichlaufend zur Enthüllung von Craxis kriminellen Machenschaften im absoluten Nichts versunken. Neu entstanden sind konfessionell oder personengebundene, funktional oder zweckorientierte, regionale separatistische oder ökologische Gruppierungen, Pakte, Bewegungen und Netzwerke, die mehr gegen- als miteinander das Gesicht der neuen, zweiten Republik ausmachen. Noch im Dezember 1991 spalteten sich in der *Rifondazione Comunista* von der jungen PDS all jene ab, denen schon die eurokommunistischen Reformen der siebziger Jahre zu weit gegangen waren. Damit war – unter völlig veränderten weltpolitischen Bedingungen und aufgrund des zwingenden, von Berlin ausgehenden Impulses – genau das Kalkül aufgegangen, das Moro sehr wohl mit der Strategie des Historischen Kompromisses verknüpft hatte, nämlich die orthodoxen Kräfte in der KPI so weit in die Enge zu treiben, bis sie sich wandelten, die Partei spalteten oder ganz verließen, sie in jedem Falle aber schwächten. Er verhandelte nicht aus Barmherzigkeit mit Berlinguer. Das Ziel, die eigene DC durch seine Form des *divide et impera* zu stärken, gehörte durchaus zu seinem Raffinement, aber er kam auch hier anderthalb Jahrzehnte zu früh.

Wann nahm die erste Republik ihr Ende und die zweite ihren Anfang? Die Antwort auf die Frage fällt nicht leicht, die einstürzenden Mauern in Berlin taten Andreotti, der zentralen Figur des alten Systems, zunächst jedenfalls noch nichts an. Seit dem Juli 1989 stand er in der Nachfolge De Mitas erneut an der Spitze der Regierung. Daran hatte sich auch bis zu jenem 17. Februar 1992 nichts geändert, dem Tag, an dem der Mailänder Untersuchungsrichter Antonio Di Pietro mit der Verhaftung eines »scheinbar unscheinbaren«[202] Altersheimdirektors namens Mario Chiesa eine Aktion einleiten sollte, die den Todesstoß für das *ancien régime* bedeutete: »mani pulite«, zu deutsch »saubere Hände«. Chiesa war auf frischer Tat bei der Entgegennahme von Bestechungsgeldern ertappt und verhaftet worden. Jahrelang hatte er von allen Auftragnehmern seines Heimbetriebs eine zehnprozentige Summe für sich abgezweigt und war so zu einem einflußreichen Mann in der sozialistischen Partei Mailands geworden. Diese ließ ihn sofort nach seiner Verhaftung fallen, woraufhin Chiesa umfassend auspackte. Zwei Jahre nach diesem relativ unbedeutenden

Fahndungserfolg waren Ermittlungen gegen 447 Parlamentarier, unter ihnen Parteivorsitzende und Minister, aber auch gegen Bankiers, Manager, Angehörige der Justiz und Journalisten im Gange. Nicht weniger als 1 356 Partei-, Gewerkschafts- und sonstige Funktionäre im ganzen Land waren verhaftet worden. Von der Etsch bis zur Straße von Messina wurde jetzt schmutzige Wäsche gewaschen. Es zeigte sich, daß die Schmiergelder vorrangig zur illegalen Parteifinanzierung, vor allem der Christdemokraten und der Sozialisten, verwendet worden waren, kleinere Summen hatte aber auch die KPI bzw. die PDS erhalten. Bettino Craxi war schon Ende 1992 tief im Strudel von »mani pulite« versunken. Kurz darauf mußte er als Parteivorsitzender zurücktreten, floh nach Tunesien und wurde 1994 in Abwesenheit zu acht Jahren Haft verurteilt. Inzwischen war erwiesen, daß er sich allein durch die Korruption beim Bau der Mailänder Metro zum Multimillionär hatte machen lassen. Schon 1990 hatte Norberto Bobbio eine Artikelserie in der Zeitung *la Stampa* mit der Überschrift »La Repubblica malata«, »die kranke Republik«, versehen[203], und ein Jahr später, also noch bevor Di Pietro auf den Mailänder Sumpf stieß, hieß es in einer Schrift über Italien:

> »Ein feudales Land, gekennzeichnet durch Privilegien (...) und durch Vetternwirtschaft bis hinein in die öffentlichen Institutionen (...) politische Parteien sind zu Beschäftigungsagenturen (geworden und) Gesetze sind in der Regel das Ergebnis eines Handelns zwischen sozialen Kräften (...), ausgestattet mit erpresserischer Macht (...) (Es gibt) die neue Weißkragenbande, die Steuern auferlegt, aktiv mit Machtstrukturen der Unterwelt zusammenarbeitet und die Regierung zum Sklaven privater Interessen macht, nicht weniger beunruhigend als die Mafia.«[204]

Dieses stammt nicht etwa aus der Feder linker Intellektueller, postkommunistischer Reformer oder universitärer Soziologen, sondern es ist – das offizielle Dokument der italienischen Bischofskonferenz. Am 6. Dezember 1994, als Di Pietro seinen Talar mit den Worten »Wenn Sie erlauben, Herr Gerichtsvorsitzender, bin ich damit zu Ende«[205] auszieht und die Aktion »mani pulite« für abgeschlossen erklärt, sind die Grundzüge der zweiten Republik bereits unübersehbar. Insbesondere im Parteiensystem ist nichts mehr so, wie es einmal war, auch wenn rasche Umbenennungen und zum Teil überstürzte Neugründungen den rapiden Machtverlust kaschieren sollen. Die Linke hat sich, nicht zum ersten Mal, aufgespalten, die entleerte Mitte füllt sich nicht wieder auf, und innerhalb der Rechten bilden sich schlagkräftige neue Formationen. Das alte *Movimento Sociale Italiano* erweitert sich unter der geschickten Regie von Gianfranco Fini zur postfaschistischen *Alleanza Nazionale*. Alessandra Mussolini, Enkelin des Duce und eines ihrer Aushängeschilder, verliert im November 1993 die Oberbürgermeisterwahl in Neapel nur um Haaresbreite. Umberto Bossi, ein Mann, den es nach einem abgebrochenen Medizinstudium in die Politik verschlagen hatte, bündelt im November 1989 sechs norditalienische Autonomiebewegungen, unter ihnen als namhafteste die *Lega Lombarda*, und begründet die *Lega Nord*. Ihr erklärtes Ziel ist die konsequente Föderalisierung Italiens nach bundesrepublikanischem Vorbild, die schließlich in dem Versuch gipfelt, einen eigenen Nordstaat zu konstituieren. 1991 ruft Leoluca Orlando, der langjährige christdemokratische Bürgermeister von Palermo, die Bewegung *La Rete* (»Das Netz«) ins Leben, deren *raison d'être* der Kampf gegen die Mafia ist. Der Erfolg der Neugründung bleibt mäßig, Orlando wird 1993 aber mit überwältigendem Ergebnis wieder zum Bürgermeister der sizilianischen Metropole gewählt. Der »Pakt« des Mario Segni sowie bereits bestehende und neue grüne Parteien vervollständigen das Bild. Aber der eigentliche Knall ereignet sich am 26. Juli 1993: Die *Democrazia cristiana*, DC, Symbol der Nachkriegsmacht und beherrschende Partei aller Regierungen und Kabinette, beschließt ihre Selbstauflösung. »*Mani pulite*«, die Transformation des kommunistischen Gegenpols, die Wahlrechtsreform mit der teilweisen Übernahme des Mehrheitswahlrechts und vor allem immer deutlicher und häufiger nachgewiesene mafiose Verflechtungen hatten der skandal- und krisengeschüttelten Partei mehr und mehr den Boden entzogen. 1992 war sie erstmals unter die 30-Prozent-Marge gefallen. Giulio Andreotti tritt daraufhin, am 24. April, zurück – für immer, auch wenn er sich noch lange mit Zähnen und Klauen gegen den endgültigen Abschied von der Macht wehren sollte. Vier Tage später nimmt auch Staatspräsident Cossiga seinen Hut, kurz vor dem Ablaufen seiner Amtszeit. Die sich anschließenden DC-Manöver, zunächst, wie in den achtziger Jahren unter Craxi, einem Sozialisten (Giuliano Amato), dann einem parteilosen Wirtschaftsfachmann (dem ehemaligen Präsidenten der Notenbank, Carlo Azeglio Ciampi) die Regierungsführung zu überlassen, bleiben kurzlebige und untaugliche Überlebensversuche der Partei De Gasperis, auch wenn sich Amato und Ciampi in der Verfassungsreform, der Verbrechensbekämpfung und überhaupt im Zurückdrängen der *partitocrazia*, der Herrschaft der Parteien, große Verdienst erwerben. Gleichwohl, die Zeit der Christdemokraten war abgelaufen.

Mit einer Reihe von Neugründungen aus ihrer Konkursmasse versuchte die DC, sich in die Zukunft zu retten, aber keine dieser Gruppierungen erlangte auch nur annähernd die alte Bedeutung. Am erfolgreichsten agierte noch der im Januar 1994 unter bewußtem Rückgriff auf den politischen Katholizismus der vorfaschistischen Zeit, die christliche Soziallehre und das Vermächtnis Don Sturzos konstituierte *Partito Popolare Italiano*, an dessen Spitze im Juli der 46jährige Sozialphilosoph Rocco Buttiglione trat. Aber von diesem PPI löste sich schon bald das *Centro Cristiano Democratico* ab, das sich später noch weiter aufspalten sollte. Damit war genau das, was Moro immer hatte verhindern wollen, eingetreten: Die *correnti* hatten sich zu Parteien verselbständigt und somit praktisch überflüssig gemacht. Man konnte es drehen und wenden wie man wollte, mit der christdemokratischen Herrlichkeit war es ein für allemal vorbei. Nicht unwesentlich trug dazu auch ein Newcomer bei, der am 23. November 1993 mit einem Paukenschlag die politische Bühne betrat: Silvio Berlusconi.

Der Mann war im Lande wahrlich kein Unbekannter. Als Besitzer von 150 Firmen mit einem Umsatz von 16 000 Milliarden Lire und zirka 25 000 Angestellten zählt er zu den reichsten Männern Italiens. Ihm gehören Großmärkte, Kaufhausketten, Versicherungsunternehmen und Verlagsgruppen. Er ließ die Trabantenstädte Mailand 2 und 3 bauen, schachtelte sich das Medienimperium *Fininvest* zusammen und wurde über dieses Marktführer im italienischen Privatfernsehen, daher sein Beiname »*Sua Emittenza*«. *Fininvest* finanziert zudem die Fußballmannschaft des AC Mailand. »*Cavaliere*«, wie er außerdem genannt wird, ist seit den sechziger Jahren Busenfreund Bettino Craxis und war trotz standhaften Leugnens Mitglied der Geheimloge P2. Irgendwann muß ihm die geballte Wirtschaftsmacht nicht genug gewesen sein, und er beschloß, Politiker zu werden. Sein Einstieg in dieses Geschäft wurde wie ein *product placement* vorbereitet, so, als ob ein neuer Konsumartikel auf den Markt geworfen werden sollte. Die Werbegesellschaft *Publitalia*, die über ein weitverzweigtes Netz von Filialen und Agenturen verfügt, wurde vom Sommer 1993 an damit beauftragt, überall lokale Clubs, »Fangemeinden«, zu gründen. Der Name, den sich die neue Bewegung gab, *Forza Italia* (»Vorwärts Italien«), war dem fußballerischen Wettkampf direkt entlehnt, ja er stellte sozusagen die Übertragung des Kampfrufs »*Forza Milan*«, des Anfeuerungsschreis von Berlusconis Elf, auf das ganze Land dar. Der Norden drehte auf. Die Sammlung entstand wohlweislich als »freie

Vereinigung privater Clubs«, die ihre Organisationsspesen selbst trugen. Die offizielle Registrierung als Partei wurde erst am 1. Juni 1994 vollzogen – da aber war Berlusconi schon Ministerpräsident. Als ob das Parteienspektrum der heraufdämmernden zweiten Republik nicht schon buntscheckig, atypisch und exotisch genug war, wurde ihm mit *Forza Italia* jetzt noch ein rein personenbezogenes *Movimento* hinzugefügt.

Allabendlich sahen sich die Italienerinnen und Italiener jetzt von aggressiven Werbespots berieselt, etwa nach der Machart: »Zieh' ins Feld! Gründe auch in deiner Stadt einen Club *Forza Italia*! Um Italien Freiheit und Wohlstand zu geben.« Zuletzt, je näher die für März 1994 anberaumten (vorzeitigen) Parlamentswahlen rückten, schaltete *Fininvest* bis zu fünfzig derartiger Spots pro Tag und Programm. Trotzdem war Berlusconi klar, daß er den Marsch auf Rom nicht allein gewinnen konnte. Deshalb bildete er zur Jahreswende zusammen mit Bossis *Lega Nord* und Finis *Alleanza Nazionale* den *Polo della Libertà*, den »Pol der Freiheit«, dem sich auch das *Centro Cristiano Democratico* anschloß. Der Medienmagnat, der Separatist und der Neofaschist, oder, wie es in Italien hieß, der Fürst, der Prätorianer und der Volksführer[206], sie marschierten jetzt zusammen. Ihnen stellte sich der *Polo Progressista*, der »Pol des Fortschritts«, unter Führung der PDS entgegen, was Berlusconi sofort veranlaßte, das Schreckgespenst einer drohenden »kommunistischen« Machtübernahme an die Wand zu malen.

Zwar siegte der *Polo della Libertà* im März, aber ohne die erhofften überwältigenden Dimensionen (*Alleanza Nazionale* 13,5 Prozent, *Lega Nord* 8,4 Prozent). *Forza Italia* lag sogar mit der PDS praktisch gleich (21 zu 20,4 Prozent). Der Christdemokrat Oscar Luigi Scalfaro, Nachfolger Cossigas als Staatspräsident, beauftragte Berlusconi daraufhin zwar mit der Regierungsbildung, verpflichtete ihn aber gleichzeitig zur Einhaltung einiger Grundprinzipien, unter anderem dem, das Staatsgebiet seines Vaterlandes als »*Italia una e indivisibile*« anzusehen. Die Wahl des »*Cavaliere*« zum Ministerpräsidenten fiel lediglich im Abgeordnetenhaus deutlich aus, die Vertrauensabstimmung im Senat gewann er nur mit einer einzigen Stimme. Dadurch daß der am 11. Mai 1994 vereidigten Regierung erstmals fünf Minister der postfaschistischen *Alleanza Nazionale* angehörten, war der 1947 im *Arco costituzionale*, in den Parteien des »Verfassungsbogens«, zu dem die KPI immer, auch in den Zeiten des Kalten Krieges, gehört hatte, erzielte Konsens endgültig zerbrochen. Schon allein deshalb ist

Vorsicht für alle jene geboten, die in diesem Ereignis den Beginn der zweiten Republik entdecken wollen, vielmehr war man »lediglich von einer Republik mit Verhältniswahlrecht zu einer Republik mit Mehrheitswahlrecht übergegangen (...)«[207] Sicher, fast alle alten Parteien waren verschwunden, transformiert, umbenannt oder in neuen aufgegangen, aber das Neue war immer noch nicht da.

Berlusconi machte sich mit fiebrigem Messianismus ans Werk. Antonio Di Pietro, dem Chefermittler von »*mani pulite*«, bot er einen Posten in seinem Kabinett an. Der Gärtner sollte zum Bock und damit unschädlich gemacht werden. Erst als dieser ablehnte, begann er einen wutentbrannten Feldzug gegen die Mailänder Staatsanwaltschaft und die Autonomie der Justizbehörden überhaupt. Gleichzeitig griff er gierig zum staatlichen Fernsehen RAI. Dieses als Hauptkonkurrenten seiner *Fininvest* und als kritisches Medienorgan auszuschalten, war der eigentliche Grund für sein Eintreten in die Politik gewesen. Schon Ende September hatte »*Sua Emittenza*« die Spitzenposten der RAI mit engen Vertrauten besetzt, die die Programmstruktur beträchtlich umkrempelten: Sensationsmeldungen aus der Star- und Filmwelt, aus Mode, Sport und Pop drängten politische Nachrichtensendungen zurück. Und wenn diese kamen, malten sie ein positives Bild der neuen Regierung. Doch die Basis des Bündnisses und »Pols der Freiheit« bröckelte schnell. Die erste Koalitionskrise kam schon im Sommer 1994. Immer wieder war es die mangelhafte Trennung von geschäftlichen Interessen und politischem Amt, die Berlusconi vor allem aus den Reihen der *Lega Nord* zum Vorwurf gemacht wurde. Diese war es denn auch, die am 19. Dezember wegen der andauernden Querelen um die Haushaltssanierung, die staatliche und private Medienpolitik, die Rolle der Justiz und seine Vergangenheit in der P2 einen Mißtrauensantrag gegen den »*Cavaliere*« einbrachte. Schon am 22. November hatte Di Pietro ein Ermittlungsverfahren wegen Beihilfe zur Bestechung gegen ihn eingeleitet, am 13. Dezember wird er stundenlang verhört. Drei Tage nach dem Einbringen des Mißtrauensantrags tritt Berlusconi zurück. Er ging so schnell, wie er gekommen war.

Natürlich hat sich längst die Frage gestellt, was das alles noch mit Moro zu tun hatte. Viel, wie sich bald zeigen sollte. Typen vom Schlage eines Berlusconi waren so ziemlich das letzte, was Moro an der Spitze seines Staates hätte haben wollen, und wie weit sein langer Arm aus dem Grabe in Torrita Tiberina noch reichte, hatte sich bereits Jahre zuvor erwiesen. Ende 1989 war der venezianische Richter

Felice Casson auf eben jene Spur gestoßen, von der Moro schon geschrieben hatte, die aber nicht in das Licht der Öffentlichkeit gelangt war.»Auch die Brigadisten, die alles lasen, haben es nicht veröffentlicht – ein merkwürdiges Verhalten für Menschen, die den Staat entlarven wollten.«[208] Casson stößt bei der Verfolgung des Attentats von Peteano, bei dem 1972 drei Carabinieri umgekommen waren, auf die Gladio-Struktur. Mit Sprengstoff aus den Beständen dieser Geheimorganisation waren die drei Soldaten in der Nähe von Triest getötet worden. Casson erbittet nähere Unterlagen und den Zugang zu den Archiven. Im Ministerpräsidentenpalais von Giulio Andreotti beginnen die Alarmglocken zu schrillen. Die letzten Deiche drohen zu brechen. Jetzt hilft nur noch die Flucht nach vorn. Am 3. August 1990 enthüllt Andreotti vor einer verblüfften Öffentlichkeit die Existenz von »Gladio«. Kurz zuvor waren im Kap Marrargiu sämtliche Dokumente der dort Ausgebildeten vernichtet worden, und exakt einen Tag vor seiner Enthüllung war »König Giulio« von der *Commissione terrorismo e stragi*, der parlamentarischen Untersuchungskommission zur Aufklärung rechts- und linksterroristischer Anschläge, zur Aussage aufgefordert worden. Aber jetzt auf einmal ließ man ihm Zeit. Offensichtlich war vorher noch einiges zu erledigen.

Am 9. Oktober 1990 rückt eine Maurerkolonne in die Mailänder Via Monte Nevoso, um eine Wohnung zu renovieren. Es handelt sich um den besagten Terroristenunterschlupf, den Dalla Chiesa vor zwölf Jahren schon einmal völlig auf den Kopf hatte stellen lassen. Deshalb staunt einer der Maurer nicht schlecht, als er hinter einem nur lose befestigten Paneel umgerechnet 80 000 Mark in alten Lirescheinen, die Teil einer Lösegeldsumme waren, sowie ein Konvolut von 400 Fotokopien findet. Es ist das Vermächtnis Moros. Da niemand an einen Zufall glaubt, entbrennt sofort ein wütender Streit über die Regisseure der Renovierung. Craxi spricht in Anspielung auf Andreottis schmächtige Gestalt sofort von einem »Händchen«, das die Dokumente rechtzeitig wieder dorthin geschafft habe, dieser indes kontert in Anlehnung an Craxis Leibesfülle, indem er von einer »Pranke« zu wissen glaubt, die hier am Werk gewesen ist. Der Fund wird sondiert. Das Konvolut enthält vierzig Briefe, von denen über die Hälfte bis dahin unbekannt war, und Teile des »Verhörs«, das die Roten Brigaden mit Moro führten. Erst jetzt erfährt die Öffentlichkeit von den schweren Anschuldigungen gegen Andreotti (und Cossiga), der »Strategie der Spannung« und, nunmehr auch aus Moros Mund und immer noch verklausuliert, von »Gladio«. Natürlich ist jedem auch nur halbwegs politisch Interessierten klar, daß das Ganze mit Andreottis unmittelbar bevorstehender Aussage vor dem Untersuchungsausschuß in entscheidendem Zusammenhang steht. Die Frage ist nur: Schadet oder nutzt ihm der »Zufallsfund«? Interessant ist, daß es sich nach wie vor lediglich um Ablichtungen handelt (Wo ist das einzig beweiskräftige handschriftliche Original?), und noch weit interessanter ist, daß die Unterlagen immer noch nicht vollständig sind. Wird hier immer noch sortiert, und vor allem, was wird sortiert? Es wird sich bald herausstellen, was fehlt, und zwar in dem Prozeß, der Andreotti wegen seiner Verbindungen nach Sizilien bis weit über das Jahr 2000 hinaus gemacht wird. Mit anderen Worten: Moro hat schon 1978 gewußt, wer hinter der Aktion in der Via Fani steckte, warum er auf den Abgeordneten Misasi seine letzte Hoffnung setzte und warum er, zumindest im Gefängnis, in den Roten Brigaden gar nicht seine eigentlichen Gegner sah. Hat sich mit seinen Unterlagen deshalb binnen zwölf Jahren das gleiche abgespielt wie mit dem Inhalt seiner Aktentaschen in der Via Fani binnen einer Stunde? Wurde beides entwendet, gesäubert und an seinen Ausgangsort zurückgebracht? Durchaus denkbar.

Der Fund von 1990 wird Senator Libero Gualtieri zugestellt, dem Vorsitzenden der *Commissione terrorismo e stragi*. Dieser leitet ihn unverzüglich an die Präsidenten der beiden Kammern weiter. Andreotti kommt in Zugzwang. Am 17. Oktober kann er seinem Boten gar nicht genug Beine machen, um ein zwölfseitiges Dossier die paar Schritte vom Palazzo Chigi zur Piazza San Marcuto hinüberbringen zu lassen, wo die Untersuchungskommissionen ihr Sekretariat haben. Das Papier soll die Grundlage für seine Aussage vor dem Ausschuß sein. Es enthält freimütige Informationen über die Beteiligung der Geheimdienste SIFAR, SID und SISMI an (den Linksterroristen zugeschobenen) Sprengstoffanschlägen seit dem Beginn der sechziger Jahre. Die Flucht nach vorn ist im vollsten Gange. Ein Kommissionsmitglied, der linke Abgeordnete Roberto Cicciomessere, nimmt sich der Aufzeichnungen an und erbittet eine Kopie. Gualtieri gestattet dies, aber erst, wenn er selbst das Original durchgesehen hat. Aber so weit sollte es gar nicht kommen. Der Ausschußvorsitzende ist noch bei der Lektüre der ersten Seiten, als das Telefon geht. Am anderen Ende der Leitung ist Andreotti. Er will das Elaborat wiederhaben, denn »einige Passagen müssen überarbeitet werden«.[209] Gualtieri murrt, fügt sich dann aber in die Anweisungen des Regierungschefs. Als er das Dossier drei Tage später wieder in den Händen hält, fehlen zwei Seiten –

diejenigen, in denen von der Aufgabe, Struktur, Auslandszusammenarbeit und Weiterexistenz von »Gladio« die Rede gewesen war. Was hatte der Altmeister der Realitätsbeugung mit diesem Manöver bezweckt?

Daß er wirklich noch an dem Papier hatte arbeiten wollen, glaubte nicht einmal der gläubigste römische Kirchendiener. Wahrscheinlicher war da schon, daß Cicciomessere sich vor der Rücksendung doch eine Kopie der Langfassung zog, und genau das hatte er nicht nur getan, sondern genau das war auch Andreottis Absicht gewesen: die volle Aufmerksamkeit auf die beiden Seiten zu lenken, die nunmehr fehlten. Derartiges, im Politjargon auch »*Avvertimento*« genannt, hat in Italien Tradition. Wer immer auch die Maurer in die Via Monte Nevoso bestellt hatte, Andreotti, der gerade dabei war, die Fäden für die 1992 anstehenden Präsidentschaftswahlen zu ziehen, mußte auch und gerade dies als »*Avvertimento*« verstehen, denn »in Moros Schriftstücken kam er fast nur als Oberteufel vor (…)«[210] Seine Flucht nach vorn bestand nunmehr darin, durch bedingungsloses Öffnen und Hochgehenlassen zu zeigen, daß die anderen Bewerber für das – natürlich von ihm selbst als Krönung seiner politischen Karriere angestrebte – Amt nicht einen Deut weniger mitwissend, schlecht und verschlagen waren als er. Der Altmeister der Realitätsbeugung flüchtete sich in die Realität. In Wirklichkeit aber pfiff ihm der Wind längst eiskalt ins Gesicht.

Am 12. März 1992 wird der christdemokratische Europaabgeordnete Salvo Lima »wie ein Hund in einer Straße von Palermo«[211] erschossen. Es ist das Signal der Mafia an Andreotti: Wir brauchen dich nicht mehr. So wie die Amerikaner ihn nach dem Fall der Berliner Mauer hatten fallenlassen, so verfahren jetzt die Gegenmächte im eigenen Lande. Die nunmehr einsetzenden Ereignisse entwickeln eine derartige Dramatik, daß sie einen letzten und umfassenden Blick auf Herkunft, Aufstieg, Machtausübung, Machtmißbrauch, Verstrickung, Kriminalisierung und politisches Ende des Mannes erforderlich machen, der durch Moros frühen Tod zur beherrschenden Figur Italiens nach 1945 wurde, Giulio Andreotti.

Seine Mutter habe ihm nie einen Kuß gegeben, er selbst hat immer wieder bestätigt, daß dies die prägende Erinnerung an seine Kindheit sei. Einen Monat vor seinem dritten Geburtstag stirbt der Vater, ein Volksschullehrer aus der Ciociara, an den Folgen eines Leidens aus dem Ersten Weltkrieg. Sein Ersatzvater wird die katholische Kirche. Als er 14 Jahre alt ist, ernennt ihn der Pfarrer seines Heimatortes zum

Oberministranten in einer Kathedrale, in der täglich bis zu dreißig Messen an zwölf Altaren gelesen werden. »Der Duft von Weihrauch und Kirchenkerzen umwehte Andreotti von klein auf.« Er bleibt unterernährt und schmächtig. Der gebeugte, genauso bedächtig wie lauernd wirkende Gang, die Segelohren, der durchdringende Blick, die dicke Brille und die glatt nach hinten gekämmten Haare werden zu seinen Markenzeichen. »Seit jeher umgibt Andreotti eine Aura von Abgründigkeit. (...) Sein mephistophelisch anmutende(r) Buckel (...), seine Körperhaltung mutet wie der Wunsch an, etwas zu verschleiern, zu verbergen.«[212] Die Mutter geht nach Rom, die Halbwaise wächst mit dem Blick auf den Vatikan auf, der nicht nur die Projektion geheimster Sehnsüchte bleibt. Schon als Student darf er unangemeldet zu Papst Pius XII. kommen. 1940, gerade volljährig, übernimmt er sein erstes Amt, die kommissarische Leitung des katholischen Studentenverbandes, und zwar auf ausdrücklichen Wunsch von dessen eigentlichem Vorsitzenden, der zum Kriegsdienst gezogen wurde. Das war Aldo Moro. Zwei Jahre später erhält der junge Giulio das Amt endgültig, trotz heftiger Proteste in der Studentenschaft. Zu seinen schärfsten Kritikern zählt eine gewisse Eleonora Chiaravelli, die ihm vorwirft, seinen Vorgänger systematisch und gezielt beiseite gedrängt zu haben. Wenige Jahre später heiratet sie Moro. Zerwürfnis, Abneigung und Haß saßen tief. 1944 tritt Franco Evangelisti an Andreottis Seite. Er bleibt dort bis zu seinem Tod 1994 »und schmiert den andreottinischen Apparat. Ob immer legal, ist zweifelhaft«[213]. Am 2. September 1945 beginnt die politische Laufbahn, Andreotti wird (wie Moro) Delegierter der Verfassunggebenden Versammlung. Es ist der Anfang einer Karriere, die im Nachkriegseuropa ihresgleichen sucht. 1946 zieht er als DC-Abgeordneter ins römische Parlament ein, 1947 wird er – mit 28 Jahren – Staatssekretär De Gasperis, 1954 Innenminister, danach Finanz-, Schatz-, Industrie-, Verteidigungs- und Außenminister, insgesamt 21mal. Kaum ein Jahr vergeht, in dem er nicht hohe und höchste Positionen bekleidet. 1970 wird er zum ersten und 1992 zum letzten Mal Ministerpräsident.

Schon früh werden die ersten Vorwürfe laut, die an ihm abprallen wie Wasser von fettiger Haut. Nepotismus, Begünstigung im Amt, Bestechung und Korruption; an die späteren Anschuldigungen, die bis zur Anstiftung zum Mord reichen, wagt zunächst noch niemand zu denken. Die Liste seiner Affären wird so lang wie die Geschichte der Republik. 26mal ermittelt die Staatsanwaltschaft gegen ihn, 27 Untersuchungsausschüsse werden einzig und allein seinetwegen eingerichtet. Nie wird ihm etwas nachgewiesen, immer verlaufen die Verfahren im Sande. 1992 steht er kurz vor seiner Nominierung für das Amt des Staatspräsidenten, doch die dunklen Wolken, die sich längst am Horizont zusammengezogen haben, entladen sich mit der Kraft strafender Blitze und reinigender Gewitter. Andreotti verliert sein Abgeordnetenmandat. Zwar ernennt Cossiga ihn noch schnell zum Mitglied der Zweiten Kammer, zum Senator auf Lebenszeit, aber auch dieses Netz fängt ihn nicht mehr auf. Salvo Lima wird ermordet, was Andreotti zu dem Kommentar veranlaßt: »Sie haben Lima erschossen, um mich zu treffen.«[214] Unmittelbar darauf wählt das Parlament Oscar Luigi Scalfaro und nicht ihn in das höchste Amt des Staates, aber damit nicht genug. Der palermitanische Staatsanwalt Giancarlo Caselli vertraut einem geständigen Verbrecher mehr als dem gestandenen Vertrauensmann des Volkes und stellt am 27. März 1993 gegen Andreotti einen Ermittlungsbescheid wegen »Verdachts auf Beteiligung an einer mafiosen Vereinigung« aus. Das Parlament hebt am 10. Juni seine Immunität auf. 101 Jahre wolle er alt werden, um vor dem Fegefeuer noch auf Erden möglichst viel von der zu leistenden Buße vorwegzunehmen, so hatte er in einem Interview zu seinem 70. Geburtstag gesagt, und genau hierzu sollte er nunmehr reichlich Gelegenheit bekommen. Nicht nur Buscetta packt jetzt aus. Auf einmal sind es siebzehn reumütige (?) Mafiosi, die auszusagen bereit sind. Alle gipfeln in einem einzigen, schlichtweg ungeheuerlichen Vorwurf, nämlich daß Andreotti der *referente*, der »römische Beauftragte«, die »mächtigste politische Bezugsperson« der Mafia in der Hauptstadt sei. So steht es auch wörtlich in der 980 Seiten starken Anklageschrift, der die trockenen Juristen einen geradezu frappanten Titel gegeben haben: »*La vera storia d'Italia* – Die wahre Geschichte Italiens«[215]. Ihre entscheidende Passage hat den folgenden Wortlaut:

> »Das Beweismaterial hat schließlich dazu geführt, in Senator G. Andreotti die in Rom lebende Bezugsperson des Abgeordneten Lima und von Cosa Nostra zu identifizieren. Die Beziehung zwischen Senator Andreotti und Cosa Nostra bestand – in keineswegs unwesentlicher oder nur gelegentlicher Form – mindestens seit 1978 und bis 1992. Aus dem Charakter dieser Beziehungen läßt sich die Hypothese ableiten, daß der Straftatbestand der kriminell-mafiosen Vereinigung besteht.«[216]

Wie hatte der Starpublizist Enzo Biagi völlig richtig geschrieben? »Im Fall Andreotti steckt der Fall Italien.«[217] So war es. Das neue, andere Italien konnte erst nach seinem Abtreten wachsen und gedeihen.

Am 2. September 1995 wird in Palermo das (erste) Verfahren eröff-

Giulio Andreotti am 4. November 1996 im Gerichtssaal eines Gefängnisbunkers in Rom, unmittelbar nach der Aussage eines geständigen Mafioso. Ihm wird vorgeworfen, der »römische Beauftragte« der sizilianischen Mafia und der Drahtzieher »im Fall Moro« zu sein.

net. Es ist exakt der Tag, an dem Andreotti vor fünfzig Jahren in die Verfassunggebende Versammlung und das politische Leben seines Landes eingetreten war. Schon am 5. November 1995 folgt in Perugia der nächste Prozeß gegen ihn und Vitalone wegen des Mordes an Pecorelli. Allein das, was am Rande der Verhandlungen herauskommt, läßt erschaudern. Die Magliana-Bande zum Beispiel war nicht irgendeine freischwebende kriminelle Gruppierung, sondern der Ableger, der Ausführungs- und Exekutionstrupp der Mafia in der Hauptstadt. Bekannt wird auch, daß die Dependancen der Auslandsgeheimdienste in Rom ihren Zentralen und damit automatisch auch ihren Regierungen schon vom Ende der siebziger Jahre an regelmäßig Berichte über Andreottis Kontakte zur Mafia nach Hause schickten, so auch der Pullacher Bundesnachrichtendienst über seine Außenstelle am Tiber.[218] Es müßte deshalb schon mit dem Teufel zugegangen sein, wenn Helmut Schmidt und Helmut Kohl, die mit »König Giulio« auf hohen und höchsten Konferenzen an einem Tisch saßen, nichts gewußt haben sollten.

Entscheidend wird neben der Mordanklage mit zunehmender Verfahrensdauer aber noch etwas ganz anderes. Immer wieder war darüber gerätselt worden, warum die Urteile aus den sogenannten Maxiprozessen gegen die Mafia in den achtziger Jahren so schnell kassiert und viele rechtskräftig Verurteilte wieder auf freien Fuß gesetzt worden waren. Im Dezember 1987 hatte das Gericht gegen 475 Mafiosi, darunter fünf *Cupola*-Bosse, 19mal lebenslänglich und 2 655 Jahre Gefängnis verhängt. Im Dezember 1990 reduziert das Berufungsgericht auf 12mal lebenslänglich und 1 576 Jahre Gefängnis, 86 Verbrecher werden ganz freigelassen, unter ihnen auch die Mörder Dalla Chiesas. Schließlich wird wegen eines lachhaften Formfehlers (nicht alle Verteidiger waren zu Prozeßbeginn über das Geburtsdatum der Geschworenen unterrichtet worden) der gesamte *Maxiprocesso* annulliert und alles auf freien Fuß gesetzt. »Mit einem Handstreich wird der in der ganzen Welt berühmte Maxiprozeß, der über acht Jahre lang Hunderte von Menschen beschäftigt hat, zunichte gemacht.«[219] Hinter alledem steckte Andreotti. In dem 1995 gegen ihn angestrengten Verfahren werden auch die 1990 wiedergefundenen Aufzeichnungen Moros sorgfältig analysiert. Die Richter stellen fest, daß immer noch Teile fehlen, und zwar jene, in denen mit an Sicherheit grenzender Wahrscheinlichkeit von Andreottis Verflechtungen mit der Mafia die Rede war. Der schmächtige Mann wußte also sehr wohl, warum er die Besitzer dieser Dokumente nach und nach vom Diesseits ins Jenseits befördern ließ. Ins Licht rückt auch wieder sein Treffen mit den Cupola-Bossen Riina und Ignazio Salvo vom 27. September 1987 an der palermitanischen Piazza Vittorio Veneto No. 3 mitsamt dem verräterischen Kußritual, das die »ehrenwerte Gesellschaft« später abschaffen wird. »Onkel Giulio«, der doch immer einen kennt, wird gebeten, sich um den inzwischen angelaufenen Maxiprozeß zu kümmern, und er kümmert sich; über den ihm »freundschaftlich verbundenen« Corrado Carnevale, Freimaurer und Präsident der mit der Revision der in Palermo durchgeführten Prozesse beauftragten Sektion des italienischen Kassationshofes. Carnevale, der gern mit dem Beinamen »Urteilskiller« belegt wird, ist seinerseits ein enger Freund Vitalones. Er ist es, der die Annullierung herbeiführt. Das Spiel scheint gewonnen, aber der Schein trügt. Die Selbstheilungskräfte der Justiz erweisen sich als größer, als den Mafiosi lieb sein kann. Mit Giovanni Falcone tritt ein neuer Mann auf den Plan. Der Untersuchungsrichter erzwingt die Wiederaufnahme des Verfahrens und weist seine Mitarbeiter an, bei der Durchsicht von Carnevales Urteilsbegründungen mit äußerster Vorsicht vorzugehen. Es handele sich hier »um Materie, die direkt zum Tod führen könne«.[220] Am 30. Januar 1992 werden alle Urteile des Maxiprozesses aus erster Instanz wieder bestätigt. Das System Andreotti wankt. Die Mafia handelt schnell. Sie erschießt Lima, seinen Mann. Falcone ermittelt unbeirrt weiter. In streng vertraulichen Gesprächen erfährt er durch Buscetta von einer sogenannten Entität, die in Rom »für die Mafia zur Verfügung stände«.[221] Andreotti muß davon Wind bekommen haben. Am 23. Mai 1992 wird Falcone auf der Autobahn vor Palermo durch eine gigantische Sprengstoffexplosion getötet. Das gleiche Schicksal ereilt seinen Nachfolger und Freund Paolo Borsellino am 19. Juli 1992. Es entbrennt eine Art offener Krieg zwischen Staat und Mafia. *Cosa Nostra* will es nicht hinnehmen, daß sich die Gefängnistore für ihre Leute nicht öffnen, und schießt und mordet. Im September richtet sie mit Ignazio Salvo einen der ihren hin. Am 15. Januar 1993 wird Salvatore »Toto« Riina, der Boß der Bosse, dem mindestens 150 Morde und Mordaufträge zur Last gelegt werden, verhaftet. Die *cupola* ernennt Giovanni Brusca zu seinem Nachfolger, der im Mai 1996 festgenommen wird, als er sich zu Hause gerade die Verfilmung des Attentats auf Falcone anschaut – das er hauptamtlich organisiert hatte. Mitte 1993 wird der Richter Carnevale seines Amtes enthoben und drei Jahre später zu mehrjähriger Haft verurteilt.

Ende 1992 landet mit einem Mann namens Bruno Contrada eine interessante Person im Untersuchungsgefängnis. Er ist Mitglied der Elite-Freimaurerloge »Ritter vom Heiligen Grab zu Jerusalem« und Leiter des zivilen Geheimdienstes SISDE auf Sizilien. Er kann als personale Inkarnation des Zusammenwirkens von Freimaurerei, *Cosa Nostra* und »den Diensten« gelten. Schon in seiner Zeit als Leiter des

Ermittlungsdezernats der palermitanischen Polizei hat er den »Ehrenwerten« möglicherweise direkt zur Seite gestanden. Obwohl die Verdachtsmomente längst bestehen, wird er in die Anti-Mafia-Kommission berufen, in deren Leitung bereits der Andreotti-Mann Claudio Vitalone sitzt. Es war so, als ob man Füchse zur Bewachung eines Hühnerstalls einsetzen wollte.[222] Für die Ermordung Falcones und Borsellinos soll Contrada entscheidende Hinweise gegeben haben. Am 5. April 1996 wird er wegen Mafia-Begünstigung zu zehn Jahren Gefängnis verurteilt. Gleichzeitig fliegen jetzt im ganzen Land die Ausbildungslager, Munitionsdepots und Verstecke von »Gladio« auf. Das Großreinemachen, das Moro und Berlinguer ins Auge gefaßt hatten, beginnt. Im Oktober 1993 wird das Lager auf Sardinien aufgelöst. Hier wollte der Geheimdienstmann De Lorenzo nach erfolgreichem Putsch 1964 die Meinungsführer der Linken internieren, hierhin wollten die Bürgerlichen fliehen, wenn die Kommunisten an die Macht kommen sollten, hier war das direktive und logistische Zentrum der »Strategie der Spannung«, hier lagerte der Sprengstoff, und von hier aus wurden die Befehle erteilt. Der Untersuchungsrichter Casson stellt in seinem abschließenden Urteil fest, daß »Gladio« schon seit dem 2. Juni 1968 de facto der CIA unterstand. Jetzt werden die Lager geräumt und den Streitkräften übergeben, zweifelsohne auch ein Akt der Rückgewinnung nationaler Souveränität. Während dieses Prozesses werden weitere Absonderlichkeiten zutage gefördert. So stellt sich heraus, daß das Gladio-Ausbildungszentrum in Brescia auf organisierte Kriminalität spezialisiert war, in der Tat eine verwunderliche Mutation bei einer Einrichtung, die ursprünglich zur Abwehr einer kommunistischen Invasion von außen dienen sollte. Dabei wird nicht einmal deutlich, ob das Zentrum nun für die Prävention und den Schutz vor organisierter Kriminalität konzipiert worden war oder zur Nutzung derselben für ganz andere Zwecke. Je mehr das letztere an Wahrscheinlichkeit gewinnt, um so größer wird der Verdacht, daß hinter einem Großteil rechts- und linksterroristischer, ja selbst mafioser Anschläge eine »Entität« in Rom als Auftraggeber und Lenker steckt.[223]

Wenig überraschend ist, daß in diesem Zusammenhang die schillernde Figur von Licio Gelli wieder auftaucht. Es war der Koffer seiner Tochter, in dem 1981, kurz vor seiner Flucht, jenes »Field-Manual 30-31« des Generals Westmoreland gefunden wurde, in dem die Anweisung und Anleitung zu Anschlägen, wie in der *Strategia della tensione* praktiziert, bis ins tückischste Detail dargelegt waren. Am

Licio Gelli bei der Präsentation seiner Rechtfertigungsschrift »La Verità«
(»Die Wahrheit«) am 11. Mai 1989 in Rom

13. September 1982 betritt ein ältlich wirkender Argentinier mit ge-
färbtem Haar eine Genfer Bank und will den erklecklichen Betrag von
120 Millionen Dollar abheben. Sein Paß erweist sich als gefälscht, er
wird verhaftet und in das ausbruchsichere Genfer Gefängnis »Champ
Dollon« eingeliefert. Dort verhilft der mit 20 000 Schweizer Franken
bestochene Gefängniswärter Edouard Ceresa dem »Argentinier« – es
ist Gelli – am 10. August 1983 zur Flucht nach Südamerika. Der be-
stellte Hubschrauber wartete vor dem Gefängnistor. Inzwischen laufen in Italien der Untersuchungsausschuß zur P2 und mehrere Verfahren gegen Gelli. 1988 wird er wegen des Bombenattentats auf dem
Bahnhof von Bologna, einem abscheulichen Mord an 85 unschuldigen Menschen, zu zehn Jahren Haft verurteilt. Ein Jahr später stellt
er sich der Schweizer Polizei, unter einer einzigen Bedingung: daß sie
ihn nur dann an Italien ausliefert, wenn er dort nicht wegen des Bologneser Anschlags vor Gericht gestellt wird. Der Bedingung wird
stattgegeben. Trotzdem fällt am 18. Juli 1991 in Rom die Entscheidung, das Hauptverfahren gegen ihn zu eröffnen. 1992 erhält er im
gleichzeitig laufenden Prozeß um den *Banco Ambrosiano* achtzehn
Jahre Gefängnis. Am 16. April 1994 ergeht der Spruch des Zweiten
Römischen Schwurgerichtshofs in der Hauptverhandlung. Gelli wird

von der Anklage der politischen Verschwörung, der umstürzlerischen Tätigkeit, des Putschversuchs und der Mitgliedschaft in einer bewaffneten kriminellen Vereinigung freigesprochen. Interessant ist der Name des hierfür verantwortlichen Richters: Corrado Carnevale. Zwar wird er wegen »anderer« Vergehen zu insgesamt 31 Jahren Haft verurteilt, bedingt aber durch eine Auslieferungsbestimmung des südamerikanischen Paraguay, wohin er zwischenzeitlich erneut geflohen war, verläßt er das Gericht als freier Mann. Er war nur unter der Bedingung zurückgekehrt, daß er eventuelle Strafen nicht verbüßen müsse. Sicherheitshalber läßt er seine Haftunfähigkeit durch mehrere ärztliche Atteste ausweisen. *Fiat Justitia.* Seit 1995 sind eine Reihe weiterer Verfahren gegen ihn eröffnet, unter anderem wegen der Beteiligung am Borghese-Putsch von 1970. Dabei stellt sich heraus, daß es praktisch kein größeres rechtsradikales Vorkommnis gibt, bei dem seine schmutzigen Finger nicht im Spiel gewesen wären. Unterdes lebt er in seiner toskanischen Villa Wanda auf freiem Fuß, empfängt Freunde, nimmt am öffentlichen Leben teil und zieht seine Kreise. Waffenschiebereien mit dem russischen Rechtsradikalen Wladimir Wolfowitsch Schirinowski werden ihm nachgesagt. Während der Regierungsübernahme Berlusconis verspürte er neuen Aufwind. Die Christdemokratin Tina Anselmi, die den Untersuchungsausschuß zur P2 geleitet hatte, schlug beim Anblick von Berlusconis Medientroß die Hände über dem Kopf zusammen, und die Tageszeitung *la Repubblica* wähnte gar eine »Rückkehr der P2«, als sie sich seine Kabinettsriege ansah. Auch wenn von einem Gefahrenpotential wie in den siebziger und achtziger Jahren nicht mehr die Rede sein kann, so muß doch davon ausgegangen werden, daß sich personelle Restbestände der Loge unverändert in Politik, Medien, Wirtschaft und Banken gehalten haben – eine echte Aufgabe für eine neue Regierung.[224]

Berlusconis Intermezzo im Palazzo Chigi des Ministerpräsidenten währte nur kurz, aber noch im Fallen suchte er raffiniert nach Möglichkeiten zur Kontinuierung der Macht. Er fand sie in der Person seines parteilosen Schatzministers Lamberto Dini, oder zumindest glaubte er, sie in diesem hochangesehenen, integren Mann gefunden zu haben. Den unabwendbaren Rücktritt vor Augen, empfahl er (eher eigennützig denkend) den langjährigen Generaldirektor der *Banca d'Italia* für das Amt des Regierungschefs, und Anfang 1995 wurde Dini mit breitem Konsens gewählt. Kaum inthronisiert, entfremdete dieser sich jedoch dem unter schwerer Anklage stehenden Medienunternehmer wie auch den im »Pol der Freiheit« versammelten Rechtsparteien und orientierte sich nach links. Bald ermöglichte die PDS ihm mehrfach das parlamentarische Überleben. Eine Schlüsselrolle in diesem Transformationsprozeß von der alten zu einer sich schon schemenhaft abzeichnenden neuen Mehrheit nahm der *Partito Popolare Italiano* (PPI), die stark dezimierte Nachfolgepartei der christdemokratischen DC, ein. Einen Tag nachdem der PPI-Vorsitzende Rocco Buttiglione seine Übereinstimmung mit Berlusconi artikulierte, gab der parteilose, aber der linken Christdemokratie nahestehende Bologneser Wirtschaftsprofessor Romano Prodi seine Kandidatur für das Amt des Ministerpräsidenten einer Mitte-Links-Koalition unter erklärtem Einschluß der Postkommunisten bekannt. Der PPI stand vor der Zerreißprobe. Buttiglione bekräftigte auf dem Nationalkongreß der Partei im März 1995 sein Bündnis mit Berlusconi, wohingegen sich der linke Flügel für die Kandidatur Prodis aussprach. Damit war die Spaltung faktisch vollzogen. Buttiglione traf sich mit seinem engen Freund Helmut Kohl, und kurz darauf wurden »mit dem Segen des deutschen Kanzlers«[225] in direkter, gewollter und bewußter Anlehnung an die deutsche Schwester die »*Cristiani Democratici Uniti*« (CDU) gegründet, die im »*Polo della Libertà*« Berlusconis neben dem ein Jahr zuvor abgespaltenen Zentrum CCD Platz nahmen.

Die junge Mutterpartei PPI indes behielt Kurs auf Prodi, der schon Mitte Februar das Symbol seiner eigenen, neuen Bewegung präsentiert hatte: den Ölbaum. Unter dem Dach dieses *Ulivo* versammelte sich schnell eine heterogene, aber schlagkräftige Parteienmischung, allen voran die PDS, die Grünen (*Verdi*), Leoluca Orlandos *La Rete*, Mario Segnis »Pakt«, der amputierte PPI sowie liberale und sozialdemokratische Splitter. Auch der unbeirrt weiteramtierende Ministerpräsident Dini signalisierte immer deutlicher sein Wohlwollen. Massimo D'Alema, der 1994 als Nachfolger des glücklosen Achille Occhetto an die Spitze der KPI-Nachfolgerin gewählt worden war, kündigte gar an, das altkommunistische Hammer-und-Sichel-Emblem, das sich immer noch verschämt im Eichensymbol der PDS versteckte, ganz aus der Parteifahne zu nehmen. Die letzten Relikte Lenins verschwanden.

Lamberto Dini hatte von Anfang an erklärt, daß er nur ein Regierungschef des Übergangs sein wolle, so lange, bis nach Neuwahlen ein neuer Ministerpräsident mit dem Vertrauensvotum der Mehrheit des Volkes weitermachen könne. Dieser Übergangszeitraum währte dann allerdings fast anderthalb Jahre. Die Parlamentswahlen vom 21. April 1996 und die Anfang Juni, am fünfzigsten Jahrestag der Republik, aus ihnen entstandene fünfzigste Nachkriegsregierung bewirkten den ersten demokratischen Machtwechsel des Landes im zwanzigsten Jahrhundert. Der Ölbaum und die Eiche, Linkskatholizismus und Reformkommunismus, die Jünger Moros und Berlinguers hatten endlich, nach unendlich vielen Irrungen und Wirrungen, nach Fehlleitung, Hintergehung, Blutvergießen und Mord, zueinander gefunden. Nicht wenige waren der Meinung, erst jetzt könne vom eigentlichen Beginn der zweiten Republik gesprochen werden, und andere frohlockten, daß nun endlich der Historische Kompromiß, jene Eingebung seiner längst verblichenen Gründungsväter, seine Erfüllung gefunden habe.[226] Unwillkürlich erinnerte man sich jetzt auch daran, daß es ja Romano Prodi, der neue Ministerpräsident, gewesen war, der damals, auf dem Höhepunkt der Entführung, in jener absonderlichen spiritistischen Sitzung in der Nähe von Bologna auf die Via Gradoli kam und damit den richtigen Hinweis auf die Täter und ihr Versteck gegeben hatte. Würde Prodi, wenn auch nie Mitglied der DC, aber doch ein *Moroteo* aus reinstem Fleisch und Blut, jetzt nicht dem so grausam zerstörten Werk seines Meisters und Schöpfers zu kaum noch erwartetem Leben verhelfen? War nicht doch der tote Moro und nicht der lebende, gescheiterte, angeklagte und von vielen verachtete Andreotti der Sieger im Bruderkampf um die Vorherrschaft in der DC und die Gesundung Italiens?

Prodi wird bei seiner Vereidigung einiges hiervon im Herzen bewegt haben, dennoch wußte er von Anfang an: 1996 ist nicht 1978. Vor allem eines war bei diesem neuen »Historischen Kompromiß« genau so, wie es Moro nicht gewollt hatte – das Kräfteverhältnis zwischen den beiden Großen war exakt umgekehrt. Die faktisch inzwischen längst sozialdemokratische PDS war mit 21 Prozent stärkste Partei, auch wenn Berlusconis *Forza Italia* fast gleich lag. Durch das neue Mehrheitswahlrecht majorisierte die PDS aber in beiden Kammern, im Senat und im Abgeordnetenhaus, alle anderen Parteien um Längen. Damit war gerade die Konstellation eingetreten, die Moro, auch und nicht zuletzt durch den *Compromesso storico*, immer hatte verhindern wollen. Ohne Berlinguers Nachfolger lief jetzt nichts mehr. Das war schon 1978 so, nur, jetzt hatten sie das Sagen. Die Überbleibsel der alten DC, der PPI und die CDU/CCD waren gerade einmal auf 6,8 bzw. 5,8 Prozent gekommen – jeder im anderen Lager. Das Hauptquartier an der Piazza del Gesù, wo sich 1978 entsetzliche

Szenen abgespielt hatten, war jetzt Schauplatz einer geradezu tragi-komischen Spaltung: Oben, im zweiten Stock, wohnen die rechten Anhänger von Buttigliones CDU, und darunter, im ersten, residiert die linke PPI. Manchmal begegnet man sich mißtrauisch im Trep-penhaus. Zwar hatten sich auch die Kommunisten in Folgeparteien gespalten (eine weitere direkte Absicht, die Moro mit seiner Formel verknüpft hatte), aber die orthodoxe *Rifondazione Comunista* aus der Erbmasse der KPI brachte es auf beachtliche 8,6 Prozent. Mithin: Die Alt- und die Reformkommunisten waren zusammen so stark wie eh und je, und die Christdemokraten fast bedeutungslos. Das hatte Moro nicht gewollt. Sogar die zur *Alleanza Nazionale* umfirmierten Postfa-schisten erzielten 15,7 und die separatistische *Lega Nord* 10,1 Prozent.

Prodi bildete sein erstes Kabinett in der Rekordzeit von 24 Stun-den. Neun der zwanzig Minister, unter ihnen der stellvertretende Re-gierungschef Walter Veltroni, kamen von der PDS. Auch ein Luigi Berlinguer findet sich in der Kabinettsriege. Bedeutsamer aber ist derjenige, der an der Spitze des Innenressorts steht. Es ist mit Gior-gio Napolitano der alte Rechtsaußen der KPI, eine der Symbolfigu-ren des Eurokommunismus und jemand, der seine Bekehrung zur So-zialdemokratie nach eigener Aussage Willy Brandt verdankt.[227] Indu-strie, Finanzen, Soziales, Verkehr, Erziehung, alles wird von PDS-Leuten geleitet, ein Wahlsieg auf der ganzen Linie. Lamberto Dini, der Mann, der die Fronten gewechselt hatte, wurde Außenminister. Aufschlußreich ist auch die Besetzung des Ministeriums für Öffentli-che Arbeiten, jenes Hauses also, in dem die Staatsaufträge vergeben werden und die Korruptionsgefahr am größten ist. Prodi benannte hierfür den parteilosen Antonio Di Pietro, den Vater der Aktion *»mani pulite«*, zweifellos ein geschickter Schachzug. Di Pietro trat aber schon im November 1996 nach der Aufnahme von Ermittlungen gegen ihn wieder zurück, obwohl hier eher schmutzige Intrigen als berechtigte Verdachtsmomente auslösend gewesen sein dürften.

Natürlich hatte auch diese Regierung, die man nur mit einer Un-zahl von Einschränkungen eine solche des (zweiten) Historischen Kompromisses wird nennen können, ihren Geburts- und Webfehler. Dieser allerdings war der Konstellation von 1978 direkt vergleichbar. Nachdem der rechte Flügel der DC, inzwischen als Partei verselb-ständigt und im konservativen Lager fest etabliert, die Koalition nicht mehr verhindern konnte, segneten die Altkommunisten, schon da-mals ihr erklärter Gegner, sie nur unter wütendem Zähnefletschen ab. Zumindest im Abgeordnetenhaus war Prodi aber auf ihre Stimmen angewiesen. Fausto Bertinotti, der Vorsitzende der *Rifondazione Comunista*, hatte schon im Wahlkampf nicht die Parteien des Ölbaums unterstützt, das Angebot von Ministerposten wies er denn auch weit von sich. Statt dessen tönte er: »Diese Regierung ist in einer Minute tot«[228] – wenn sie unsere Forderungen nicht erfüllt. Aber Gefahr drohte Prodi nicht nur, wie damals Moro und Berlinguer, von den orthodoxen Kommunisten. Gefahr drohte ihm, der Kompromißfigur kontroverser politischer Gruppierungen, nicht weniger vom mächtigsten Mann der mächtigsten Partei des Landes. Denn auch Massimo D'Alema hatte sich gehütet, ins Kabinett einzutreten. Er setzte alles daran, das PDS-Schiff endgültig in den sicheren Hafen der europäischen Sozialdemokratie zu steuern, und ließ in öffentlichen Verlautbarungen regelmäßig durchblicken, wem das Amt des Ministerpräsidenten eigentlich zustehe, nämlich ihm. Im Februar 1998 startet er das gigantische Projekt einer neuen linken Sammelpartei *Democratici di Sinistra* (DS), aus deren Banner Hammer und Sichel endgültig entfernt und durch eine Rose sowie die zwölf Sterne der Europäischen Union ersetzt werden. Allein 1250 der 1800 Delegierten auf der Gründungsversammlung, der »Generalstände« der italienischen Linken, kommen allerdings von der PDS. Die neue Partei, die bald auf die Beine kam, wurde der überragende Machtfaktor des Landes, weshalb Prodi auch von vornherein gar nichts anderes übrigblieb, als D'Alema zum Präsidenten der »*bicamerale*« zu ernennen, jener Zwei-Kammer-Kommission, die die beiden entscheidenden Zukunftsaufgaben des Landes zu bewältigen hat: der Verfassungsreform zum einen, in der jetzt auch von seiten einer Linksregierung nicht mehr die Übernahme des französischen Präsidialmodells ausgeschlossen wird, die einst ein gewisser Licio Gelli im Gepäck führte, sowie zum anderen das nicht nur von der *Lega Nord* immer aggressiver und ultimativer unterbreitete Postulat einer konsequenten Föderalisierung Italiens.

Die Drohung von Umberto Bossi, die territoriale Einheit der Republik, das Werk Garibaldis, zu sprengen und im Norden den eigenen Sezessionsstaat »Padanien« auszurufen, wurde deshalb auch zur ersten schweren Belastungsprobe der neuen Mitte-Links-Regierung. Der Name »Padanien« taucht erstmals 1992 in einer Studie der Agnelli-Stiftung auf. Er bezeichnet im engeren Sinne die Po-Ebene, Bossi hingegen verband mit ihm von vornherein ein staatliches Gebilde aus den elf nördlichen Regionen, das mit seinen 31 Millionen wirtschaftskräftigen Einwohnern zu den reichsten Staaten Europas gehören und jedwedes Maastricht-Kriterium mit Leichtigkeit erfüllen würde. Giancarlo Pagliarini, der ehemalige Haushaltsminister Berlusconis, wird vom Lega-Chef zu seinem Wirtschaftsexperten und Roberto Maroni, der dem Medienmogul als Innenminister gedient hatte, zum Kommandanten seiner Nationalgarde ernannt, mit grünem Hemd und Halstuch folkloristisch drapiert. Bossi, der sich schon im Wahlkampf strikt gehütet hatte, das Wort »Italien« in den Mund zu nehmen, setzte für die Ausrufung »Padaniens« den 15. September 1996 fest. Noch vor Abschluß der Regierungsbildung in Rom war in Mantua durch ein (ungewähltes) »Parlament des Nordens« ein »Governo sole«, eine »Sonnenregierung« gebildet worden. Die Bezeichnung Schatten- oder Gegenregierung wurde von Bossi gemieden. Ihre erste Aufgabe wäre es, die von Rom als oberste politische Instanz in den Provinzen eingesetzten Präfekten – Dalla Chiesa auf Sizilien war einer von ihnen – hinwegzufegen und durch kommunale Repräsentanten und Mandatsträger zu ersetzen. Auch die Einführung einer selbstverständlich am Wert der D-Mark orientierten »Lira Padana« stand auf der Tagesordnung.

Der 16. September nahte. Bossi hatte den Tag als eindrucksvolle Provokation gegen die Zentralmacht inszeniert. An der Quelle des Po in den Westalpen füllte er in zweitausend Meter Höhe feierlich eine Flasche mit dem Wasser des heiligen Flusses, um dann auf einem Katamaran dem Lauf des Wassers bis vor die Tore Venedigs zu folgen, wo die zentrale Abschlußkundgebung und Proklamation des neuen Staates stattfand. Grüne Fahnen schwenkende Menschenmassen sollten ihm vom Ufer aus zuwinken, und ein 650 Kilometer langer Marsch seiner Grünhemden nach Venedig, nicht nach Rom, sollte das Ganze flankieren. Aber die Aktion wurde ein Reinfall. Das staatliche Fernsehen filmte von einem Hubschrauber aus nur ein paar verstreute Gruppen, die der Vorbeifahrt des Katamarans harrten, und nach Venedig kam nicht einmal die Hälfte der Menschen, mit denen der Boß Bossi fest gerechnet hatte. Die staatliche Integrität des Landes war noch einmal gerettet, aber die Probleme blieben. Sie blieben auch, als die Regierung Prodi im Oktober 1998 stürzte und Massimo D'Alema Ministerpräsident wurde. Bertinotti und die (sich erneut spaltenden) Altkommunisten hatten der alten Regierung das Vertrauen entzogen, sie waren es aber keineswegs, die die neue ermöglichten. Hierfür zeichnete ein 70 Jahre alter Politveteran mit seiner soeben neugegründeten Partei »Union der Demokraten für die Republik« verantwortlich: Francesco Cossiga, eine Schlüsselfigur der

Affäre Moro. Als mit D'Alema, dem Ziehkind Berlinguers, der erste Ex-Kommunist an der Spitze eines EU-Staates vereidigt wird, ruft niemand anderes als Cossiga aus: »Der Kalte Krieg ist vorbei!« Hier handelt es sich, nur zur Erinnerung, um eben jenen Mann, der als junger Innenminister die Gladio-Struktur für den Fall einer kommunistischen Machtübernahme hatte errichten lassen.

Was geht in Italien vor? Ist das Land »noch zu retten«? Soll und will es überhaupt gerettet werden? Droht nicht nach wie vor ein neuer Faschismus, nur diesmal in ganz anderer, virtueller, digitalisierter Gestalt? Markieren Typen vom Schlage eines Berlusconi den »Beginn des telekratischen Zeitalters? Italien als Laboratorium der Moderne, in dem die neuartigen mediengestützten Herrschaftsformen des 21. Jahrhunderts ausprobiert werden?«, wie es Jens Petersen in seinem brillanten Essay »Quo vadis, Italia?« schreibt.[229] Hat das Alte wirklich schon zugunsten des Neuen abgedankt, oder bedarf es dazu nicht weit radikalerer Schritte und Schnitte als zum Beispiel der amputierten Wahlrechtsreform? »Italien auf dem Weg zur ›zweiten Republik‹? – Reformkrise und Machtpatt in einer polarisierten Parteienlandschaft«, fragt nicht umsonst Günter Trautmann, ohne Zweifel einer der besten deutschen Kenner des Apennin, in seinem Schlußbeitrag zu dem vom Grafen Luigi Vittorio Ferraris herausgegebenen umfassenden Analysenband zu Wirtschaft, Staat und Gesellschaft des Landes.[230] Reformkrise, Polarisierung, Machtpatt – alles wie gehabt. Gibt es nicht auch schon wieder Anzeichen völlig neuer Korruptionssümpfe, neuer Schatten- und Nebenregierungen? »Von wegen zweite Republik!« hallt es in der Presse fast hämisch, als der weite Kreise ziehende Skandal um den Privatbankier Francesco Pacini Battaglia, eine Art neuer Michele Sindona, aufgedeckt wird, der das Land wie eine Geheimregierung gesteuert haben soll, und der *Espresso* zögert auch nicht, von einer »neuen P2« zu sprechen.[231] Wieder geht es um Milliardenaufträge aus der Staatskasse, gefälschte Bilanzen, illegalen Waffenhandel, skrupellose Geheimdienste, Mafiosi und schöne Frauen. Wie, wann und warum sollen eigentlich Rechtssicherheit, Staatsvertrauen und Moralität in einer Nation heimisch werden, in der, wie am Ende der neunziger Jahre, mit Giulio Andreotti, Bettino Craxi und Silvio Berlusconi gleich drei ehemalige Ministerpräsidenten unter schwerer und schwerster Korruptions- und Mordanklage stehen? Das Land ist schlimmer denn je in sich zerstritten, gespalten und zerrissen. Schon längst verläuft die Konfliktlinie nicht mehr nur zwischen Nord und Süd, zwischen Reichtum und Armut, Kapital und

Arbeit, Industrie und Landwirtschaft, Stadt und Land, Arbeit und Arbeitslosigkeit. Längst schon geht es um jene, die die Gesetze respektieren, und um jene, die sie hintergehen, um jene, die die Steuern zahlen, und um jene, die sie hinterziehen, um jene, die saubere Hände wollen, und um jene, die stolz auf ihre dreckigen sind.[232] Und es geht um jene, die eine wirkliche Reform, einen Neuanfang, ein Großreinemachen wollen, und jene, die dies mit allen sich ihnen bietenden illegalen und kriminellen Mitteln zu verhindern trachten – so wie im Frühjahr 1978. Eben deshalb, weil Staat und Gesellschaft in einer direkt vergleichbaren Blockierung und Sackgasse sind, führt die Spur ein letztes Mal zu Moro zurück, zu seinem tragischen Schicksal, seinem nationalen politischen Vermächtnis und letztlich auch zu seinem welthistorischen Standort. Was wäre anders und besser, was alles wäre dem Land erspart geblieben, wenn sich Moro und Berlinguer durchgesetzt hätten? Was wäre gesundet, was heute immer noch krank ist, wieviel Blut wäre nicht geflossen, wenn Moros Blut nicht geflossen wäre? Sicherlich hypothetische, aber genauso notwendige, ja legitime Fragen.

Es ist nicht ohne Pikanterie und Bedeutung, daß Giannino Guiso, jener Anwalt, den Eleonora Moro, als es praktisch schon zu spät war, beauftragte, für die Rettung ihres Mannes auch um die Hilfe der Mafia nachzusuchen, 1993 die folgende Aussage macht:

»Die Aufdeckung dieser Korruptionsskandale hätte schon 1978 beginnen können. Das heißt, wenn Moro nicht entführt worden wäre, dann hätte es schon damals in Italien eine Entwicklung gegeben, die, vielleicht nicht in der gleichen Radikalität wie heute, die politische Landschaft revolutioniert hätte. Denn juristische Untersuchungen waren begonnen worden, die bereits 1978 zu einem ganzen System der Korruption geführt hätten. (...) Wenn Moro befreit worden wäre, dann hätte das für die Christdemokratie in Italien eine sehr viel größere destabilisierende Wirkung gehabt als die von den Brigadisten angenommene Situation, die glaubten, Moros Tod würde zum Zusammenbrechen der Institutionen führen und für sie einen neuen Aktionsraum schaffen.«[233]

Wenn sie dies denn wirklich glaubten und wenn sie dies denn wirklich wollten. Guiso spricht unter dem Eindruck der beginnenden »mani pulite«-Ermittlungen und des anberaumten Andreotti-Prozesses, der wie ein Fluch wirkt, der seinen Adressaten noch nach Jahren aus dem Grabe des Todfeinds erreicht. Hatte Moro so wie Di Pietro schon Unterlagen (in seinen Taschen?), die ihn nach einer raffiniert vorgetäuschten Entführung, die von vornherein mit dem politischen Attentat und gemeinen Mord enden sollte, am Ende das Leben kosteten, was ihn im langen Lauf der Weltgeschichte in die Reihe derer stellt, die das Höchste und Letzte hergeben mußten, weil sie das Andere und Bessere wollten? Ein Vergleich mit den großen Attentaten und Attentätern der Geschichte ist unumgänglich, will man seinen Rang und Stellenwert in der von der Antike bis ins 21. Jahrhundert reichenden Historie finden und bestimmen.

Auch wenn es das Mittel des politischen Mordes natürlich längst gab, so trat er doch erst mit dem vor über 2000 Jahren am gleichen Ort erfolgten Anschlag auf Gaius Julius Cäsar in das Bewußtsein der breiteren und breitesten Öffentlichkeit, bis heute. Aber der Vergleich gibt nicht viel her. Zu verschieden war die römische Sklavenhaltergesellschaft von einer Moderne, in der nicht einmal mehr die KPI von Lohnsklaven sprechen mochte. Sinnvoller ist es deshalb, danach zu fragen, was die Täter eigentlich wollten und was sie tatsächlich erreichten, welche Ziele, Absichten und Motive sie trieben und was daraus wurde. Cäsars Tod blieb ein reiner Machtwechsel, am Niedergang der römischen Republik änderte er nichts, so wie überhaupt die Auswirkungen der meisten Attentate gering blieben. »Soweit ihre Urheber geglaubt hatten, den Gang der Dinge aufzuhalten oder umzuwenden, haben sie sich in aller Regel getäuscht. Durch Nacht- und Nebelaktionen läßt sich der Lauf der Geschichte nicht bestimmen.«[234] Jener Einzeltäter, der am Karfreitagsabend des Jahres 1865 den amerikanischen Präsidenten Abraham Lincoln im Washingtoner Ford's Theatre niederschoß und damit die seither nicht abreißende Kette politischer Morde in der Neuzeit einleitete, änderte an der längst definitiv feststehenden Niederlage der Südstaaten und der Befreiung der Sklaven, Lincolns Lebenswerk, nichts, auch wenn er sich noch so sehr im Besitz eines höheren und anderen, »göttlichen« Rechts empfunden haben mag, wie so mancher Mörder vor und nach ihm. Überhaupt erfolgt die Tat, wenn es nicht gerade um die Beseitigung eines Störenfrieds, eines mißliebigen Konkurrenten oder persönlichen Gegners geht, immer unter verklärter, alle anderen Gesetze und Bedenken ausschaltender Berufung auf Systeme und Instanzen, die als Nation, Religion oder Ideologie bis ins Transzendentale und Ewige überhöht werden können. Die Täter kämpfen für die gute Sache, die richtige Idee, sie morden »mit gutem Gewissen«[235]. Die Anschläge auf Mahatma, Indira und Rajiv Gandhi sind mit Sicherheit aus einem dieser Antriebe erfolgt, aber auch die Morde der RAF – und die der Roten Brigaden. Die Schüsse auf den österreichischen Erzherzog und

Thronfolger Franz Ferdinand in Sarajevo, die einen Weltkrieg auslösten, haben den serbischen Nationalismus derart beflügelt, daß die bosnische Metropole noch 1994 nach dem Attentäter von 1914 benannt werden sollte. Was für die einen ein Krimineller, ist für die anderen Volksheld und Märtyrer. Insofern war das, was sich in den Abendstunden des 4. November 1995 auf einer Friedenskundgebung vor dem Tel Aviver Rathaus ereignete, als der jugendliche Jigal Amir den israelischen Ministerpräsidenten Jitzhak Rabin erschoß, etwas Neues, denn hier ermordete ein Jude einen Juden. Natürlich wähnte (und wähnt) sich auch Amir im Besitz einer höheren Wahrheit, glaubte er an eine rechtmäßige und gerechte Tat im Dienst einer schweigenden Mehrheit – über deren tatsächliches Größenverhältnis im israelischen Staat zu spekulieren unheimlich und ungewiß genug ist –, die den gefährlichen, gegenüber dem andersgläubigen, feindlichen palästinensischen Volk versöhnungsbereiten Erfüllungspolitiker beiseite geschafft wissen wollte.

Wo ist Moros Ermordung hier einzuordnen? So richtig eigentlich nirgendwo, denn es ging bei ihm nicht um Glauben, eher schon um Nationalismus und Nation, ganz besonders aber um Ideologie. Moro war ein Opfer der westlichen Haltelinie gegenüber dem Kommunismus. Deshalb ist sein Schicksal auch dem des polnischen Priesters Jerzy Popieluszko vergleichbar, von dem inzwischen sogar der General Jaruzelski sagt, daß er im Oktober 1984 vom polnischen Geheimdienst unter direkter Mitwirkung und Anweisung des Staatsapparats in den kalten Fluten der Weichsel ertränkt worden ist, weil er dem westlichen Bazillus dankbare Nahrung im Osten bot und damit den Fortbestand der kommunistischen Herrschaft entscheidend gefährdete.[236] Popieluszko ist Moros Pendant auf der anderen Seite. Aber selbst mit dessen grausigem Schicksal sind die Bestimmungsfaktoren für Moros Ende immer noch nicht ausreichend umschrieben. Die mutmaßlichen Motive und Ursachen für den Mord an Olof Palme, Stockholm, 28. Februar 1986 – das andere große Rätsel in der Reihe europäischer Attentate – erinnern in vielem an die tragische Rolle des Italieners innerhalb seiner Nation. Palme, ein Freund von Befreiungsbewegungen in der Dritten Welt und erklärter Apartheid-Gegner, bot politisch Verfolgten aus aller Herren Länder eine Heimstatt. Den Ordnungskräften im eigenen Land, insbesondere der Stockholmer Sicherheitspolizei »Säpo«, der rechtsradikale bis hin zu nazistischen Tendenzen nachgesagt wurden, war der kommunistenfreundliche Träumer ein Dorn im Auge – wie sich die Bilder gleichen.

Der Fall Palme, einer Aufklärung ferner denn je, hat eine ganze Nation in ein Verdrängungstrauma gestürzt, der es völlig gleich ist, ob der Täter Südafrikaner oder Kurde war, Hauptsache, es war kein Schwede. »Man betrachtet es als kleineres Übel, den Mord nicht aufzuklären, als den Staat in Frage zu stellen.«[237] Gleiches ließe sich für Italien formulieren.

Wer dem Phänomen Moro wirklich näherkommen will, für den wird an der Führungsnation der westlichen Staatengemeinschaft, an ihren Wehen, Gebrechen und prominenten Opfern kein Weg vorbeiführen. Daß Martin Luther King, der legendäre schwarze Bürgerrechtler der USA, 1968 nur von einem unbedeutenden Kleinkriminellen, dem Dieb und Betrüger James Earl Ray in Memphis, Tennessee, erschossen worden ist, erleichterte über Jahre und Jahrzehnte die Menschen in God's Own Country. Die Zweifel kamen erst am Ende des Jahrhunderts. Da nämlich verdichteten sich die Indizien, daß Ray nur ein Werkzeug in den Händen anderer war, die King, diesen Aufrührer, weghaben wollten. Er wurde umgebracht, obwohl (oder weil?) inzwischen feststeht, daß ihn zur Tatzeit mehrere Geheimdienstler streng observierten. Der Bürgerrechtler Jesse Jackson äußerte 1997 »den starken Verdacht, daß es eine Regierungsverschwörung gab mit dem Ziel, Martin Luther King zu töten«.[238]

Um Moro in der Geschichte den gerechten Platz an der Seite all derer zuzuweisen, die im hohen Turm politischer Verantwortung von Mörderhand fielen, wird man sich schließlich auch dem Verbrechen nähern müssen, das oft als Jahrhundertmord, ja als das neuzeitliche Attentat schlechthin bezeichnet worden ist, und die Parallelen sind in der Tat frappierend. »Nur dem Mordfall Kennedy vergleichbar«, so jedenfalls beurteilen gute Kenner der Materie das Ende Moros.[239] Auch wenn die Bücher, Akten, Filme, Dokumentationen, Gutachten, Analysen und Recherchen zu den Schüssen von Dallas in jenem November 1963 inzwischen ganze Biblio- und Videotheken füllen und mit ihren immer neuen Thesen mehr Nebel als Licht in den Fall gebracht haben, so sind und bleiben an der Einzeltäterschaft Lee Harvey Oswalds doch erhebliche Zweifel angebracht. Es war immerhin der eigene, später ebenfalls ermordete Bruder Robert Kennedy, der in öffentlichen Bekundungen nie ausschloß, daß die eigentlichen Pläne in einem der Washingtoner Machtzentren, sprich: in der eigenen Regierungsadministration, geschmiedet worden waren. Wer will das für die römischen Regierungszentren des Jahres 1978 ausschließen? Für den Zusammenhang dieser Untersuchung bedürfen zudem die Aussagen der beiden ehemaligen CIA-Agenten Martin Woodrow Brown und Richard Brenneke zumindest der Erwähnung und Erwägung. Brown, der über Kontakte zur links- und rechtsterroristischen wie auch zur mafiosen Szene verfügte, stellte schon 1978 nicht nur die Behauptung auf, daß Moro Opfer eines CIA-Komplotts geworden sei, sondern auch, daß dahinter der gleiche Täterkreis stecke, der für Kennedys Tod verantwortlich ist.[240] Hier werden große Worte gelassen ausgesprochen. Beweisen jedenfalls läßt sich das nicht. Nachweisbar ist immerhin aber eine personelle Kontinuität in der Zusammenarbeit von solchen CIA-Leuten mit den italienischen Diensten, denen auch schon beim Mord von Dallas eine undurchsichtige Rolle nachgesagt wird. Giovanni De Lorenzo, der General, der 1963 gegen Moros erste Mitte-Links-Regierung putschte, scheint spätestens seit 1967 als Verbindungsmann über den Ozean fungiert zu haben.[241] Brown stirbt im übrigen 1986 in jungen Jahren in Pisa an einem Herzinfarkt. Richard Brenneke, der unter den Decknamen Ibrahim Razin, Oswald Le Winter und George Cave an die unsichtbare Front geschickt worden war und zuletzt als Nummer zwei der CIA in Europa galt, packte im Juni 1992 aus, nachdem die BBC ihr erstes Feature über die Verwicklung von »Gladio« in die italienischen Bombenanschläge gesendet hatte. Er sagt nichts Geringeres, als daß die Führungsstruktur der Roten Brigaden wie auch der RAF mit seinen Leuten durchsetzt war, daß die CIA auf diese Weise den Terrorismus in Westeuropa geschürt hat und daß hierfür auch Geldmittel in einer Höhe von bis zu zehn Millionen Dollar pro Monat geflossen sind. Die Vermittlungsfunktion in Italien übernahm die P2, die über ausgezeichnete Beziehungen zur amerikanischen Mafia verfügte und die Brenneke so ganz nebenbei auch noch für den Mord an Olof Palme verantwortlich macht.[242]

Es stockt einem der Atem bei der Vorstellung, in welch realentmündigter Bananenrepublik man da gelebt haben soll. Trotz alledem kann sich, Moro und Kennedy als historische Gestalten nebeneinandergestellt, der Vergleich nicht nur auf ihr grausiges Ende beziehen, sondern er muß ihre Lebensleistung insgesamt in den Blick nehmen. Hier nun steht der bescheidene, fast unscheinbare Italiener ganz anders da als der charismatische Amerikaner. Längst ist in der seriösen Forschung an die Stelle des Mannes mit dem Heiligenschein das Bild eines weithin überschätzten, moralisch windigen und stark auf seine äußere und rhetorische, die Massen fanatisierende Wirkung bauenden Menschen getreten, mit dessen Fortleben in der amerikanischen und globalen Geschichte nichts grundsätzlich anders oder gar besser geworden wäre: Den Sowjets hatte Kennedy grünes Licht zum Bau der Berliner Mauer und damit zur verfestigten deutschen Teilung gegeben, die ersten tausend »Militärberater« hatte er in den vietnamesischen Dschungel entsandt und damit den Grundstein für die Eskalation eines schmutzigen Abnutzungskrieges gelegt, und die Rassenproblematik, die er zentral angehen wollte, besteht in unverminderter Schärfe fort. Noch 1995 marschierten eine Million Farbige auf Washington. Nicht unerwähnt soll auch bleiben, daß er, der glühende Antikommunist, mindestens einen Mord, nämlich denjenigen an Patrice Lumumba, nachweislich selbst in Auftrag gab.[243] Welch ein Unterschied zu seinem katholischen Glaubensbruder aus Italien, der mit seinen Kompromißformeln die Regierungsfähigkeit eines schwer regierbaren Landes über Jahrzehnte aufrechterhielt!

Nein, wer das Vermächtnis Moros ganz erfassen will, für den mag sich im Schicksal Kennedys, Rabins, Palmes, Sadats und all der anderen einiges von dem seinen spiegeln, vergleichbar ist es letztlich nicht. Der Fall bleibt genauso einzigartig wie eigenartig. Es war kein »einfaches« Attentat, wie die vielen davor und danach, es war keine erpresserische Entführung wie bei Schleyer, es ging nicht um Religion und nicht nur um Nation, es ging aber sehr wohl um Ideologie, auch wenn mit ihr nicht alles erklärt werden kann. Man wird sich, um Antworten im großen historischen Kontext zu finden, noch einmal vor Augen führen müssen, was sich in jenem Frühjahr 1978 abgespielt hat: Da liegt jemand im Keller der Botschaft eines »befreundeten« Landes, alle entscheidenden Leute wissen es, und keiner tut was. Im Gegenteil, es wird alles getan, damit nichts geschieht. Der Mann im Keller ist nicht der politische Gegner, sondern »Parteifreund«, aber auch der politische Gegner, die Opposition, die Kommunisten, machen mit. Die Linksterroristen, der ideologische Todfeind jener Tage, übernehmen die Dreckarbeit, die Täterschaft und die Schuld. Rechte Kreise ziehen im Hintergrund die Fäden. Die Mitwisserschaft reicht bis in hohe und höchste Regierungszentren in Rom und Washington, wenn sie denn nicht die eigentliche Quelle der Anstiftung sind. Am Ende sind alle fein raus, und alles kann so weitergehen wie bisher. Der Familie wird Beileid bekundet. Wann hat es so etwas je zuvor gegeben?! Was sich da zutrug, das war ein Stück finsterstes Mittelalter im späten zwanzigsten Jahrhundert, eine Wiederholung dessen, was Päpste und Könige mit ihren Machtrivalen in dunklen Verliesen durch die Hand gedungener Killer taten, eine Mischung aus

Richard Löwenherz und Cesare Borgia. Die Ermordung von Karl Liebknecht und Rosa Luxemburg, zu der in den Wirren der ausgehenden Novemberrevolution mit (gedruckten) Plakaten im Berliner Straßenbild aufgerufen wurde, ist etwas anderes. Am ehesten, und hier nun offenbaren sich in der Tat furchterregende Analogien, läßt sich das, was Moro widerfuhr, mit den Morden an Walther Rathenau und Matthias Erzberger vergleichen. Beide, der eine Außen- und der andere Finanzminister der Weimarer Republik, wurden 1921 bzw. 1922 Opfer rechtsradikaler Anschläge. Hinter diesen Taten steckte eine sogenannte Organisation Consul, die 1920 nach dem Scheitern des Kapp-Putsches von Angehörigen der aufgelösten Brigade Ehrhardt gegründet worden war. Über ihre Münchener Zentrale, in der zeitweilig bis zu dreißig hauptamtliche Mitarbeiter saßen, breitete sie schnell ein flächendeckendes Filialnetz über ganz Deutschland aus. Der Staat duldete das Treiben, weil er dessen Unrechtsdimension nicht erkannte oder nicht erkennen wollte. Ihre vorrangige Aufgabe sah die »Organisation Consul« darin, durch eine Serie von Brand-, Bomben-, Mord- und Terroranschlägen die Demokratie, das verhaßte System von Weimar, sturmreif zu schießen, einer kommunistischen Machtübernahme zuvorzukommen und in der Bevölkerung die Bereitschaft für ein autoritäres Regime zu stimulieren.[244] Licio Gelli, die P2 und die »Strategie der Spannung« lassen grüßen. Moro ist, wenn überhaupt, mit Erzberger und Rathenau in eine Reihe zu stellen.

Es muß im »Volksgefängnis«, in den letzten Lebenstagen dieses Mannes, ein entsetzliches Erlebnis gegeben haben, das, vielleicht schlimmer noch als die Entführung selbst, in der Erkenntnis gipfelte, daß ihn seine eigenen Leute, »die da draußen«, gar nicht wiederhaben wollten, ja daß sie seinen Tod nicht nur billigend in Kauf nahmen, sondern ihn insgeheim sogar als einzige »Lösung« provozierten – auch dies ein absolutes Novum im Vergleich zu allen anderen Entführungsfällen. Er war »einfach weg aus der Welt«[245], und so sollte es auch bleiben. Er paßte mit seinen Visionen nicht in die starren Fronten des Kalten Krieges, und deshalb wurde er zwischen ihnen zerrieben. Er kam zu früh, und deshalb bestrafte ihn das Leben. »Wie viele wollten eigentlich Aldo Moros Tod?«, fragte der Strafrechtsprofessor Stefano Rodotà am Tag der Urteilsverkündung gegen die Roten Brigaden. Die Antwort muß lauten: »viele«, innerhalb und außerhalb seiner Partei, innerhalb und außerhalb Italiens. Was wäre nur aus dem in Jalta geschaffenen internationalen System geworden, wenn die Regierung des Historischen Kompromisses erfolgreich hätte arbeiten, ein Land von Mafia, Korruption und Terrorismus gesunden können und damit gleichzeitig Kommunisten glaubwürdig, salonfähig und demokratisch geworden wären? Einfach undenkbar! Das antikommunistische Selbstverständnis, die *raison d'être* der westlichen Welt, wäre dahin gewesen.

Wie sehr man Gelli, Andreotti und Moretti jemals wird nachweisen können, daß sie gekungelt haben, ist deshalb fast müßig, eher von juristischer als historischer Relevanz. Da so viele ein Interesse daran hatten, daß »die Gefahr Moro« bereinigt werde, lief das Ganze auch so. Er war »ein geradezu unübertreffliches Objekt. Denn es war absolut sicher, daß Aldo Moro von keiner entscheidungsmächtigen Seite geschützt werden würde.«[246] Nicht einmal von den sich wandelnden Kommunisten, wenn sie denn ihre Regierungsfähigkeit nicht schon vor den Toren der Macht wieder verwirken wollten. Die Konstellation war einmalig. Die Chance kam nicht wieder. »Moro war isoliert und schutzlos. Das war vorauszusehen, und dies war die Grundlage für den kalkulierten Mord an ihm.«[247] Nach außen bedurfte das dank der jedes Gegenargument abtötenden Herausforderung durch den europäischen Terrorismus der *Brigate Rosse* und der RAF nicht einmal der besonderen Tarnung. »Der Mord hat sich auf eine derart unparteiische und zugleich nützliche Weise ereignet, wie wir im Winter vor der Haustür den Schnee kehren oder den Mülleimer leeren (…)«[248] Und gerade deshalb fällt auf die Roten Brigaden, nicht nur auf Moretti, ein geradezu ungeheuerlicher Verdacht. Moro hatte zum Schluß ausgepackt, auch über die militärischen Geheimstrukturen, auch über Andreottis Beziehungen zur Mafia. Sie hatten das schriftlich. Wenn sie denn wirklich das verhaßte System, den »militärisch-industriellen Komplex«, den »Imperialismus in Westeuropa«, zu dessen führenden Repräsentanten für sie ohne Zweifel Andreotti, Helmut Schmidt, Franz Josef Strauß, Giscard d'Estaing – und Moro gehörten, entlarven und die Sympathie der arbeitenden, ausgebeuteten Massen gewinnen, ja in einen revolutionären Umsturz ummünzen wollten, warum haben sie diese Schriftstücke dann nicht der breiten Weltöffentlichkeit wie Trophäen, wie Legitimationszeugnisse ihres Tuns unter die Nase gehalten? Warum haben sie sie nicht einmal als Erpressungsmittel benutzt? Daß sie es nicht taten, nährt die schlimmste Vermutung. Sie müssen bis in die Tiefe und Breite ihrer Kolonnen von den Geheimdiensten unterwandert gewesen sein, auch von der CIA. Und eben darum kann das italienische Magazin

Panorama mit Fug und Recht schreiben: »Dieser Name – Kissinger – ist Symbol jener Kreise, die Moros politischem Leben ein blutiges Ende gesetzt haben.«[249] Das, was nach außen wie eine bloße Politiker-entführung aussah, war in Wirklichkeit ein Skandal von nationaler und internationaler Größenordnung. Der Mann, um den es ging, bildete »in einer historisch nahezu einmaligen Weise« für alle legalen und illegalen Mächte seiner Zeit »ein Idealziel«.[250] Natürlich muß man mit Verschwörungstheorien vorsichtig sein. Was noch an Komplottplänen in welchen Schubladen gefunden wird, weiß man nicht. Da es aber das Wesen von jeglichen Plänen ist, daß sie Unvorhersehbarkeiten und Unwägbarkeiten enthalten, so gibt es hier nur ein einziges abschließendes Urteil: Die Entführung und Ermordung von Aldo Moro vollzog sich im Rahmen einer Realität, die jede Planung, Vorausschau und Erwartung bei weitem übertraf.[251]

Am 9. Mai 1995 konnten Passanten in der römischen Via Caetani, dort, wo auf den Tag genau vor siebzehn Jahren sein Leichnam gefunden worden war, ein absurdes Schauspiel verfolgen. Sage und schreibe sechs Delegationen der untergegangenen *Democrazia cristiana* pilgerten zu unterschiedlichen Tageszeiten mit Blumen und Kränzen zu der Tafel, die an den Mord und den Mann erinnert, und jede Delegation behauptete von sich, die legitime Nachfolgerin und Sachwalterin seiner Ideen, seiner Politik, seines Vermächtnisses zu sein. Was kann augenfälliger die Zerrissenheit symbolisieren, die er hinterließ. Leonardo Sciascia, der große Sizilianer, schrieb 1978, unmittelbar nach dem Verbrechen:

> »Eine Lüge bringt eine andere hervor. Italien ist ein Land ohne Wahrheit: Es gilt, die Wahrheit wieder zu begründen, wenn wir den Staat wieder begründen wollen. Wenn es uns nicht gelingt, der Wahrheit im Fall Moro auf die Spur zu kommen, sind wir wahrhaftig verloren.«[252]

Inwieweit ist es heute, an der Wende zum 21. Jahrhundert, gelungen, diese düstere Prophezeiung zu widerlegen und der Wahrheit auf die Spur zu kommen? Mittlerweile ist bereits der vierte Prozeß zur Klärung der Tat und des konkreten Entführungsablaufs geführt und abgeschlossen worden. Da aber noch längst nicht ermittelt ist, was sich wirklich alles an jenem 16. März 1978 in der Via Fani abgespielt, hat, und selbst heute, nach über zwanzig Jahren, immer noch neue Thesen und Tatbeteiligte auftauchen, von denen man bislang nichts wußte, ist nunmehr ein neuer, fünfter Moro-Prozeß begonnen worden. Es wäre so verwunderlich nicht, wenn er seine Ergebnisse erst im Jahre 2002 oder 2003 vorlegen würde. In abschließender, endgültiger

Wahrheitsfindung? Die parlamentarische Untersuchungskommission zur Aufarbeitung und Aufklärung der Affäre Moro ist beim neunzigsten Band mit insgesamt über 100 000 Seiten Dokumentation angelangt. Dimensionen eines Verbrechens und Dimensionen einer Recherche, die für den einzelnen fast schon nicht mehr überschaubar sind, die sich inzwischen aber auch formal und direkt auf Andreotti beziehen, gegen den die Staatsanwaltschaft Rom Anfang März 1998 Ermittlungen »im Fall Moro« einleitet.

Als die geheimen Waffenlager von »Gladio« aufflogen, fuhr ein geheimgehaltener Ermittler schnurstracks in die Asservatenkammer der Kripo, wo fein säuberlich in Zellophantüten verpackt und versiegelt jene »Kronindizien« lagen, deren Identität nie hatte aufgeklärt werden können: der merkwürdige Sand, der sich an Moros Schuhsohlen und in den Aufschlägen seiner Hosenbeine befunden hatte, und die 39 am Tatort gefundenen Patronenhülsen, die mit dem bislang unbekannten Schutzlack überzogen waren. Er läßt sich die Beutel aushändigen, fährt ins nächstgelegene »Gladio«-Lager in den Tolfa-Hügeln nördlich von Rom und entnimmt Bodenproben. Das Munitionsdepot wird gerade geräumt. Schon der erste Vergleich läßt nicht den geringsten Zweifel: Die 39 Patronen, mit denen Antonio Nirta, der Scharfschütze der kalabresischen Mafia, die Leibwache in der Via Fani regelrecht hinrichtete und das Unternehmen praktisch im Alleingang entschied, stammen von »Gladio«. Gleiches gilt für den Sand. Der Pendelverkehr zwischen dem »Volksgefängnis« und dem geheimen Lager muß so intensiv gewesen sein, daß Sand aus den Hügeln sogar bis in die Kleidung des Gefangenen drang.[253] Mit anderen Worten: Während Moro oben, auf seinem provisorisch eingerichteten Schreibtisch, über die militärische Geheimarmee aufklärte und schrieb, klebte ihm unten der Dreck dieser für die Stunde X, für Bedrohung und Notstand vorgesehenen, in Wirklichkeit aber längst zweckentfremdeten Eingreiftruppe bereits an den Füßen. Deshalb führt um die ungeheuerliche Erkenntnis und Feststellung kein Weg herum, daß es der Staat, der eigene Staat war, der Aldo Moro ermorden ließ, ihn, einen seiner Ersten, Saubersten und Besten.

Quod erat demonstrandum.
Ende?

ANMERKUNGEN

1 Zit. nach: Anatomie eines Verbrechens – Die Ermordung Aldo Moros und das italienische Drama. Ein Film von Michael Busse und Maria-Rosa Bobbi, Redaktion: Rainer Hoffmann. Westdeutscher Rundfunk (West III), Köln, ausgestrahlt am 28.11.1993, 22.35-0.05 Uhr. Zahlreiche Wiederholungen in anderen Programmen, u. a. im europäischen Kulturkanal arte.

2 So Eleonora Moro am 13.4.1975, also zu Amtszeiten Kissingers, in einem Interview mit der Zeitung »Corriere della Sera«. Die Zeitung befand sich, was Frau Moro natürlich nicht wissen konnte, zu dem Zeitpunkt bereits im Besitz von Licio Gelli. Das Interview ist zitiert bei: Jürgen Roth und Berndt Ender, Dunkelmänner der Macht – Politische Geheimzirkel und organisiertes Verbrechen, Bornheim-Merten 1984, S. 127 f., sowie bei: dies., Das zensierte Buch – Geschäfte und Verbrechen der Politmafia. Eine kritische Bestandsaufnahme des internationalen Dunkelmännerwesens, Berlin 1988, S. 129.

3 So Senator Vittorio Cervone im Bericht eines Gesprächs mit seinem Parteifreund Moro in der Zeitschrift »l'Espresso« vom 6.9.1978, zit. nach: Roth/Ender, Dunkelmänner der Macht, a. a. O., S. 128.

4 »Der Spiegel« vom 29.11.1976.

5 So z. B. »Washington Star«, April 1976, vgl. Helmut König, Der rote Marsch auf Rom – Entstehung und Ausbreitung des Eurokommunismus, Stuttgart 1978, S. 280.

6 Vgl. Italo Pietra, Moro – fu vera gloria?, Mailand 1983, S. 163 f.

7 Rodolfo Brancoli, Spettatori interessati – Gli Stati Uniti e la crisi italiana, 1975-1980, Mailand 1980, S. 129 f.

8 Die Szene ist belegt bei: Valerio Morucci, Die RAF und wir – feindliche Konkurrenten, Gespräch mit »Der Spiegel«, Nr. 31/1986, S. 106-114, hier: S. 111.

9 Die Szene ist belegt bei: Joseph La Palombara, Die Italiener oder Demokratie als Lebenskunst. Aus dem Amerikanischen von Christian Rojahn, Wien und Darmstadt 1988, S. 196.

10 Dies jedenfalls bestätigt Valerio Morucci in »Der Spiegel«, Nr. 31/1986, a. a. O., S. 106.

11 Alberto Franceschini mit Pier Vittorio Buffa und Franco Giustolisi, »Das Herz des Staates treffen«. Aus dem Italienischen von Michael Schrott, Wien und Zürich 1990, S. 90 f.; Franceschini wird wegen Entführungen und bewaffneter Bandenbildung zu über sechzig Jahren Gefängnis verurteilt, sagt sich 1983 von den Brigate Rosse los und ist seit 1988 Freigänger.

12 Vgl. den Bericht in »la Repubblica« vom 1.2.1983.

13 Vgl. »l'Espresso« vom 15.1.1984.

14 Vgl. Henner Hess, Italien: Die ambivalente Revolte, in: ders., Dieter Paas und Martin Moerings, Angriff auf das Herz des Staates – Soziale Entwicklung und Terrorismus, 2. Band, Frankfurt am Main 1988, S. 9-166, hier: S. 129.

15 Werner Raith, In höherem Auftrag – Der kalkulierte Mord an Aldo Moro, Berlin 1984, S. 106.
16 Vgl. Raith, a. a. O., S. 150.
17 Lucio Galluzzo, Das gebrochene Schweigen: Tommaso Buscetta – Mafia, Capo und Verräter, (dt.) Wien und München 1985, S. 92.
18 In:»Der Spiegel«, Nr. 31/1986, a. a. O., S. 113.
19 Zitiert in: Giorgio Bocca, Noi terroristi, Rom 1985, S. 206 f.; eigene Übersetzung.
20 Vgl. Leonardo Sciascia, Die Affäre Moro, übersetzt und mit einem Nachwort von Peter O. Chotjewitz, Neuausgabe Frankfurt am Main 1989, S. 41.
21 Zit. nach Aniello Coppola, Moro, Mailand 1976, S. 120; eigene Übersetzung.
22 Zit. nach Werner Raith, Addio, bella Italia – Wandel im Land unserer Träume, München 1992, S. 125.
23 La Palombara, a. a. O., S. 114.
24 Die Affäre Moro, a. a. O., S. 128.
25 Zit nach Domenico Bartoli, Italien – Die Jahres des Sturms, (dt.) Zürich 1982, S. 150.
26 Vgl. Raith, In höherem Auftrag, S. 98.
27 Werner Raith, Italienische Staatsschauspieler, in: Berking, Helmut, et al., Politikertypen in Europa, Frankfurt am Main 1994, S. 76-92, hier: S. 81.
28 Sciascia, a. a. O., S. 128.
29 Vgl. ders., S. 24 u. S. 128 f.
30 Theodor Wieser und Frederic Spotts, Der Fall Italien – Dauerkrise einer schwierigen Demokratie, München 1988, S. 40.
31 Raith, Italienische Staatsschauspieler, a. a. O., S. 81.
32 Raith, In höherem Auftrag, a. a. O., S. 61.
33 Zit. nach Peter Fritzsche, Die politische Kultur Italiens, Habilitationsschrift, Frankfurt am Main und New York 1987, S. 127.
34 Fritzsche, a. a. O., S. 128.
35 Peter Allum, Politics and Society in post-war Naples, Cambridge 1973, zit. nach Fritzsche, S. 129.
36 Zit. nach Sciascia, Die Affäre Moro, a. a. O.
37 Interview vom 18.2.1978, erstmals veröffentlicht in:»la Repubblica« (Rom) vom 14.10.1978, auch in: Eugenio Scalfari, Interviste ai potenti, Mailand 1979, S. 299 f.; dt. Übersetzung nach: Hansjakob Stehle, Italien zwischen Kompromiß und Lähmung, in:»Europa-Archiv« (Bonn), Folge 22/1979, S. 684.
38 Sciascia, a. a. O., S. 131.
39 Zit. nach Giorgio Galli, L'Italia sotteranea, Bari und Rom 1983, S. 187.
40 Vgl. Miriam Mafai, Comincia l'indagine della Commissione Moro, in:»la Repubblica« vom 21. und 23.5.1980, S. 9 bzw. S. 4.
41 Michael Braun, Italiens politische Zukunft, Frankfurt am Main 1994, S. 49.
42 Vgl. hierfür und für das Folgende: Klaus Kellmann, Die kommunistischen Parteien in Westeuropa – Entwicklung zur Sozialdemokratie oder Sekte?, Stuttgart 1988, S. 107 ff.
43 Zit. nach Adolf Hampel, Gramsci, in: Italien-Lexikon, hrsg. von Richard Brütting, Berlin 1995, S. 387.
44 Giuseppe Fiori, Vita di Enrico Berlinguer, Bari 1989.
45 Jens Petersen, Quo vadis, Italia? – Ein Staat in der Krise, München 1995, S. 8.
46 Giancarlo Quaranta, La Politica della Cultura, Rom 1978 (Eigendruck), S. 27 u. 28.

47 Raith, In höherem Auftrag, a. a. O., S. 123.

48 Vgl. Roth/Ender, Dunkelmänner der Macht, a. a. O. (Anm. 2).

49 Roth/Ender, Das zensierte Buch – Geschäfte und Verbrechen der Politmafia, a. a. O. (Anm. 2), S. 88.

50 Commissione parlamentare d'inchiesta sul caso Sindona e sulle responsabilità politiche ed amministrative ad esso eventualmente connesse (Parlamentskommission zur Untersuchung des Falles Sindona und der damit möglicherweise verbundenen politischen und administrativen Verantwortlichkeiten), Rom 1982; (teilw.) ins Deutsche übersetzt und mit einer vollständigen Liste der Logenmitglieder bei: Giuseppe D'Alema, Der aufhaltsame Aufstieg der Loge P2, Reinheim o. J. (1985).

51 Erwin Brunner, Die Loge des Bösen – Wie die Freimaurer-Bruderschaft »P2« Italien beherrschen wollte, in: »Die Zeit«, Nr. 31. vom 27.7.1984, S. 9 f., hier: S.10.

52 Zit. nach Brunner, a. a. O., S. 10.

53 In: »la Repubblica« vom 8.6.1984, eig. Übersetzung.

54 In: »la Repubblica« vom 29.5.1983, eig. Übersetzung.

55 Vgl. Regine Igel, Andreotti – Politik zwischen Geheimdienst und Mafia, München 1997, S. 52, Anm. 36.

56 Zit. nach Brunner, a. a. O., S. 10.

57 Zit. nach Valeska von Roques, Die Stunde der Leoparden – Italien im Umbruch, Wien und München 1994, S. 140 f.

58 Von Roques, a. a. O., S. 141.

59 Vgl. die Angaben bei: Ambrogio Viviani, Servizi segreti italiani 1915-1985, Rom 1986.

60 Zit. nach: Johannes von Dohnanyi, Lebenslänglich dauerte nicht einmal eine Woche – Der vergiftete Schwindler Sindona nimmt viele Geheimnisse mit sich ins Grab, in: »Die Weltwoche«, Nr. 13 vom 27. 3. 1986, S. 15.

61 »Immer nur Böses getan«, Valeska von Roques über den Mafia-Prozeß gegen Ex-Premier Giulio Andreotti, in: »Der Spiegel«, Nr. 32/1995, S. 121 ff., hier: S. 121.

62 Zit. nach Busse und Bobbi, Anatomie eines Verbrechens (Anm. 1).

63 Vom 13.9.1975.

64 Vgl. Brunner, a. a. O., S. 10.

65 Igel, Andreotti, a. a. O., S. 225.

66 Zit. nach Werner Raith, Enttarnung – Gladio in Italien, in: Leo A. Müller, Gladio – das Erbe des Kalten Krieges. Der Nato-Geheimbund und sein deutscher Vorläufer, Reinbek bei Hamburg 1991, S. 22-50, hier: S. 43.

67 Zit. nach Raith, a. a. O., S. 44.

68 So Raith, a. a. O., S. 43.

69 Commissione parlamentare d'inchiesta sulla loggia massonica P2, relazione di maggioranza, Rom 1983.

70 Machiavelli in: »Discorsi sopra la prima deca di Tito Livio« (1531), zit. nach Igel, S. 122.

71 Commissione parlamentare d'inchiesta sul terrorismo in Italia e sulle cause della mancata individuazione dei responsabili delle stragi, Rom 1991.

72 Francesco M. Biscione, Il memoriale di Aldo Moro rinvenuto in Via Monte Nevoso a Milano, Rom 1993, S. 49.

73 Vollständig abgedruckt in: Commissione parlamentare d'inchiesta sulla loggia massonica P2, allegati alla relazione Doc. XXIII, n. 2-quater/7/1, Serie II, Vol.

VII, Tomo I, Rom 1987, S. 287-298; dt. Übersetzung bei Igel, a. a. O., S. 345-358.

74 Vgl. Giuseppe De Lutiis, Storia dei servizi segreti in Italia, Rom 1991.

75 Interview mit Luigi Covatta, sozialistische Partei, in: Raith, In höherem Auftrag, a. a. O., S. 192.

76 Hans-Dietrich Genscher, Erinnerungen, Berlin 1995, S. 239 f.

77 So Cervone rückblickend in »l'Espresso« vom 6. 9. 1978 (Anm. 3).

78 Raith, In höherem Auftrag, a. a. O., S. 58.

79 Giorgio Galli, Staatsgeschäfte – Affären, Skandale, Verschwörungen. Das unterirdische Italien 1943-1990, aus dem Italienischen von Monika Lustig, Hamburg 1994, S. 251.

80 Commissione parlamentare d'inchiesta sulla strage di via Fani sul sequestro e l'assassinio di Aldo Moro e sul terrorismo in Italia, relazione di maggioranza, Rom 1983, S. 146.

81 Raith, In höherem Auftrag, a. a. O., S. 140.

82 Vgl. Raith, Enttarnung ..., a. a. O., S. 44.

83 Vgl. Busse und Bobbi, a. a. O.

84 Das Magazin ist zitiert in: »Corriere della Sera« vom 31. 8. 1978, S. 2.

85 Tathergang und Ablauf der Entführung sind mehrfach dargestellt worden, wobei allerdings hinsichtlich des Kenntnisstandes erhebliche Unterschiede festzustellen sind. Die »ursprüngliche«, inzwischen allerdings veraltete Quelle sind die Gerichtsakten und der Bericht der ersten Untersuchungskommission (Anm. 80). Eine sehr lebendige, mittlerweile allerdings in vielem überholte Schilderung des Hergangs gibt Robert Katz, Days of Wrath –The Ordeal of Aldo Moro: The Kidnapping, the Execution, the Aftermath, New York 1980, S. 3 ff. Katz' Arbeit diente als Drehbuch für Giuseppe Ferraras Berlinale-preisgekrön-ten Film Il caso Moro. S. dazu auch: Armenia Balducci, Giuseppe Ferrara und Robert Katz, Il caso Moro, Neapel 1987. Vgl. die folgenden weiteren Darstellungen des Tatherganges: Klaus Kellmann, Das Attentat – Zwischen Tyrannenmord und Staatsstreich, Folge 22: Aldo Moro, Hessischer Rundfunk, 30.6.1985, 11.30-12.00 Uhr (mehrfache Wiederholung); David Moss, The Kidnapping and Murder of Aldo Moro, in: »Archives européennes de sociologie«, Folge 11 (1981), S. 265 ff.; Robin Erica Wagner-Pacifici, The Moro Morality Play – Terrorism as Social Drama, Chicago und London 1986, vor allem S. 62 ff., sowie Busse und Bobbi; a. a. O.; vgl. auch die Karten S. 92/93.

86 Busse und Bobbi.

87 Dies.

88 Dies; die äußerst zwielichtige Brigadistin Anna Laura Braghetti behauptet, daß die Terroristen die Taschen mitgenommen und durchsucht haben: »Aber Moro hatte nur eine Ersatzbrille dabei, Beruhigungstabletten und Studienarbeiten, die er nebenbei korrigierte. Wir haben das Zeug später verbrannt.« (»Die Antwort hieß: Mord«, Interview mit »Der Spiegel«, Nr. 11/1998, S. 150 ff., hier: S. 151) Was hieran wahr ist, muß offenbleiben. Abgesehen davon, daß ihre Aussage durch das Pressefoto widerlegt ist, können die Brigate eine unwichtige der fünf Taschen erwischt haben. Weit wahrscheinlicher aber ist, daß sich hier jemand einfach wichtig macht, indem er lügt.

89 Dies.

90 Dies.

91 Vgl. Katz, Days of Wrath, a. a. O., S. 18; Sergio Flamigni, La tela del ragno: il delitto Moro, Rom 1988, S. 68 ff., behauptet sogar, daß die Entführungen

Moros und Schleyers nach den gleichen militärischen Anleitungen erfolgten.
92 Busse und Bobbi.
93 Zit. nach Wagner-Pacifici, The Moro Morality Play, a. a. O., S. 94.
94 Zit. nach Sciascia, Die Affäre Moro, a. a. O., S. 169.
95 Busse und Bobbi.
96 Valeska von Roques, Die Stunde der Leoparden, a. a. O., S. 150.
97 Den Vorfall berichtet Sciascia, Die Affäre Moro, S. 67.
98 Hess, Italien: Die ambivalente Revolte, a. a. O. (Anm. 14), S. 99.
99 Bruno Mantelli und Marco Revelli (Hrsg.), Operai senza politica. Il caso Moro
   alla Fiat e il »qualunquismo operaio«, Rom 1979, S. 47, 67 f., 10, 58, 102, 11
   und 134, dt. Übersetzung nach Hess, a. a. O., S. 99 ff.
100 Zit. nach Katz, a. a. O., S. 27.
101 Ebd.
102 Joseph La Palombara, Die Italiener oder Demokratie als Lebenskunst, a. a. O.
    (Anm. 9), S. 191.
103 Zit. nach Raith, In höherem Auftrag, S. 42, und Sciascia, S. 122 f.; »padrino« ist
    die italienische Verniedlichungsform von Vater, mit »Übereinkunft der sechs«
    ist der Historische Kompromiß gemeint, dem sich, zumindest in der Anfangs-
    phase, vier weitere kleine Parteien der Mitte sowie kurzfristig auch die Sozia-
    listen anschlossen.
104 Anna Laura Braghetti, Il prigioniero, Mailand 1998; vgl. auch ihr Interview mit
    »Der Spiegel«, a. a. O. (Anm. 88).
105 Busse und Bobbi.
106 Minderheitsvotum des Kommissionsmitglieds Sciascia, in: ders., Die Affäre
    Moro, a. a. O., S. 173.
107 Busse und Bobbi.
108 Vgl. Katz, S. 129.
109 Vgl. Peter Fritzsche, Die politische Kultur Italiens, a. a. O. (Anm. 33), S. 196.
110 Franceschini, »Das Herz des Staates treffen«, a. a. O. (Anm. 11), S. 124. Daß
    Curcio –aus Naivität oder Verblendung – nun wirklich der letzte ist, der irgend
    etwas kapiert hat, beweist nochmals sein Lebensbericht »Mit offenem Blick« -
    Ein Gespräch zur Geschichte der Roten Brigaden in Italien, Berlin 1997, S.
    149, wo er allen Ernstes sagt: »Soviel ich weiß und von Moretti, Gallinari und
    verschiedenen anderen Genossen erfahren habe, birgt die Episode Aldo Moro
    keinerlei Unklarheiten und ist völlig durchschaubar.«
111 Nach Sciascia, S. 68.
112 Alessandro Silj, Verbrechen, Politik, Demokratie in Italien, aus dem Italieni-
    schen von Ulrich Hausmann, Frankfurt am Main 1998, S. 232.
113 Vgl. Vincenzo Delle Donne, Agnelli – Die Biographie, Berlin und Frankfurt am
    Main 1995, S. 272, und Silj, a. a. O., S. 233 f.
114 Nach Busse und Bobbi.
115 Nach Busse und Bobbi.
116 Vgl. Raith, In höherem Auftrag, S. 157 ff.
117 Nach Busse und Bobbi.
118 Dt. Übersetzung nach Valeska von Roques, Die Stunde der Leoparden, a. a. O.,
    S. 150 f.
119 Vgl. die Aussage zu Eco bei Michael Althen, »Die Affäre Aldo Moro« von
    Giuseppe Ferrara, in: »Die Zeit« vom 24.6.1988.
120 Anna Laura Braghetti in: »Der Spiegel«, Nr. 11/1998, a. a. O., S. 150.
121 Sciascia, S. 60.

122 Zit. nach Friedrich Meinecke, Machiavellism, translated by Douglas Scott, New Haven 1957, S. 314.

123 Im folgenden wird aus einer Vielzahl von Briefen Moros zitiert bzw. teilweise zitiert. Die Briefe sind in einigen – wenigen – Textausgaben zugänglich, weshalb hier nicht jedes Zitat im einzelnen belegt zu werden braucht. Nur wo sich Abweichungen von den hiermit aufgeführten Text- bzw. Briefeditionen ergeben, wird durch eine gesonderte Anmerkung auf diese verwiesen. Die Briefe Moros finden sich in: Aldo Moro, L'intelligenza e gli avvenimenti, Mailand 1980 (enthält die 40 bis dahin bekannt gewordenen Briefe im Anhang); Gino Doni, Mein Blut komme über Euch, Eine Dokumentation, München 1978; zahlreiche Briefe sind auch in den Text von Katz, Days of Wrath, a. a. O., sowie Sciascia, Die Affäre Moro, a. a. O., integriert.

124 Regine Igel, Andreotti, a. a. O., S. 148.

125 Sciascia, S. 42.

126 Zit. nach Sciascia, S. 12 u. 29.

127 Die bis dahin aufgefundenen Teile des »Memoriale«, auch »Verhör« genannt, weil als solches entstanden, befinden sich als Faksimile-Wiedergabe in den Akten der parlamentarischen Untersuchungskommissionen zu Moro; die dt. Übersetzung wurde hier zitiert nach Raith, In höherem Auftrag, a. a. O., S. 76.

128 Zit. nach Katz, a. a. O., S. 264.

129 Raith, In höherem Auftrag, S. 79.

130 Zit. nach Igel, S. 156 f., Anm. 156.

131 Zit. nach Sciascia, S. 145.

132 Im Interview mit Busse und Bobbi.

133 Busse und Bobbi.

134 Vgl. Busse und Bobbi.

135 Horst Schlitter, Wünschte Andreotti den Tod Aldo Moros?, in: »Frankfurter Rundschau« vom 8.12.1993.

136 Vgl. Katz, S. 202 f.; eig. Übersetzung.

137 François Mitterrand, L'abeille et l'architecte, Paris 1978, zit. nach Katz, S. 205.

138 Zit. nach Joseph La Palombara, Die Italiener oder Demokratie als Lebenskunst, a. a. O., S. 195; dort kein weiterer Quellenverweis.

139 In: »Paese Sera« vom 3.5.1978.

140 In: »Corriere della Sera« vom 27.4.1979.

141 »Libro bianco sul caso Moro«, in: »l'Espresso« vom 15. 10. 1978, S. 15.

142 Busse und Bobbi.

143 Dies.

144 Dies.

145 Übersetzung nach Raith, In höherem Auftrag, S. 76.

146 Übersetzung nach Sciascia, S. 84 f.

147 Übersetzung nach Raith, In höherem Auftrag, S. 90.

148 Brief an seine Frau, verfaßt in den letzten Apriltagen.

149 Übersetzungen nach Raith, S. 83 f., von Roques, Die Stunde der Leoparden, a. a. O., S. 151, sowie Busse und Bobbi.

150 »Memoriale«, 1978er Teil.

151 »Libro bianco sul caso Moro«, a. a. O., S. 13.

152 Zit. nach Sergio Flamigni, Frame atlantiche – Storia della loggia massonica segreta P2, Mailand 1996, S. 104; eig. Übersetzung.

153 Sciascia, S. 42; Hervorhebung im Original.

154 Vgl. das gleichnamige fesselnde, wenn auch sehr voreingenommene Buch von

Mimmo Scarano und Maurizio De Luca, Il mandarino è marcio: Terrorismo e cospirazione nel caso Moro, Rom 1985.

155 Nr. 34/1984, S. 93.

156 Zit. nach Katz, S. 288; eig. Übersetzung.

157 Vgl. hierfür und für das Folgende: Katz, S. 230 ff.; zur breiteren Einordnung: Klaus Kellmann, Die Entführung und Ermordung des Aldo Moro – Terrorismus und Politik in Italien, in:»Die Neue Gesellschaft/Frankfurter Hefte«, Nr. 3/1986, S. 232 ff.

158 So jedenfalls Anna Laura Braghetti in:»Der Spiegel«, a. a. O., S. 152.

159 Vgl. Klaus Brill, Führt da irgendwer Regie? – Ungereimtheiten in der Affäre Aldo Moro, in:»Süddeutsche Zeitung« vom 30./31. Oktober/1. November 1993, S. 12.

160 Galli, Staatsgeschäfte, a. a. O., S. 252.

161 Sciascia, S. 105.

162 Angelo Bolaffi, Das Land, in dem die Widersprüche blühen. Betrachtungen zur Politik und Gesellschaft in Italien, in: Beilage zur Wochenzeitung»Das Parlament«, Nr. 39/1988, S. 3-11, hier: S. 8.

163 Das Gespräch wird aufgezeichnet und einige Wochen später in Rundfunk und Fernsehen zu Fahndungszwecken ausgestrahlt. Auch zahlreiche Zeitungen drucken den Text, so der»Corriere della Sera« vom 2. 7. 1978. Eine deutsche bzw. englische Übersetzung findet sich in Sciascia, S. 109 f., und Katz, S. 235 ff.

164 »Epoca«, 17. 5. 1978, S. 39.

165 »Corriere della Sera«, 10. 5. 1978.

166 »il Messaggero«, 10. 5. 1978.

167 Vgl. Katz, S. 262.

168 Werner Raith, Aldo Moro, in: Politische Morde – 17 Fälle des 20. Jahrhunderts, hrsg. von Werner Raith und Thomas Schmid, Göttingen 1996, S. 133 ff., hier: S. 140.

169 »l'Osservatore Romano« vom 14. 5. 1978.

170 »il Messaggero« vom 17. 5. 1978.

171 Vgl. für Quellenangaben, Interpretation und breitere Einordnung: Klaus Kellmann, Pluralistischer Kommunismus? – Wandlungstendenzen eurokommunistischer Parteien in Westeuropa und ihre Reaktion auf die Erneuerung in Polen, zugl. phil. Diss., Stuttgart 1984, hier: S. 173 ff.

172 Vgl. den Hinweis auf die 1996 durch Moros engen Mitarbeiter Corrado Guerzoni erfolgte Enthüllung bei Hanspeter Oschwald, Giulio Andreotti – Aufstieg und Fall eines Mächtigen, Freiburg, Basel und Wien 1996, S. 108 f.

173 David Yallop, Im Namen Gottes, München 1984 (aus dem Englischen).

174 Vgl. den Artikel»Tödliche Menge«, in:»Der Spiegel«, Nr. 46/1997, S. 190 f.

175 Vgl. Peer Meinert, 20 Jahre nach Tragödie Moro: Neue Ermittlungen, furchtbarer Verdacht, dpa-Meldung vom 13. 3. 1998.

176 Zit. nach von Roques, a. a. O., S. 152.

177 Vgl. (auch für andere Versionen des Treffens): Oschwald, a. a. O., S. 120.

178 Vgl. Busse und Bobbi.

179 Ebd.

180 Vgl. Oschwald, S. 122.

181 Vgl. die Aussage Moruccis in:»Der Spiegel«, Nr. 31/1986, S. 107.

182 La vera storia d'Italia – Memoria depositata dal pubblico ministero, Neapel 1995, S. 773. Bei dem Text handelt es sich um die offizielle Anklageschrift gegen Andreotti.

183 Zit. nach Oschwald, S. 157. Original: Emanuele Macaluso, Giulio Andreotti tra Stato e mafia, Messina (Rubbettino) 1995.

184 Corte d'assise di Roma, Sentenza contro Gallinari ecc., S. 678, zit. nach Raith, In höherem Auftrag, S. 111.

185 Zit. nach Raith, Italienische Staatsschauspieler, in: Berking, Helmut, et al., Politikertypen in Europa, a. a. O. (Anm. 27), S. 79.

186 Ders. in: ebd.

187 Ders., Italien, Badenweiler 1988, S. 202.

188 Nando Dalla Chiesa, Der Palazzo und die Mafia – Die italienische Gesellschaft und die Ermordung des Präfekten Dalla Chiesa, Köln 1985.

189 Raith, Italien, a. a. O. (Anm. 187), S. 202.

190 Aussage von Letizia Battaglia, in:»Die Zeit« vom 19.7.1996.

191 In:»Der Spiegel«, Nr. 43 vom 19. Oktober 1987.

192 Zit. nach Jürgen Roth und Berndt Ender, Das zensierte Buch – Geschäfte und Verbrechen der Politmafia, a. a. O. (Anm. 2), S. 116.

193 Vgl. Giorgio Galli, Staatsgeschäfte, a. a. O. (Anm. 79), S. 282.

194 Vgl. Roth und Ender, a. a. O., S. 118.

195 Friedhelm Gröteke, Michele Sindona – Gruß von der Mafia?, in:»Die Zeit« vom 28.3.1986, S. 28.

196 Zit. nach Oschwald, a. a. O., S. 128.

197 Vgl. Alexander Stille, Die Richter – Der Tod, die Mafia und die italienische Republik, aus dem Amerikanischen von Karl-Heinz Siber, Originaltitel: Excellent Cadavers – The Mafia and the Death of the First Italian Republic; München 1997, S. 49; Original abgedruckt in:»Corriere della Sera« vom 20. 5. 1984. Stille hat im Text seines Buches den Namen»Arico« jeweils durch »Killer« ersetzt.

198 Vgl.»Der Spiegel«, Nr. 32/1995, S. 124.

199 Vgl.»Der Spiegel«, ebd.

200 Sciascia, Die Affäre Moro, S. 135.

201 Giuseppe Sacco, Italien im Umbruch, in:»Europa-Archiv«, Folge 12/1992, S.335 ff.; hier: S. 335.

202 Hansjakob Stehle, Italiens dorniger Weg zur»neuen« Republik, in:»Europa-Archiv«, Folge 18/1994, S. 519-526, hier: S. 521.

203 Vom 25. 10., 13. 11. und 30. 12. 1990.

204 Original:»Italia senza legge: I vescovi condannano i politici«, in:»la Repubblica« vom 13.11.1991; dt. Übersetzung nach: Sacco, Italien im Umbruch, a. a. O., S. 335.

205 Brief Di Pietros an Oberstaatsanwalt Borrelli, abgedruckt in:»la Voce« vom 7.12.1994, S. 1.

206 Vgl. Mario G. Losano, Sonne in der Tasche – Italienische Politik seit 1992, aus dem Italienischen von Moshe Kahn, München 1995, S. 12.

207 So der Senator und ehemalige Minister Antonio Maccanico, zit. nach Losano, a. a. O., S. 15.

208 Busse und Bobbi.

209 Zit. nach Werner Raith, Enttarnung – Gladio in Italien, a. a. O. (Anm. 66), S.23.

210 Ebd., S. 25.

211 Vgl. Oschwald, S. 168.

212 »Der Spiegel«, Nr. 32/1995, S. 123.

213 Oschwald, S. 35.

214 Zit. nach ders., S. 169.
215 La vera storia d'Italia – Memoria depositata dal pubblico ministero, Neapel 1995.
216 Zit. und Übersetzung nach Igel, S. 328.
217 Vgl. Hansjakob Stehle, Ein Bruderkuß für den Killer?, in:»Die Zeit« vom 10.3.1995.
218 Vgl. Igel, S. 18.
219 Dies., S. 307 f.
220 »Neue Zürcher Zeitung« vom 24.1.1995, Fernausgabe Nr. 18, S. 4.
221 Igel, S. 314.
222 Vgl. Stille, Die Richter, S. 206.
223 Vgl. Igel, S. 320.
224 Vgl. zum Gesamtkomplex Gelli und P2: Licio Gelli, La verità – Versione inedita, Die Wahrheit – Nicht veröffentlichte Ausgabe, o. O. u. J.; Philip Willan, I Burattinai – Stragi e complotti in Italia, Die Marionettenspieler – Blutbäder und Komplotte in Italien, Neapel 1993; Alexander Stille, Andreotti, Mailand 1995; und das Gerichtsgutachten von Giuseppe De Lutiis, Il lato oscuro del potere – Die dunkle Seite der Macht, Rom 1996.
225 Peter Weber, Die neue Ära der italienischen Mehrheitsdemokratie: Fragliche Stabilität bei fortdauernder Parteienzersplitterung, in:»Zeitschrift für Parlamentsfragen«, Nr. 1/1997, S. 85-116, hier: S. 92.
226 So etwa Angelo Bolaffi in »Der Spiegel«, Nr. 18/1996, S. 162.
227 Vgl. Hansjakob Stehle, Operation Blut und Tränen – Eine Regierung aus Postkommunisten und »Technikern« soll Italien sanieren, in:»Die Zeit« vom 24.5.1996, S. 7.
228 Vgl. »Die Zeit« vom 14.2.1997.
229 München 1995, S. 9.
230 Luigi Vittorio Graf Ferraris, et al. (Hrsg.), Italien auf dem Weg zur »zweiten Republik«? Die politische Entwicklung Italiens seit 1992, Reihe: Italien in Geschichte und Gegenwart, Band 1, Frankfurt am Main 1995.
231 Thomas Lanig, Italien: Von wegen zweite Republik, dpa-Meldung, u. a. in: »Kieler Nachrichten« vom 24.9.1996.
232 Vgl. Angelo Bolaffi, In dem ganzen Wahnsinn steckt Vernunft – Ein Versuch, den Europäern die Unübersichtlichkeit der italienischen Verhältnisse zu erklären, in:»Die Zeit« vom 19.4.1996, S. 3.
233 Zit. nach Busse und Bobbi.
234 Alexander Demandt (Hrsg.), Das Attentat in der Geschichte, Köln, Weimar und Wien 1996, S. 456.
235 Vgl. Jörg von Uthmann, Attentat – Mord mit gutem Gewissen, Berlin 1996.
236 Wojciech Jaruzelski, Mein Leben für Polen – Erinnerungen, München 1993, bes. S. 320.
237 Burkhard Nagel und Klaus D. Knapp, Mord in Stockholm, mehrfach, auch in den dritten Programmen, wiederholte Fernsehsendung der ARD.
238 »Wer erschoß Martin Luther King?«, in:»Der Spiegel«, Nr. 10/1997, S. 160; vgl. auch Michael Schwelien, War er wirklich der Täter?, in:»Die Zeit« vom 11. 4. 1997, S. 66.
239 Regine Igel, Andreotti, a. a. O., S. 146.
240 Vgl. dies., S. 206.
241 Dies., S. 361, Anm. 52.
242 Dies., S. 186 und S. 198. Nachdenklich stimmt auch, was der APO-Anwalt

Horst Mahler zur Rolle des V-Mannes Urbach berichtet, der ihm eine Waffe besorgt und die entscheidenden Tips zum Anzünden des Springer-Fuhrparks gegeben hat:»... wenn Peter Urbach überall mit dabei ist, Hinweise gibt und sich gleichzeitig als Superrevolutionär darstellt, dann muß man sich fragen, was haben die sich gedacht?« (Interview mit Horst Mahler in:»Die Zeit« vom 2. 5. 1997, S. 46).

243 Vgl. Ekkehart Krippendorff in Demandt (Hrsg.), Das Attentat in der Geschichte, a. a. O., S. 238.

244 Vgl. Martin Sabrow, Der Rathenaumord – Rekonstruktion einer Verschwörung gegen die Republik von Weimar, München 1995.

245 Vgl. die Dokumentation zur Entführung Jan Philipp Reemtsmas, in:»Der Spiegel«, Nr. 1 vom 30. 12.1996, S. 41-53.

246 Raith, In höherem Auftrag, a. a. O., S. 148.

247 Ders., S. 149.

248 Peter O. Chotjewitz, Die Toten reden – Nachwort zu Leonardo Sciascia, Die Affäre Moro, a. a. O., S. 124-138, hier: S. 126.

249 Zit. nach Roth und Ender, Dunkelmänner der Macht, a. a. O. (Anm. 2), S. 128.

250 Raith, a. a. O., S. 147.

251 Vgl. ders., S. 185.

252 Sciascia in:»La Sicilia«, zit. nach Igel, a. a. O., S. 138.

253 Es sei nicht verschwiegen, daß es zu diesem Sachverhalt von der Terroristin Anna Laura Braghetti eine Gegenaussage gibt, in der sie behauptet, Moros Kleidung mit Sand und Meerwasser präpariert zu haben, »um die Polizei irrezuleiten«. (Vgl. ihr Interview in:»Der Spiegel«, Nr. 11/1998, a. a. O., S. 152) Abgesehen von der Merkwürdigkeit, daß sie dies erst zwanzig Jahre später erstmals »enthüllt«, nachdem die Herkunft des Sandes identifiziert worden ist, ergibt sich darüber hinaus die Frage, wie einzelne Sandkörner dann bis tief in Moros Schuhsohlen eindringen konnten. Und außerdem: Wieso nahm man zur »Irreführung« der Polizei denn ausgerechnet Sand aus einem Gladio-Lager?

NACHWEIS DER LEITZITATE

S. 7: Valeska von Roques, Die Stunde der Leoparden – Italien im Umbruch, Wien und München 1994, S. 148.

S. 11: Vielfach zitiert, vgl. u. a.: Sergio Flamigni, La tela del ragno: il delitto Moro, Rom 1988.

S. 19: Vgl. u. a.: Joseph La Palombara, Die Italiener oder Demokratie als Lebenskunst. Aus dem Amerikanischen von Christian Rojahn, Wien und Darmstadt 1988, S. 172.

S. 30: Ein häufig zitiertes Wort Pasolinis, vgl. Werner Raith, Italien, Badenweiler 1988, S. 58.

S. 48: Aus einem Interview Giampaolo Pansas mit Enrico Berlinguer in *Corriere della Sera* vom 15. Juni 1976, deutsch in: Enrico Berlinguer, Die internationale Politik der italienischen Kommunisten – Reden und Schriften 1975/76, hrsg. von Antonio Tatò, Stuttgart 1978, S. 228-242, hier: S. 241.

S. 56: Das Gedicht ist in jeder verläßlichen Goethe-Ausgabe enthalten, vgl. z. B. die von Erich Trunz herausgegebene »Hamburger Ausgabe« der Werke Goethes.

S. 82: Zit. nach Raith, In höherem Auftrag – der kalkulierte Mord an Aldo Moro, Berlin 1984, S. 8.

S. 102: Peter O. Chotjewitz, Nachwort zu Leonardo Sciascia, Die Affäre Moro, Frankfurt am Main 1979, S. 135.

S. 126: Zit. nach Raith, In höherem Auftrag, a. a. O., S. 8.

S. 156: Öffentliche Botschaft Pauls VI. am 22. April 1978, die von Radio Vatikan in 15 Sprachen übersetzt und gesendet wird; Moretti behauptet später: »Der Papst hat mit seiner Botschaft das Requiem für Moro gelesen.«

S. 176: Zit. nach Raith, In höherem Auftrag, a. a. O., S. 7.

S. 198: Vom 24. April 1978.

LITERATURVERZEICHNIS

Allum, Peter, Politics and Society in post-war Naples, Cambridge 1973.
Andreotti, Giulio, Diari 1976 - 1979. Gli anni della solidarietà, Mailand 1981.
ders., Ore 13: Il ministro deve morire, Rom 1974.
Baldoni, Antonio, und Provvisionato, Sandro, La notte piu lunga della Repubblica –
    Sinistra e destra, ideologie, estremismi, lotta armata (1968-1990), 3. Aufl., Rom
    1990.
Balducci, Armenia, Ferrara, Giuseppe, und Katz, Robert, Il caso Moro (Drehbuch
    des gleichnamigen Films), Neapel 1987.
Balzerani, Barbara, Compagna luna, Mailand 1998.
Bartoli, Domenico, Italien – Die Jahre des Sturms, (dt.) Zürich 1982.
Berking, Helmut, et al. (Hrsg.), Politikertypen in Europa, Frankfurt am Main 1994.
Berlinguer, Enrico, Austerità, occasione per transformare l'Italia, Rom 1977.
ders., Die internationale Politik der italienischen Kommunisten – Reden und
    Schriften 1975/76, hrsg. von Antonio Tatò, Stuttgart 1978.
ders., Gedanken über Italien nach den Ereignissen in Chile, in:»Rinascità« vom
    28.9., 5. und 9.10.1973.
Biscione, Francesco M., Il memoriale di Aldo Moro rinvenuto in Via Monte Nevoso
    a Milano, Rom 1993.
Bocca, Giorgio, Il terrorismo italiano 1970 - 1980, Mailand 1981.
ders., Noi terroristi, Rom 1975.
Bolaffi, Angelo, Das Land, in dem die Widersprüche blühen – Betrachtungen zur
    Politik und Gesellschaft in Italien, in: Beilage zur Wochenzeitung»Das Parla-
    ment«, Nr. 39/1988, S. 3-11.
ders., In dem ganzen Wahnsinn steckt Vernunft – Ein Versuch, den Europäern die
    Unübersichtlichkeit der italienischen Verhältnisse zu erklären, in:»Die Zeit«
    vom 19.4.1996, S. 3.
Braghetti, Anna Laura, Il prigioniero, Mailand 1998.
dies.,»Die Antwort hieß: Mord«, Interview mit»Der Spiegel«, Nr. 11/1998,
    S.150 ff.
Brancoli, Rodolfo, Spettatori interessati – Gli Stati Uniti e la crisi italiana, 1975-
    1980, Mailand 1980.
Braun, Michael, Italiens politische Zukunft, Frankfurt am Main 1994.
Brill, Klaus, Führt da irgendwer Regie? – Ungereimtheiten in der Affäre Aldo Moro,
    in:»Süddeutsche Zeitung« vom 30./31. Oktober/1. November 1993.
Brütting, Richard (Hrsg.), Italien-Lexikon, Berlin 1995, Neuausg.: Berlin 1997.
Brunner, Erwin, Die Loge des Bösen – Wie die Freimaurer-Bruderschaft»P2«
    Italien beherrschen wollte, in:»Die Zeit«, Nr. 31 vom 27.7.1984.
Busse, Michael, und Bobbi, Maria-Rosa, Anatomie eines Verbrechens – Die
    Ermordung Aldo Moros und das italienische Drama, Redaktion: Rainer
    Hoffmann; Westdeutscher Rundfunk (West III), Köln, ausgestrahlt am

28.11.1993, 22.35-0.05 Uhr. Zahlreiche Wiederholungen in anderen Programmen, u. a. im europäischen Kulturkanal »arte«.

Commissione parlamentare d'inchiesta sul terrorismo in Italia e sulle cause della mancata individuazione dei responsabili delle stragi, Rom 1991.

Commissione parlamentare d'inchiesta sul caso Sindona e sulle responsabilità politiche ed amministrative ad esso eventualmente connesse, Rom 1982.

Commissione parlamentare d'inchiesta sulla loggia massonica P2, relazione di maggioranza, Rom 1983 und 1987.

Commissione parlamentare d'inchiesta sulla strage di via Fani sul sequestro e l'assassinio di Aldo Moro e sul terrorismo in Italia, relazione di maggioranza, Rom 1983.

Commissione parlamentare antimafia: Mafia e politica, relazione del 6 aprile 1993, Rom und Bari 1993.

Coppola, Aniello, Moro, Mailand 1976.

Curcio, Renato, Mit offenem Blick – Ein Gespräch zur Geschichte der Roten Brigaden in Italien von Mario Scialoja, aus dem Italienischen von Dario Azzellini, Berlin 1997.

D'Alema, Giuseppe, Der aufhaltsame Aufstieg der Loge P2 (mit Dokumenten der Parlamentskommission und der vollständigen Liste der P2-Mitglieder), Reinheim o. J. (1985).

Dalla Chiesa, Nando, Der Palazzo und die Mafia – Die italienische Gesellschaft und die Ermordung des Präfekten Dalla Chiesa, Köln 1985.

Delle Donne, Vincenzo, Agnelli – Die Biographie, Berlin und Frankfurt am Main 1995.

De Lutiis, Giuseppe, Il lato oscure del potere – Die dunkle Seite der Macht, Rom 1996.

ders., Storia dei servizi segreti in Italia, Rom 1991.

Demandt, Alexander (Hrsg.), Das Attentat in der Geschichte, Köln, Weimar und Wien 1996.

Doni, Gino, Mein Blut komme über Euch, Eine Dokumentation, München 1978.

Ferraris, Luigi Vittorio Graf, et al. (Hrsg.), Italien auf dem Weg zur »zweiten Republik«? Die politische Entwicklung Italiens seit 1992, Reihe: Italien in Geschichte und Gegenwart, Bd. 1, Frankfurt am Main 1995.

Fetscher, Iring, Terrorismus und Reaktion, Reinbek 1981.

Fiori, Giuseppe, Vita di Enrico Berlinguer, Bari 1989.

Flamigni, Sergio, La tela del ragno: il delitto Moro, Rom 1988.

ders., Convergenze parallele, Rom 1998.

ders., Frame atlantiche – Storia della loggia massonica segreta P2, Mailand 1996.

Ford, Franklin L., Der politische Mord – Von der Antike bis zur Gegenwart, Hamburg 1990.

Franceschini, Alberto mit Buffa, Pier Vittorio, und Giustolisi, Franco, »Das Herz des Staates treffen«, aus dem Italienischen von Michael Schrott, Wien und Zürich 1990.

Fritzsche, Peter, Die politische Kultur Italiens, Frankfurt am Main und New York 1987.

Galli, Giorgio, L'Italia sotteranea, Bari und Rom 1983.

ders., Staatsgeschäfte – Affären, Skandale, Verschwörungen. Das unterirdische Italien 1943-1990, aus dem Italienischen von Monika Lustig, Hamburg 1994.

Galluzzo, Lucio, Das gebrochene Schweigen: Tommaso Buscetta – Mafia, Capo und Verräter, (dt.) Wien und München 1985.

Gelli, Licio, La verità – versione inedita, Die Wahrheit – nicht veröffentlichte Ausgabe, o. O. u. J.

Genscher, Hans-Dietrich, Erinnerungen, Berlin 1995.

Gröteke, Friedhelm, Michele Sindona – Gruß von der Mafia?, in:»Die Zeit« vom 28.3.1986.

Hellmann, Stephen und Pasquino, Giovanni (Hrsg.), Politica in Italia, Bologna 1992.

Igel, Regine, Andreotti – Politik zwischen Geheimdienst und Mafia, München 1997.

Jaruzelski, Wojciech, Mein Leben für Polen – Erinnerungen, München 1993.

Katz, Robert, Days of Wrath – The Ordeal of Aldo Moro: The Kidnapping, the Execution, the Aftermath, New York 1980.

Kellmann, Klaus, Aldo Moro, Folge 22 der Sendereihe»Das Attentat – Zwischen Tyrannenmord und Staatsstreich«, Hessischer Rundfunk, 30.6.1985, 11.30-12.00 Uhr (mehrfache Wiederholung)

ders., Die Entführung und Ermordung des Aldo Moro – Terrorismus und Politik in Italien, in:»Die Neue Gesellschaft/Frankfurter Hefte«, Nr. 3/1986, S. 232 ff.

ders., Die kommunistischen Parteien in Westeuropa – Entwicklung zur Sozialdemokratie oder Sekte?, Stuttgart 1988.

ders., Italien: Mord an Moro, in:»Das Parlament« vom 26.7.1985.

ders., Pluralistischer Kommunismus? – Wandlungstendenzen eurokommunistischer Parteien in Westeuropa und ihre Reaktion auf die Erneuerung in Polen, zugl. phil. Diss., Stuttgart 1984.

Kissinger, Henry, Eurocommunism – Kissinger's Warning, in:»Across the Board«, September 1977, S. 82 ff.

König, Helmut, Der rote Marsch auf Rom – Entstehung und Ausbreitung des Eurokommunismus, Stuttgart 1978.

La Palombara, Joseph, Die Italiener oder Demokratie als Lebenskunst, aus dem Amerikanischen von Christoph Rojahn, Wien und Darmstadt 1988.

La vera storia d'Italia – Memoria depositata dal pubblico ministero, Neapel 1995 (offizielle Anklageschrift gegen Andreotti).

Libro bianco sul caso Moro, in:»l'Espresso« vom 15.10.1978.

Losano, Mario G., Sonne in der Tasche – Italienische Politik seit 1992, aus dem Italienischen von Moshe Khan, München 1995.

Macaluso, Emanuele, Giulio Andreotti tra Stato e mafia, Messina 1995.

Mafai, Miriam, Comincia l'indagine della Commissione Moro, in:»la Repubblica« vom 21. und 23.5.1980.

Mantelli, Bruno, und Revelli, Marco (Hrsg.), Operai senza politica – Il caso Moro alla Fiat e il »qualunquismo operaio«, Rom 1979.

Meinecke, Friedrich, Machiavellism, translated by Douglas Scott, New Haven 1957.

Meinert, Peer, 20 Jahre nach Tragödie Moro: Neue Ermittlungen, furchtbarer Verdacht, dpa-Meldung vom 13. 3. 1998.

Meysels, Lucian O., Morde machen Geschichte – Politische Gewaltakte im 20. Jahrhundert, Wien und München 1985.

Mitterrand, François, L'abeille et l'architecte, Paris 1978.

Morucci, Valerio, Die RAF und wir – feindliche Konkurrenten, Gespräch mit »Der Spiegel«, Nr. 31/1986, S. 106-114.

Moss, David, The Kidnapping and Murder of Aldo Moro, in:»Archives européennes de sociologie«, Folge 22 (1981), S. 265 ff.

Moro, Alfredo Carlo, Geschichte eines angekündigten Verbrechens – Der Schatten des Falls Moro, Rom 1998.

Moro, Aldo, L'intelligenza e gli avvenimenti, Mailand 1980.

Oschwald, Hanspeter, Giulio Andreotti – Aufstieg und Fall eines Mächtigen, Freiburg, Basel und Wien 1996.

Paas, Dieter und Moerings, Martin, Angriff auf das Herz des Staates – Soziale Entwicklung und Terrorismus, 2. Bd., Frankfurt am Main 1988.

Petersen, Jens, Quo vadis, Italia? – Ein Staat in der Krise, München 1995.

Pietra, Italo, Moro – fu vera gloria?, Mailand 1983.

Provvisionato, Sandro, Misteri d'Italia – Cinquant' anni di trame e delitti senza colpevoli, Rom und Bari 1993.

Quaranta, Giancarlo, La Politica della Cultura, Rom 1978.

Raith, Werner, Addio, bella Italia – Wandel im Land unserer Träume, München 1992.

ders., Aldo Moro, in: Politische Morde – 17 Fälle des 20. Jahrhunderts, hrsg. von Raith, Werner, und Schmid, Thomas, Göttingen 1996.

ders., Enttarnung – Gladio in Italien, in: Müller, Leo A. (Hrsg.), Gladio – das Erbe des Kalten Krieges. Der Nato-Geheimbund und sein deutscher Vorläufer, Reinbek bei Hamburg 1991, S. 22-50.

ders., In höherem Auftrag – Der kalkulierte Mord an Aldo Moro, Berlin 1984.

ders., Italienische Staatsschauspieler, in: Berking, Helmut, et al., Politikertypen in Europa, a.a.O.

ders., Italien, Badenweiler 1988.

ders., Parasiten und Patrone, Frankfurt am Main 1990.

Roth, Jürgen, und Ender, Berndt, Dunkelmänner der Macht – Politische Geheimzirkel und organisiertes Verbrechen, Bornheim-Merten 1984.

ders., Das zensierte Buch – Geschäfte und Verbrechen der Politmafia. Eine kritische Bestandsaufnahme des internationalen Dunkelmännerwesens, Berlin 1988.

Sabrow, Martin, Der Rathenaumord – Rekonstruktion einer Verschwörung gegen die Republik von Weimar, München 1995.

Sacco, Giuseppe, Italien im Umbruch, in:»Europa-Archiv«, Folge 12/1992, S. 335 ff.

Scalfari, Eugenio, Interviste ai potenti, Mailand 1979.

Scarano, Mimmo, und De Luca, Maurizio, Il mandarino è marcio: Terrorismo e cospirazione nel caso Moro, Rom 1985.

Schlitter, Horst, Wünschte Andreotti den Tod Aldo Moros?, in:»Frankfurter Rundschau« vom 8.12.1993.

Schwelien, Michael, War er wirklich der Täter?, in:»Die Zeit« vom 11.4.1997.

Sciascia, Leonardo, Die Affäre Moro, übersetzt und mit einem Nachwort von Peter O. Chotjewitz, Neuausg. Frankfurt am Main 1989.

Silj, Alessandro, Verbrechen, Politik, Demokratie in Italien, aus dem Italienischen von Ulrich Hausmann, Frankfurt am Main 1998.

Stehle, Hansjakob, Ein Bruderkuß für den Killer?, in:»Die Zeit« vom 10.3.1995.

ders., Italiens dorniger Weg zur »neuen« Republik, in:»Europa-Archiv«, Folge 18/1994, S. 519-526.

ders., Italien zwischen Kompromiß und Lähmung, in:»Europa-Archiv«, Folge 22/1979.

ders., Operation Blut und Tränen – Eine Regierung aus Postkommunisten und »Technikern« soll Italien sanieren, in:»Die Zeit« vom 24.5.1996.

Stille, Alexander, Die Richter – Der Tod, die Mafia und die italienische Republik, aus dem Amerikanischen von Karl-Heinz Siber, Original: Excellent Cadavers – The Mafia and the Death of the First Italian Republic, München 1997.

ders., Andreotti, Mailand 1995.

Tosches, Nick, Geschäfte mit dem Vatikan – Die Affäre Sindona, München 1989.

Uthmann, Jörg von, Attentat – Mord mit gutem Gewissen, Berlin 1996.

Viviani, Ambrogio, Servizi segreti italiani 1915-1985, Rom 1986.

von Dohnanyi, Johannes, Lebenslänglich dauerte nicht einmal eine Woche – Der vergiftete Schwindler Sindona nimmt viele Geheimnisse mit sich ins Grab, in: »Die Weltwoche«, Nr. 13 vom 27.3.1986.

von Roques, Valeska, Die Stunde der Leoparden – Italien im Umbruch, Wien und München 1994.

dies., »Immer nur Böses getan« – Über den Mafia-Prozeß gegen Ex-Premier Giulio Andreotti, in: »Der Spiegel«, Nr. 32/1995, S. 121 ff.

Wagner-Pacifici, Robin Erica, The Moro Morality Play – Terrorism as Social Drama, Chicago und London 1986.

Weber, Peter, Die neue Ära der italienischen Mehrheitsdemokratie: Fragliche Stabilität bei fortdauernder Parteienzersplitterung, in: »Zeitschrift für Parlamentsfragen«, Nr. 1/1997, S. 85-116.

Wieser, Theodor, und Spotts, Frederic, Der Fall Italien – Dauerkrise einer schwierigen Demokratie, München 1988.

Willan, Philip, I Burattinai – Stragi e complotti in Italia, Neapel 1993.

Yallop, David, Im Namen Gottes, aus dem Englischen, München 1984.

VERZEICHNIS DER BENUTZTEN ABKÜRZUNGEN

BKA	Bundeskriminalamt
BND	Bundesnachrichtendienst
CDU	Cristiani Democratici Uniti
CESIS	Comitato Esecutivo per Servizi di Informazione e di Sicurezza
CGIL	Confederazione Generale Italiana Lavoratori
CIA	Central Intelligence Agency
DC	Democrazia cristiana
DIGOS	Dipartimento Investigativo Generale Operazione Speciali
DS	Democratici di Sinistra
EG	Europäische Gemeinschaft
EU	Europäische Union
IOR	Istituto per le Opere Religiose
IRI	Istituto per la Ricostruzione Industriale
KGB	Komitet Gossudarstwennoj Besopasnosti
KPdSU	Kommunistische Partei der Sowjetunion
KPI	Kommunistische Partei Italiens
MAD	Militärischer Abschirmdienst
NATO	North Atlantic Treaty Organisation
OP	Osservatore politico
P2	Propaganda Due
PCI	Partito Comunista Italiano
PLO	Palestine Liberation Organization
PPI	Partito Popolare Italiano
RAF	Rote Armee Fraktion
RAI	Radio Audizioni Italiano
SDS	Servizi di Sicurezza
SHAPE	Supreme Headquarters of the Allied Powers in Europe
SID	Servizio Informazioni Difesa
SIFAR	Servizio Informazioni Forze Armate
SIM	Stato imperialista delle multinazionali
SISDE	Servizio Informazione e Sicurezza Democratico
SISMI	Servizio Informazione e Sicurezza Militare
UCIGOS	Ufficio Centrale Investigazioni Operazioni Speciali
UDR	Union der Demokraten für die Republik

Chronik

23.9.1916	Geburt Aldo Moros in Maglie/Apulien.
14.1.1919	Geburt Giulio Andreottis in Rom.
1939 bis 1945	Moro und Andreotti leiten nacheinander die Dachorganisation der katholischen Studentenbewegung Federazione Universitaria dei Cattolici Italiani (FUCI). Erste verdeckte und offene Rivalitäten.
19.8.1954	Tod De Gasperis, Streit um die Führerschaft der Democrazia cristiana (DC).
4.12.1963	Erstes Kabinett Moro, erstmalige Aufnahme von Sozialisten in eine europäische Nachkriegsregierung, Geburt des Centro sinistra, der die Regierungsfähigkeit Italiens anderthalb Jahrzehnte sichert.
9.10.1973	Der KPI-Vorsitzende Enrico Berlinguer entwickelt unter dem Eindruck des tragischen Scheiterns der chilenischen Volksfrontregierung Salvador Allendes die Grundzüge eines Historischen Kompromisses zwischen Christdemokraten und Kommunisten. Auf Seiten der DC wird Moro sein entscheidender Partner.
1.12.1977	Berlinguer bekennt sich erneut zu EG und Nato.
16.1.1978	Rücktritt der Regierung Andreotti, Geheimgespräche zwischen Moro und Berlinguer.
16.3.1978	Für 10.00 Uhr ist im Parlament die Vertrauensabstimmung über die »Regierung der neuen Mehrheit«, de facto über den Historischen Kompromiß, angesetzt.
	Kurz vor 9.00 Uhr wird Moros Wagen in der Via Fani auf der Fahrt zur Kirche gestoppt, Chauffeur, Leibwächter und Eskorte werden erschossen, Moro wird entführt.
	Kurz nach 10.00 Uhr rufen die Gewerkschaften den Generalstreik aus.
	Die lediglich um einige Stunden verschobene Vertrauensabstimmung wird mit Erfolg durchgeführt.
	In Telefonanrufen bekennen sich die Roten Brigaden zur Tat.
17.3.1978	Erste Maßnahme der »neuen Mehrheit«: kein Verhandeln mit den Terroristen.
18.3.1978	Erstes Kommuniqué der Roten Brigaden: Sie stellen keine Forderungen.
29.3.1978	Der Druck der Öffentlichkeit auf die »harte Linie« wächst. Internationale Appelle. Der Chefredakteur der Tageszeitung »la Stampa«, Arrigo Levi, schlägt vor, daß Staatspräsident Leone zurücktritt und Moro an seiner Stelle gewählt wird.
30.3.1978	Andreotti erklärt, daß alle Briefe Moros erpreßt sind.
4.4.1978	Moro selbst schlägt in einem seiner Briefe den Austausch von Gefangenen vor.

6.4.1978	Der Schweizer Anwalt Denis Payot gibt auf.
15.4.1978	Sechstes Kommuniqué der Roten Brigaden:»Aldo Moro ist schuldig und wird zum Tode verurteilt.«
18.4.1978	Das Terroristenversteck in der Via Gradoli in Romwird»zufällig« entdeckt.
22.4.1978	Appell Papst Pauls VI. an die»Männer der Roten Brigaden«.
24.4.1978	Achtes Kommuniqué der Terroristen: Sie verlangen die Freilassung von dreizehn namentlich bezeichneten»kommunistischen Gefangenen« im Austausch gegen Moro. Die Regierung von Panama erklärt sich zur Aufnahme der Terroristen bereit. Moro verfügt in einem Brief, daß bei seinem Begräbnis kein Staats- oder Regierungsvertreter anwesend zu sein hat.
29.4.1978	Moro deutet in einem Brief an, daß den Terroristen der Austausch »einer gegen einen« genügt, was sie später bestätigen.
30.4.1978	Die Familie Moro bricht mit der Partei.
5.5.1978	Neuntes und letztes Kommuniqué der Roten Brigaden:»Wir beenden damit die Schlacht, die wir am 16. März begonnen haben, indem wir das Urteil vollstrecken, zu dem Aldo Moro verurteilt worden ist.«
7.5.1978	Abschiedsbrief Moros.
8.5.1978	Andreotti verhindert das Zurückweichen Fanfanis und Leones.
9.5.1978	Die Leiche von Aldo Moro wird im Kofferraum eines roten Renault 4 in der Via Caetani in Rom gefunden.
10.5.1978	Privates Familienbegräbnis in Torrita Tiberina.
13.5.1978	Totenmesse im Lateran vor leerem Sarg. Papst Paul VI. hebt an: »Du, o Herr, hast unser Flehen nicht erhört.«
1.10.1978	Der Carabinieri-General Carlo Alberto Dalla Ciesa entdeckt in einem Terroristenunterschlupf in der Mailänder Via Monte Nevoso eine 40seitige Transskription des Verhörs Moros und nicht abgesandte Briefe.
Januar 1979	Berlinguer kündigt den Historischen Kompromiß auf.
23.11.1979	Der erste Untersuchungsausschuß zu Moro wird gegen den Willen Cossigas und der DC eingerichtet.
6.2.1980	Die Kronzeugenregelung wird Gesetz. Zahlreiche Verhaftungen von Rotbrigadisten.
14.3.1981	In der Villa Licio Gellis in der Nähe von Arezzo wird eine Liste mit fast 1 000 Mitgliedern der geheimen Freimaurerloge»Propaganda Due« gefunden. Es stellt sich heraus, daß die Mitglieder an allen entscheidenden Schaltstellen in Wirtschaft, Staat und Gesellschaft sitzen und den Fahndungsapparat während der Moro-Entführung total kontrolliert haben.
Mai 1982	Prozeßbeginn gegen sechzig Rotbrigadisten wegen der Entführung und Ermordung Moros
3.9.1982	Dalla Chiesa wird in Palermo ermordet.
24.1.1983	Der erste Moro-Prozeß endet mit 32mal lebenslänglich und 300 Jahren Zuchthaus.
10.2.1986	Beginn des ersten Maxiprozesses gegen die Mafia.
22.3.1986	Der Mafia-Bankier Michele Sindona stirbt im Gefängnis an einer mit Zyankali vergifteten Tasse Kaffee.
3.8.1990	Ministerpräsident Andreotti enthüllt die Existenz von»Gladio«.

9.10.1990	Maurer entdecken bei einer Renovierung der vor zwölf Jahren schon einmal völlig auf den Kopf gestellten Terroristenwohnung in der Mailänder Via Monte Nevoso »zufällig« Briefe und Aufzeichnungen Moros, auch bislang unbekannte. Ob es sich um eine Intrige Andreottis oder seiner Gegner handelt, bleibt unklar.
3.2.1991	Transformation der KPI zur PDS.
12.3.1992	Salvo Lima, Andreottis Statthalter auf Sizilien, wird in Palermo ermordet.
23.5.1992	Ermordung des Untersuchungsrichters Falcone.
19.7.1992	Ermordung des Untersuchungsrichters Borsellino.
15.1.1993	Festnahme des Mafia-Bosses Toto Riina.
13.5.1993	Andreotti verliert die parlamentarische Immunität. Er wird der Zusammenarbeit mit der Mafia beschuldigt.
26.7.1993	Die DC löst sich auf.
2.9.1995	Verfahrenseröffnung gegen Andreotti in Palermo. Ihm wird vorgeworfen, der »römische Beauftragte« der Mafia zu sein.
5.11.1995	Verfahrenseröffnung gegen Andreotti in Perugia wegen des Mordes an dem Journalisten Mino Pecorelli. Von dort führt die Spur eindeutig zu Moro.
21.4.1996	Parlamentswahlen. Sieg der postkommunistischen PDS, die alle entscheidenden Ministerien unter dem parteilosen Regierungschef und Moro-Anhänger Romano Prodi besetzt. Pressestimmen sprechen vom »neuen Historischen Kompromiß«.
Frühjahr 1997	Beginn des fünften (und letzten?) Moro-Prozesses. Mit den Urteilsverkündungen wird nicht vor Beginn des nächsten Jahrhunderts gerechnet.
13.3.1998	Die Staatsanwaltschaft in Rom leitet Ermittlungen gegen Andreotti wegen der Entführung und Ermordung von Aldo Moro ein.
Oktober 1998	Massimo D'Alema von der ehemaligen KPI wird Ministerpräsident.

PERSONENREGISTER